THE LETTERS OF SCHNITZLER TO BAHR

UNIVERSITY OF NORTH CAROLINA
STUDIES IN THE GERMANIC LANGUAGES
AND LITERATURES

Initiated by RICHARD JENTE (1949–1952), established by F. E. COENEN (1952–1968)

SIEGFRIED MEWS, EDITOR
Publication Committee: Department of Germanic Languages

78. Olga Marx and Ernst Morwitz, trans. THE WORKS OF STEFAN GEORGE. 1974. 2nd rev. and enl. ed. Pp. xxviii, 431. Cloth $12.90.
79. Siegfried Mews and Herbert Knust, eds. ESSAYS ON BRECHT: THEATER AND POLITICS. 1974. Pp. xiv, 241. Cloth $11.95.
80. Donald G. Daviau and George J. Buelow. THE ARIADNE AUF NAXOS OF HUGO VON HOFMANNSTHAL AND RICHARD STRAUSS. 1975. Pp. x, 274. Cloth $12.95.
81. Elaine E. Boney. RAINER MARIA RILKE: DUINESIAN ELEGIES. German Text with English Translation and Commentary. 2nd ed. 1977. Pp. xii, 153. Cloth $10.75.
82. Jane K. Brown. GOETHE'S CYCLICAL NARRATIVES: DIE UNTERHAL-TUNGEN DEUTSCHER AUSGEWANDERTEN AND WILHELM MEISTERS WANDERJAHRE. 1975. Pp. x, 144. Cloth $10.25.
83. Flora Kimmich. SONNETS OF CATHARINA VON GREIFFENBERG: METHODS OF COMPOSITION. 1975. Pp. x, 132. Cloth $11.50.
84. Herbert W. Reichert. FRIEDRICH NIETZSCHE'S IMPACT ON MODERN GERMAN LITERATURE. FIVE ESSAYS. 1975. Pp. xxii, 129. Cloth $9.90.
85. James C. O'Flaherty, Timothy F. Sellner, Robert M. Helm, eds. STUDIES IN NIETZSCHE AND THE CLASSICAL TRADITION. 1976. Pp. xvii, 278. Cloth $14.95.
86. Alan P. Cottrell. GOETHE'S FAUST. SEVEN ESSAYS. 1976. Pp. xvi, 143. Cloth $11.50.
87. Hugo Bekker. FRIEDRICH VON HAUSEN. INQUIRIES INTO HIS PO-ETRY. Pp. x, 159. 1977. Cloth $12.95.
88. H. G. Huettich. THEATER IN THE PLANNED SOCIETY: CONTEMPO-RARY DRAMA IN THE GERMAN DEMOCRATIC REPUBLIC IN ITS HIS-TORICAL, POLITICAL, AND CULTURAL CONTEXT. Pp. xvi, 174. 1978. Cloth $11.50.
89. Donald G. Daviau, ed. THE LETTERS OF ARTHUR SCHNITZLER TO HERMANN BAHR. Pp. xii, 183. 1978. Cloth $13.95.

For other volumes in the "Studies" see pages 182–83.

Send orders to: (U.S. and Canada)
The University of North Carolina Press, P.O. Box 2288
Chapel Hill, N.C. 27514
(All other countries) Feffer and Simons, Inc., 31 Union Square, New York, N.Y. 10003

NUMBER EIGHTY-NINE

UNIVERSITY
OF NORTH CAROLINA
STUDIES IN
THE GERMANIC LANGUAGES
AND LITERATURES

Arthur Schnitzler
Courtesy of Professor Heinrich Schnitzler

The Letters
of
Arthur Schnitzler to Hermann Bahr

Edited, annotated, and with an introduction

by

Donald G. Daviau

CHAPEL HILL
THE UNIVERSITY OF NORTH CAROLINA PRESS
1978

© University of North Carolina
Studies in the Germanic Languages
and Literatures 1978

Library of Congress Cataloging in Publication Data
Schnitzler, Arthur, 1862–1931.
  The letters of Arthur Schnitzler to Hermann Bahr.

(University of North Carolina studies in the
Germanic languages and literatures; no. 89
ISSN 0081-8593)
  Bibliography: pp. 163–74.
  Includes index.
  1. Schnitzler, Arthur, 1862–1931—Correspondence.
2. Bahr, Hermann, 1863–1934—Correspondence.
3. Authors, Austrian—20th century—Correspondence.
4. Authors, Austrian—19th century—Correspondence.

I. Daviau, Donald G. II. Series: North Carolina.
University. Studies in the Germanic languages
and literatures; no. 89.

PT2638.N5Z8145 1977   832'.9'12[B]   77-8076
ISBN 0-8078-8089-2

Manufactured in the U.S.A.

Contents

Preface

The publication of Arthur Schnitzler's letters to Hermann Bahr needs little, if any, justification, for it seems safe to say that these authors are generally acknowledged today as two of the leading literary personalities in turn-of-the-century Vienna, particularly within the important group of writers popularly known as *Jung-Wien*. The major figures usually united under this rubric—Schnitzler, Bahr, Richard Beer-Hofmann, Hugo von Hofmannsthal, and Leopold von Andrian—were all bound together by varying degrees of personal friendship as well as by their mutual literary, social, and political interests. Since these men recognized their literary talent at an early age and were evidently convinced that they would play an important role in the cultural history of the day, they maintained amazingly complete records of their life and works in the form of preserved correspondences, diaries, and literary papers. These materials in the aggregate will almost certainly provide the opportunity eventually to trace the evolution and inner workings of this literary generation to an extent that has never been possible for any previous period. A number of Schnitzler's important correspondences, including those with Hofmannsthal, Andrian, Otto Brahm, and Georg Brandes, to mention only the most significant ones as examples, have already been published, and additional correspondences such as those with Fritz von Unruh and Beer-Hofmann are in preparation.[1]

The letters to Bahr presented here add another chapter to the material presently available and contribute another valuable perspective to an understanding of the life, times, and writings of both of these important writers. These letters are significant primarily for documenting the professional and personal association of these two contemporaries and colleagues in a way and to a degree that has not been possible previously. Their mutual concerns, their joint struggles against prejudice and hostility, their fights against censorship and bureaucracy, and their support of each other, as the need arose, are all reflected here. At the same time their conflicting views on matters of editorial privilege and, more

---

[1] "The Correspondence of Arthur Schnitzler and Fritz von Unruh," edited by Professor Ulrich Goldsmith will be published in *Modern Austrian Literature*, 10, 3/4 (December 1977), a special issue devoted to Arthur Schnitzler. "The Correspondence of Arthur Schnitzler and Richard Beer-Hofmann," is being edited by Eugene Weber and Therese Nickl. No publisher or date of publication is yet known.

significantly, their radically different views of life and consequently of art become evident. Further, the candid discussions of their own and of each other's works also provide valuable insights into the attitudes of these authors toward some of their important works. Ultimately, this correspondence has an intrinsic importance beyond the information it contains about Schnitzler and Bahr, for an understanding of their personal and professional association sheds light on the inner workings of the *Jung-Wien* group in general, even though the letters do not contain any great amount of specific information about their contemporaries.

It is, of course, exceedingly regrettable that the letters of Hermann Bahr could not be included here to make the correspondence complete. Unfortunately, Mr. Heinrich Bauer of Vienna, who controls the rights to Hermann Bahr's *Nachlaß*, could not be persuaded to release the Bahr letters despite the willingness of Professor Heinrich Schnitzler and me to agree to any terms that he might suggest. Mr. Bauer simply ignored our requests and left us no choice except to forego publication entirely or to publish the Schnitzler letters alone. To my knowledge Mr. Bauer still refuses all requests to consult the Bahr *Nachlaß*, and he has not released any material from the *Nachlaß* for publication since it came under his legal control in 1946 with the one exception of Bahr's letters to his father, which he allowed Adalbert Schmidt to edit in 1962.[2] In this context there seems to be little point in holding out hope any longer that Mr. Bauer might soon change his inflexible policy. Because of this uncertainty of when or even if Mr. Bauer will ever release the Bahr letters, Professor Schnitzler and I decided to proceed with the publication of the Schnitzler letters without the Bahr letters, for we both feel strongly that this material should be made available for use to assist contemporary scholars of Schnitzler and the *Jung-Wien* period. Fortunately, for the preparation of this edition I have had access to the Bahr letters, which are included in the Schnitzler *Nachlaß*. Thus it has been possible in the Introduction and the Notes to convey a comprehensive view of the correspondence. When the Bahr letters are eventually published, they will not alter any of the findings presented here but will merely provide corroboration on the basis of the actual texts. Although I have not been able to quote directly from any of Bahr's unpublished letters, there are lengthy excerpts from some of the most important Bahr letters in Olga Schnitzler's book *Spiegelbild der Freundschaft*.[3] I have made use of these

---

[2] Hermann Bahr, *Briefwechsel mit seinem Vater*, ed. Adalbert Schmidt (Wien: H. Bauer-Verlag, 1971).

[3] Olga Schnitzler, *Spiegelbild der Freundschaft* (Salzburg: Residenz Verlag, 1962), pp. 101–23.

published selections to provide not only substantive information but also to show by means of these representative samples the tone and style that is typical of Bahr's letters.

The original letters of Schnitzler to Bahr that serve as the basis for this edition are located in the Hermann Bahr *Nachlaß*, which is by law in the possession of the *Nationalbibliothek* in Vienna. In addition, there exists a typewritten transcript of these letters in the Schnitzler *Nachlaß*, for Schnitzler usually had copies of his important letters made for his own records. Letters identified by a number in parentheses following the letter number are to be found in the Bahr *Nachlaß*. The number represents the inventory designation of the letters in the *Nationalbibliothek*. Such letters have been transcribed faithfully from the originals. Letters without such an identifying number have been duplicated from the transcribed version made by Schnitzler's secretary. These transcriptions are sometimes faulty, and, while the readings presented here have been carefully scrutinized and approved by Professor Schnitzler himself and are thus believed to be reliable, it is of course not possible in the absence of the original texts to guarantee their complete accuracy. Whether the originals have been misplaced and will surface eventually, or whether Bahr simply did not preserve the letters is impossible to determine. Further, it is evident from Bahr's letters that a number of Schnitzler's letters have been lost, an indication that a copy must not have been made in all cases.

Concerning the editing of the letters, they have been reproduced here as accurately as possible with the exception of the headings, which have been regularized to avoid a ragged appearance. In the original letters the dates are sometimes given at the beginning of the letters but usually at the end. Here they have all been placed at the beginning for ready reference. Often the year was written in slightly abbreviated form without the first digit (for example, 910 instead of 1910), and sometimes the month was indicated by a Roman numeral. Overall the punctuation of the original headings is inconsistent. Since there seemed to be no particular scholarly merit in adhering to the original format, I have brought all of the headings into conformity. Within the body of the letters the only change incorporated was to use double consonants where the original contains a single letter with overlining: that is, "kañ" is written out here as "kann" and "Program̅" as "Programm." Also the abbreviation "u." has been spelled out "und." In all other respects the orthography and punctuation, or lack thereof, of the originals have been retained. Square brackets have been used to indicate editorial additions, as in the case of abbreviated names that have been spelled out for convenience.

I wish to acknowledge my gratitude to Professor Heinrich Schnitzler not only for his generous permission to publish his father's letters but also for the extraordinary support and assistance he has provided throughout the preparation of the manuscript, first in trying to persuade Mr. Bauer to release the Bahr letters and then in obtaining copies of the original Schnitzler letters from the *Nationalbibliothek* in Vienna. Moreover, Professor Schnitzler was always ready to help decipher seemingly illegible words and to supply explanatory background information to clarify obscure references in the letters. His willingness to read the manuscript and to provide helpful information and advice from his first-hand perspective has been of invaluable assistance. Finally, but by no means least in importance, I am most appreciative of his generosity in allowing me to quote material from Arthur Schnitzler's unpublished diaries. Such information has contributed significantly to the attempt to give the Schnitzler–Bahr friendship a proper perspective. My access to the diaries insures that the findings presented here, since they are based on the bulk of the documentary evidence that is likely to become available, are as complete as possible and will not be subject to any substantial alterations.

I would also like to take this opportunity to thank Reinhard Urbach for his kind assistance in providing information for the notes, and to Jorun B. Johns, Harvey I. Dunkle, and Therese Nickl for their careful reading of the manuscript and numerous helpful suggestions.

Every effort has been made in the preparation of this edition to insure that it is reliable in the transcription of the letters and thorough in the notes and commentary. It is my hope that it will prove useful and informative to anyone interested in turn-of-the-century Austrian literature and literary history.

Introduction

Beziehungen, auch unterbrochene, auch gestörte, sind das einzige Reale in der seelischen Oekonomie (Arthur Schnitzler to Hermann Bahr, 17 March 1930).

. . . würde ich stilisieren, so würde ich sagen: Ich bin der Ehrgeiz meiner Freunde . . . (Hermann Bahr to Arthur Schnitzler, 15 May 1902).

Ja so spricht man über einander und sieht und spricht sich nie. Einer wird übrig bleiben und sagen . . .'Schade: . . .' (Arthur Schnitzler to Hermann Bahr, 22 June 1909).

Arthur Schnitzler (15 May 1862–21 October 1931) and Hermann Bahr (19 July 1863–15 January 1934) first became acquainted in 1891 upon Bahr's return to Vienna after nearly a three-year absence, during which he lived for extended periods in Paris and Berlin and traveled extensively throughout Europe, as far eastward as St. Petersburg in Russia and as far south as North Africa. Although the two men had both attended the University of Vienna, they had not known each other as students nor had they met personally prior to their introduction on 26 April 1891 in the Café Griensteidl, a convenient and popular congregating place for writers and artists, located on the Michaelerplatz near the old Hofburgtheater in Vienna. According to Bahr, Schnitzler was part of the reason that held him in Vienna at that time, for he belonged to the talented group of young authors that induced Bahr to organize what later became known as the *Jung-Wien* group. Reminiscing about the beginnings of *Jung-Wien* some thirty years later in his diary of 1921, Bahr with his typical penchant for exaggeration and boastful self-aggrandizement takes full credit for its "founding":

Und dreißig Jahre werden's heuer, daß ich, nachdem ich inzwischen in Berlin, Paris, Madrid, Tangier, wieder Paris, wieder Berlin und schließlich noch in Petersburg herumvagabundiert, zurück nach Wien kam, von einem jungen Brünner, E.M. Kafka, dem Herausgeber der "Modernen Dichtung", dringend eingeladen das "junge Wien" zu "gründen", das Material sei schon vorhanden: ein junger Arzt, Dr. Arthur Schnitzler, der durch die Pracht seiner Kravatten schon stadtberühmte Dr. Richard Beer-Hofmann und ein Gymnasiast, der unter dem Namen Loris schrieb: Hugo von Hofmannsthal. Ich sah sie mir an, wagte die "Gründung" und nahm seitdem auch sonst dreißig Jahre lang jede Gelegenheit wahr, den Wienern Ärger zu geben.[1]

In actual fact Bahr did not "found" *Jung-Wien*, nor did he really think that he had, as he indicates in a more serious version of events in his autobiography:

Als ich ankam, hatte dieses junge Wien eben die Feuertaufe bestanden. Es galt den Spöttern jahrelang als eine meiner Erfindungen; der "Herr aus Linz", der sich zum "Herrn von Wien" aufgeworfen, diese Wendung verlockte Feuilletonisten. Sie tut mir zu viel Ehre: nicht ich war es, der "Jungösterreich", "Jungwien" Pate stand, sondern Henrik Ibsen. Ihn hatte der neue Direktor des Burgtheaters, Burckhard, im April 1891 zur Aufführung der "Kronprätendenten" geladen und das Bankett, das nachher seine Verehrer um ihn versammelte, gaben ihm Kafka, Dr. Joachim und Dr. Julius Kulka, die Leiter der "Modernen Dichtung". Der Alte saß zwischen Burckhard und Richard Voß; Reimers sprach ein Gedicht Dörmanns, die Pospischill eins von Specht, Jakob Minor die Festrede, Pernerstorfer einen Toast auf den Politiker Ibsen. "Ein Glück" nannte der wortkarge Ibsen diesen Abend, "als etwas Schönes, Helles, Freudiges" empfand er ihn. Damit war Jungösterreich öffentlich erschienen. Aus den Händen Ibsens übernahm ich es.[2]

Although they were brought together by their mutual literary interests, the writers usually grouped under the rubric *Jung-Wien*—Arthur Schnitzler, Hermann Bahr, Hugo von Hofmannsthal, and Richard Beer-Hofmann, to name only the most important figures[3]—never considered themselves part of any formal organization. They had no charter and no officers, and did not write any manifestoes.[4] All of these writers went their separate ways early in their careers, for the most part even before Karl Kraus heralded the end of *Jung-Wien* in his satirical pamphlet *Die demolirte Literatur*, which celebrates the demolition of the Café Griensteidl in 1896 to make room for a bank.[5] Insofar as a group feeling existed at all, it was primarily as a circle of friends who shared a similar background and mutual literary interests,[6] and who enjoyed each other's company. However, even socially they maintained a sense of reserve and a polite distance from each other. Felix Salten has perhaps best captured the tone of the relationship:

Merkwürdig bleibt mir bis zum heutigen Tage die gedeckte Herzlichkeit, mit der wir untereinander verkehrten und die immer wieder besonders auf mich den Eindruck von Kühle, ja sogar von Kälte geübt hat. Arthur Schnitzler war gegen jede körperliche Berührung, wie das vertrauliche Handauflegen auf die Schulter, überaus empfindlich und ablehnend bis zur Schroffheit. Dennoch duldete er lächelnd, wenn Hofmannsthal gelegentlich in einer Art von Zärtlichkeit mit Schnitzlers schönem, seidenweichem Haar spielte. Eine schier unmeßbare Distanz hat Beer-Hofmann immer gewahrt. Einmal sagte er sogar: "Freunde? Freunde sind wir ja eigentlich nicht—wir machen einander nur nicht nervös." Es war eine sonderbare Art schamvoller Zurückhaltung. Wir sind natürlich trotz alledem Freunde gewesen und sind unser ganzes Leben lang miteinander verbunden geblieben.[7]

To designate Bahr the leader of the young Moderns is to take him too literally, for Schnitzler, not to mention the other major participants in *Jung-Wien* did not consider him as such in any real sense, except that they generally deferred to his organizational ability whenever a program needed to be arranged. Nevertheless, Bahr did play an important leading role in the artistic events of his day and exerted considerable influence on the contemporary scene, for he served as a catalyst and used his seemingly boundless energy to enliven the artistic scene in Vienna.[8] The Austrian critic, Josef Nadler, who assesses Bahr's contribution more accurately than most commentators, summarizes his significance as follows:

Hermann Bahr und die moderne österreichische Dichtung, das ist mehr ein Verhältnis von Mensch zu Mensch als von Zeitung und Buch. Er hatte mit vielen Menschen und mit nicht wenigen Freunden Umgang. Seine Persönlichkeit, das Gespräch ist das Geheimnis und das Mittel seiner Wirkung. Er hat keine Grundsätze, sondern Ideen in Umlauf gesetzt. Die geistige Haltung Wiens zu seiner Zeit und also die Wiener Literatur seiner Tage ist zweifellos im wesentlichen sein Werk. Aber er hat sie wie alle großen Anreger nicht aus dieser Idee und mit den und den Zügen erzeugt. Er hat die Menschen einfach mit dem Willen und der Zuversicht angesteckt, etwas Rechtes zu machen. Er hat die Stadt in den Rausch des Schaffens versetzt. Er war für sie wie ein Trunk Weins, der zu allem fähig macht. Was dann daraus wird, muß jeder für sich verantworten.[9]

Although only twenty-eight at the time of his decision to remain and work in Vienna, Bahr had already experienced an active and colorful life. He was born in the then provincial town of Linz in Upper Austria, the son of a solid, politically liberal, middle class Catholic family. While attending the *Gymnasium* at Salzburg, Bahr was influenced strongly by his Classics teacher, Josef Steger, and decided to continue the study of Classical philology at the University of Vienna along with law, which his father insisted upon. However, Bahr was soon caught up in the political currents of the time and entered enthusiastically into the new field of *Nationalökonomie*. He became a dedicated fraternity associate and then a member and an ardent follower of Georg Schönerer's *Großdeutsche* ideas involving the reunification of Austria with Germany.

After being relegated from the University of Vienna in May 1883 for his participation in a tribute honoring the death of Richard Wagner, which turned into an unlawful political rally, Bahr attempted to continue his studies in Graz and then in Czernowitz. At both universities his pro-German, anti-Austrian political views and his anti-Semitism again involved him in difficulties. At Graz he was refused permission to enroll, and at Czernowitz he was asked to leave voluntarily to avoid dismissal.

From 1884 to 1887, three of the most important years of his life,[10] he studied *Nationalökonomie* under Adolf Wagner in Berlin and completed a dissertation on Marxist economic theory, which was rejected as unsuitable. Nervous strain resulting from overwork finally forced Bahr to withdraw without completing his degree. Between October 1887 and October 1888 he fulfilled his compulsory military service in Vienna. However, he was denied his commission as an officer because of his record of political activity, for he had continued during this period to contribute to such German nationalistic journals as Joachim Pernerstorfer's *Deutsche Worte*, Georg Schönerer's *Unverfälschte Deutsche Worte*, Wolfgang Heine's *Kyffhäuser*, and Viktor Adler's socialist periodical *Gleichheit*.

As a reward for his "good behavior" during his military year Bahr's father offered to support him for an additional year of study. Rather than return to Berlin Bahr chose Paris, which became an illuminating experience that caused a major shift in interest from politics to literature. After traveling through France and Spain to Morocco, Bahr was summoned in April 1890 by Arno Holz, the theorist of literary naturalism and the friend of his former Berlin days, to participate in the new literary movement in Berlin centered around Otto Brahm and the journal *Freie Bühne für modernes Leben*. Bahr responded eagerly and soon grew so overconfident that he thought he could challenge Brahm for editorial control of the journal. When his "Palastrevolution" failed, Bahr had no choice but to withdraw along with Holz and several others. After a brief trip to St. Petersburg with his friend, the actor Emanuel Reicher, Bahr decided to return home to Linz to decide what his next step would be. At this juncture came his meeting with the *Jung–Wien* group in 1891 which he claims was responsible for holding him in Vienna. After remaining a free-lance writer for a time with the help of financial support from his father, Bahr, who had been writing for the *Deutsche Zeitung* since the fall of 1892, officially replaced Ludwig Ganghofer as Burgtheater critic on 1 February 1893 and set about edifying and antagonizing his Viennese contemporaries in equal measure for the next twenty years.

Bahr's profession as a journalist, which he had to continue because he never earned sufficient income from his literary works to support himself as an independent writer, immediately shows a major difference between the direction of his career and the course followed by Schnitzler. Throughout his life Bahr remained essentially a journalist, who in some of his works attained a high level of achievement approaching true literary artistry.[11] Yet, despite approximately 120 volumes consisting of forty dramas, ten novels, five collections of *Novellen*, nine published volumes of diaries, eight volumes of theater criticisms and other essays on the theater, and forty-eight volumes of collected essays,[12] he never succeeded in writing a single work of truly lasting literary significance. He is one of those literary figures who make their major impact on their own time, largely through the forcefulness of their dynamic personalities.

In sharp contrast to Bahr, Schnitzler, who disdained dilettantism and feuilletonism, strove conscientiously throughout his career to maintain the highest artistic standards in his writings. He played little active role in public affairs nor did he try to cultivate politicians as did Bahr. He preferred instead to make his social contribution through works of lasting merit. Not only in this respect but also in artistic integrity, personal temperament, and general outlook there could hardly be a greater contrast than between these two strong-willed individualists.

Schnitzler was a dignified, cosmopolitan individual, who inclined to introspection, skepticism, and pessimism. He worked slowly, methodically, and conscientiously and made the highest demands on himself. Correspondingly he expected the same qualities in those about him. Since he hated sham and pose in any form, he was often dismayed and annoyed by Bahr's enterprising journalism, for in the early years of his cultural campaign in Vienna Bahr constantly "discovered" new writers and heralded new literary sensations with almost every issue of the newspaper.[13]

A number of Bahr's early notes to Schnitzler consist of requests for feuilletons, most of which apparently were ignored. At least Schnitzler's answers, if he wrote any, have not been preserved. Schnitzler not only did not enjoy writing feuilletons, but he also felt that he did not possess the aptitude for this particular form. It is probable that his attitude was influenced by the low opinion he held of feuilleton writers and journalists in general.

From the standpoint of social position, profession, and personality, Schnitzler had little in common with Bahr, for he was born and educated in Vienna and became a medical doctor like his father before him.[14] He belonged to the well-to-do professional class and was relatively free of economic worry unlike Bahr, who, as mentioned, needed his journalistic activity to support himself. This upper middle class social standing and background was typical of the majority of participants in *Jung-Wien*, as has been indicated by Siegfried Trebitsch:

Außer Hermann Bahr, der der Sohn eines Notars in Linz war und damit Ansprüchen seiner Kritiker entgegenkam, war nun einmal Hofmannsthal der Sohn eines Bankdirektors, Felix Salten und Peter Altenberg waren die Söhne von Kaufleuten, Beer-Hofmann, Stefan Zweig, Rudolf Kaßner, Egon Friedell und meine Wenigkeit die Söhne von Industriellen. Franz Werfel, der große Dichter und Seher in der alten Monarchie, stammte allerdings aus Prag und war, wie schon erwähnt, der Sohn eines Handschuhfabrikanten.[15]

Hence, Bahr, who came from a middle-class background in Linz, who failed to complete his degree at the university, and who was not Jewish, was atypical of the *Jung-Wien* group. Moreover, the transition from province to metropolis experienced by Bahr was also not shared by most of the other *Jung-Wien* participants. For this reason Bahr's description of the development of his generation shows that he was thinking primarily of himself and probably of some other Berlin writers like Arno Holz more than of the Viennese of this period:

Man wird unseren Ton von 1880 bis 1890 nie verstehen, wenn man nicht weiß, daß wir alle aus kleinen Städten waren, als Kinder in hellen stillen Stuben mit weißen Gardinen sorgsam behütet, in eine künstliche Welt von Treu und Redlichkeit verhüllt. Nun aber aus diesem geistigen Biedermeierstil plötzlich ins Leben ausgestoßen, schrieen wir entsetzt auf. Seitdem sind wir älter und sind städtischer geworden. Was wir damals erst pathetisch, dann höhnisch ingrimmig angeklagt, nehmen wir jetzt mit einer Geduld hin, die weniger philosophisch als praktisch ist. Wir werden es nicht ändern; es scheint, daß wir den Glauben an uns verloren haben.[16]

Bahr possessed great intellectual curiosity combined with enormous physical stamina and endurance which enabled him to work beyond ordinary limits. On 18 March 1892 in a letter to Schnitzler, who in the early years treated him medically on occasion, Bahr reminds the physician when prescribing medicine to take into account his "Ochsennatur" that responds only to the strongest stimuli. In addition to these qualities Bahr also inherited what he termed his Upper Austrian "Rauflust," which caused him never to shy away from any fight either physical or intellectual. During the 1880's and 1890's he engaged in a number of duels, and he was wounded on at least two occasions, once in 1885 and again in 1896. This second duel caused Schnitzler to reassess the unpredictable Bahr and also brought him into closer sympathy. At the end of March 1896 Bahr was wounded when he fought in the place of a Jewish editor of *Die Zeit*, who had been insulted but could not challenge his detractor to a duel because of the Waidhofen decree which declared Jews "satisfaktionsunfähig." Therefore Bahr, who was not Jewish, took the insult as his own and delivered the challenge. Olga Schnitzler describes Schnitzler's reaction to this unexpected stand on principle by Bahr: "Erstaunlicher Vorfall: Bahr ist also nicht nur der Verkünder oft zweifelhafter Werte—an die er bald gar nicht mehr glaubt—er begibt sich selbst in Gefahr, wo es eine wahre menschliche Stellungnahme, eine echte Gessinnung zu verfechten gibt. Zum erstenmal empfindet Schnitzler wirkliche Sympathie für ihn; von seinem Krankenlager fortgehend, überlegt er, ob er ihm nicht doch manchmal Unrecht getan hat."[17]

It is not difficult to comprehend Arthur Schnitzler's surprise at Bahr's resoluteness, for the man who was known as the seismograph of his age, "der große Überwinder," "der Proteus der Moderne," "die Hebamme der modernen Literatur," "Portier der Literatur," and "Verwandlungskünstler"[18] among other things was a complete impressionist who not only prized his capacity to adapt to changed circumstances but who also prided himself on his ability to diagnose and embrace new trends well in advance of anyone else. His reputation in this regard earned him still another sobriquet as "der Mann von übermorgen." Bahr liked to refer to himself as "Herr von Adabei" to show his omnipresence on the cultural scene. To capture the essence of his seemingly chameleon-like personality and to stress that there was a constant center amidst the many external changes, he chose as his motto "Niemals und immer derselbe." Although Bahr's contemporaries saw him as unpredictable, changeable, and superficial, all of his activities were directed toward two substantial and important goals: to foster the arts and thereby raise the cultural level of Austria and to effect a close *rapprochement* of Austria with the Western world.[19]

Bahr's greatest fear, he once confessed to Schnitzler, who berated him for his lack of consistency in his opinions, was to be considered boring. Partly for this reason, but largely because it was rooted in his character, Bahr generally went to extremes in everything he undertook and often tended toward overstatement to the point of bombast in his writings. In essence Bahr, who considered himself a propagandist for the arts, preferred to be provocative rather than accurate, exciting rather than solid. He lived and wrote with undeniable flair, and although this quality made him a colorful, prominent personality in his lifetime, it doubtless kept him from achieving his fullest potential as a creative artist of enduring value. He was a volatile, emotional man, flamboyant and extroverted, who sought a life of superlatives and exaltation. His main desire was to gain full measure from life ("Gebt mir volles Maß"), and, like most impressionists, he worried that he would miss the best that life had to offer. He was a born optimist with a great respect for life and a love of the outdoors. His favorite pastime was walking, and after he moved to Salzburg in 1913, he became a common sight on the slopes of the Untersberg, where his home, Schloß Arenberg, was located.[20]

Despite their differences in personality and temperament, in most major matters Schnitzler and Bahr shared a similar outlook which was held in common with the *Jung-Wien* circle. These young men were all liberals and imbued with a sense of cultural progress. In the beginning they were aesthetically oriented; but later, although they themselves never pursued any active involvement in politics, they came increasingly to the realization that political action was a more efficient and perhaps the only effective way to bring about broad social change.[21] Schnitzler, who did not often write essays and feuilletons like Bahr and Hofmannsthal, seemed less concerned with such general cultural problems as the revival of the Austrian baroque tradition. Nor was he as radically anti-establishment and anti-aristocracy as Bahr, although he shared Bahr's views about Austrian bureaucracy and censorship. As members of a transitional generation living in a period of social flux, they were both engaged in a search for new values that would lead to a better society in the future.

Schnitzler and Bahr used different approaches in their search for values. Schnitzler was interested in establishing ethical and moral guidelines for the individual, feeling that improvement in individuals would be reflected eventually in a betterment of society as a whole. By contrast Bahr worked on a broad front with nothing less than the ambition to create a general rise in the cultural level of the entire nation. Of the two Bahr was the slightly more multifaceted personality with a wider range of interests, which seemingly included everything but the physical sciences. His enterprising efforts on behalf of culture in Austria included all of the arts: literature, painting, sculpture, theater, music, dance, opera, and architecture. The price that Bahr paid for this breadth and scope was a commensurate lack of depth. The intellectual superficiality in much of Bahr's writing was one of his weaknesses that Schnitzler abhorred, for he himself, perhaps because of his scientific and medical training, preferred to be thorough in whatever he undertook. He worked cautiously and methodically, not pronouncing a work completed until he was satisfied with it. It is easy to see why Bahr's intellectual adaptability irritated Schnitzler, who, before he really understood Bahr, was often annoyed by the apparent shallowness of his colleague's convictions, as will be demonstrated presently. Bahr willingly compromised in small things if he felt that he was thus best serving the greater cause. Regardless of their differing approach to social problems, they shared one attribute: they did not take the easy path to success but followed their conscience despite criticism.

Bahr, as he himself readily acknowledged, was by nature as much as by choice a propagandist for the ideas and the people that interested him. One of his most active pursuits in his zeal to foster cultural improvement in Austria was the discovery and encouragement of young talent. Schnitzler, too, was often asked for his opinion of manuscripts; as the letters show, he occasionally referred hopeful young authors or their manuscripts to Bahr for his critical appraisal and recommendation. During his years in Vienna Bahr felt he had helped thousands of people: "Nur wär ich mir dann doch das Beste meines Lebens schuldig geblieben: ich hätte nicht Tausenden helfen können; ich möchte nicht auf das Gefühl verzichten, zwanzig Jahre lang der große Nothelfer der österreichischen Kunst gewesen zu sein, und trage dafür gern den Undank, mit dem dieses Geschäft nun einmal besteuert wird."[22]

Bahr was essentially a journalist who took a personal approach to everything. His writings are basically subjective reactions to events and individuals. He was not a great original thinker; his strength lay in his ability to analyze, synthesize, and explain difficult concepts simply and clearly to others. In short, his role as a critic was that of an intermediary between art or the artist and the public. This feuilletonistic approach is also evident in Bahr's literary works, which deal largely with the same topical themes found in his essays. As a result these works have in many instances lost their appeal today, for, when the issues faded, so did the works based on them. His writings today provide an excellent source of information about the cultural life of this period, but unlike those of Schnitzler they are little read for their intrinsic artistic merit. The works of Schnitzler, because they treat universal human problems, have not only withstood the test of time but also the adversity of prejudice and narrow-mindedness. Only now are they beginning to be genuinely appreciated for their literary merits.

Schnitzler was no less committed personally to the problems he wrote about, but with his greater concern for artistic quality he concealed himself behind his characters to a greater degree. His works always end on a note of ambivalence or ambiguity, for the moral and ethical problems about which he wrote have no clear-cut answers or solutions. In his treatment of character Schnitzler displayed the rational, dispassionate analysis of a clinical physician and scientific observer; at the same time he revealed the compassion for human beings of a good physician.

The differences between the two men are revealed also in their manner of working. Schnitzler painstakingly wrote a number of drafts before he finally considered his works completed. He continually revised and polished his manuscripts until he felt satisfied with the result in both content and style. By contrast, Bahr wrote exceedingly fast, often dictating his works, and he devoted little time to rewriting or revising. Like the journalist he was, he cared more about presenting his views while a given issue was topical than in polishing his style for posterity. He possessed the gift of an extremely fluid, flexible, and lucid style, which suffers only from the flaw of verbosity and repetition, much of which could and probably would have been eliminated in a careful rewriting.

Given their dissimilarity in temperament and outlook, it is not surprising that in their younger years the two writers were not overly attracted to each other, although Schnitzler's reaction upon first meeting Bahr was largely favorable, as he indicated in his diary on 26 April 1891: "Hermann Bahr im Kaffeehaus kennengelernt. Liebenswürdig freier Mensch, im Gesicht Roheit, Geist, Güte, Schwindelhaftigkeit."[23] Even at this first encounter Schnitzler was able to detect the negative quality in Bahr that enabled him to change his ideas with such facility and without concern for consistency.

The relationship started off well, and they made an effort to be agreeable. They saw each other almost every day in the Café Griensteidl, and Schnitzler attended lectures and readings by Bahr with favorable reactions for the most part. Bahr, too, approached Schnitzler in friendly fashion and with appreciation of his talent, as Schnitzler noted in his diary: "Bahr: Die Oesterreicher haben mehr Talent als die Deutschen. . . . Ich bin ihm z.B. lieber als Hauptmann, etc." (TB, 9 October 1892). Yet earlier Bahr had more or less categorized Schnitzler in the manner in which he continued to view him throughout the 1890's, apparently without too much offense to Schnitzler at this early stage. In his diary Schnitzler writes:

In der Mod[ernen] Kunst: Bahr über Österr[eichische] Künstler. 3 Talente unter den Jungen, Loris, Dörmann, ich.—Über mich (er hatte sich vor ein paar Wochen schon entschuldigt, weil er damals Märchen noch nicht gekannt hatte): "Da ist einmal A[rthur] S[chnitzler], ein geistreicher, zierlicher, sehr amüsanter Causeur, ein bißchen leichtsinnig in der Form, und nicht allzu gewissenhaft, vielerlei versuchend. Ich habe das Gefühl, daß er tiefer ist, als er sich gerne gibt und hinter seiner flotten Grazie schwere Leidenschaft verbirgt, die nur noch schüchtern und schamhaft ist, weil sie erst zu festen Gestalten reifen will." (TB, 10 February 1892)

Gradually Schnitzler became annoyed by many examples of Bahr's apparent lack of principle as a critic and became outspokenly critical of Bahr's inconsistency and shallowness, as Olga Schnitzler reports:

Gewiß, Bahr wirkt sofort ermutigend; aber warum muß er, der seine Erlebnisse und Ideen oft so lebendig zu formulieren versteht, neben einer Menge von unmittelbar gesehenen Dingen so viel Schiefes sagen? Seine paradoxen Bemerkungen bringt er plötzlich vor, wie um seine Zuhörer absichtlich zu reizen, wobei seine funkelnden Augen spöttisch blinzeln, sein Linzer Dialekt von noch mehr Zischlauten durchsetzt ist als gewöhnlich. Begegnungen voll schwankender Sympathie . . . denn Schnitzler verhehlt durchaus nicht, daß Bahr ihn zuweilen ungeduldig macht.[24]

It is true, as this quotation makes clear, that Bahr frequently took a position on an issue out of a spirit of negation. This tendency is further illustrated by a comment in Schnitzler's diary: "Bahr findet *Schmetterlings-*

schlacht bestes Stück Sudermanns, da es alle für das schlechteste halten" (TB, 7 October 1894). On 8 October 1894 Schnitzler reports that Gustav Schwarzkopf, a journalist whom Bahr disliked (the feeling was mutual), said to Bahr: "Woher nähmen Sie denn das Material zu Ihren Kritiken, wenn Sie nicht gerade das Gegenteil von den andern sagten" (TB, 8 October 1894). On 17 October 1894, after he had seen Sudermann's play performed, Schnitzler stated categorically: "Bahr ist ein unehrlicher Kritiker." A lengthy diary entry of 18 October 1894 recording a conversation with Bahr further reveals Schnitzler's attitude toward the subjective manner with which his colleague approached criticism:

Bei Bahr Vorm[ittag]; ihm "Witwer" gebracht. Über Schwarzkopf, den er haßt, der nur kleines gelten läßt und großes herabzieht. Ich entgegne heftig. Bahr: Grad dem würd ich sagen, ich hab 5000 Abonnenten. (Zeit [*Die Zeit*], die seit 6. erscheint.) Ich: "Und er würde sagen, du lügst—und du würdest dann schimpfen: Jetzt sagt der Schw[arzkopf], daß ich lüg—so eine Gemeinheit." Bahr: "Und du würdest sagen: Merkwürdig, wie der Journalismus verdirbt—jetzt lügt der mich auch schon an—Und Hugo [von Hofmannsthal] würde im nächsten Moment schon vergessen haben, ob 500—oder 50,000—das ist das hübscheste"!— Ich: "Antipathien begreif ich—aber die paar Menschen, die existiren, sollten sich doch verstehen"! Bahr: "Schw[arzkopf] ist kein Mensch".— Dann:—Bahr: "Von der Dilly [Adele] Sandrock hat's mir grad sehr gut gefallen, daß sie findet, Hugo ist ein Trottel. Ich sag in solchen Fällen: Gewiß, du hast ganz recht. Das ist Individual[ität], das gefällt mir"!—Ich: "Wenn ein Börsianer so was sagt,—gut— aber sagt's einer, der die Pflicht hätte, das Gute zu verstehen und zu würdigen, und nur zu faul dazu ist—so sage ichs ihm eben". Er: "Freundschaftspose"!— Er: "Wenn nächstens der Bh. [Beer-Hofmann] was Schlechtes macht, so lob ich ihn doch, nur um den Schw[arzkopf] zu ärgern". —Ich: "Und du willst ein Kritiker sein"?—Er: "Ah, was"!—Ich: "Du begnügst dich damit ein Indiv[idualist] zu sein!"—Er: "[Emanuel] Reicher hat in [Ludwig] Fuldas Kameraden [*Die Kameraden*, 1895] den Führer der neuen Richtung und Ehebrecher in meiner Maske gegeben". Ich: "Vielleicht nur wegen des Ehebruchs und nicht wegen der Literatur"?—(TB, 18 October 1894)[25]

At the time of his arrival on the literary scene in Vienna in 1891, Bahr was particularly impressed with himself because of the notoriety he had earned in Berlin with his two realistic, politically oriented plays *Die neuen Menschen* (1887) and *Die große Sünde* (1888), both of which had produced theatrical scandals. In addition, his account of his Russian trip, *Russische Reise* (1891), had appeared, and his four-act comedy, *Die häusliche Frau*, had received its premiere in Berlin on 8 June 1892. On the basis of these credentials it is small wonder that Bahr considered himself a literary celebrity of considerable prominence.[26] Moreover, he had published his decadent artist's novel, *Die gute Schule* (1890), that had been serialized from April to June 1890 in the journal *Freie Bühne für modernes*

Leben, as was his second novel, *Neben der Liebe*, prior to its book publication in 1893. He had also completed a comedy, *La Marquesa d'Amaëgui* (1888), which was performed in Linz, a two-volume collection of essays, *Zur Kritik der Moderne* (1890–1891), a volume of prose sketches, *Fin de siècle* (1890), a mixture of political parables and decadent erotic vignettes that was confiscated by the police, and above all the perversely erotic drama, *Die Mutter* (1891), which followed the precept of *épater le bourgeois*.

In 1894 Bahr published an assessment of himself and his capabilities that best conveys the self-assurance almost to the point of arrogance that allowed him to feel superior to the other *Jung-Wien* writers and that characterized his behavior during the 1890's in Vienna:

Man vergißt, daß ich in einem Punkte anders als die Anderen und für mich bin. Die Anderen stellen ihre Natur auf eine einzige Note, und auf diese Note allein stellen sie ihr Werk; sie von allen Mischungen zu scheiden, frei und unverhohlen zu gestalten, wirksam zu erschöpfen ist ihr Trieb. Aber mich treibt es, die Fülle der Noten, den Schwall und Strudel ihrer zischenden Fluth, ihren bunten Sturm zu formen; nicht eine einzelne reizt mich, sondern das Flirren und Flackern ihrer bewegten Menge nur, wie sie sich berstend streifen, stoßen und reiben; in den Grund will keiner dringen, aber die ganze Fläche dieser breiten Zeit möchte ich fassen, den vollen Taumel aller Wallungen auf den Nerven und Sinnen. Das ist mein Verhängnis. Deswegen werde ich nie ein Gefolge ergebener Bewunderer haben; man bewundert ja schließlich an Anderen doch immer nur sich selbst, was man mit ihm gemein hat; aber in mir findet jeder mehr als sich selbst, und es bleibt ein fremder Rest, der die letzte Näherung verwehrt. Doch darf ich mich trösten, weil es immerhin ein hübscher Gedanke und schmeichelhaft ist, daß zwischen Wolga und Loire, von der Themse zum Guadalquivir heute nichts empfunden wird, das ich nicht verstehen, theilen und gestalten könnte, und daß die europäische Seele keine Geheimnisse vor mir hat.[27]

When he compared his travels and literary accomplishments with the young writers in Vienna, most of whom had published very little as yet, Bahr saw no reason for modesty. Schnitzler, for example, had by 1891 published (in addition to a number of scientific papers) various poems, several scenes from *Anatol*, and the short prose works *Amerika*, *Der Andere*, and *Mein Freund Ypsilon*, for the most part in Fedor Mamroth's literary journal *An der schönen blauen Donau*. He had also published his drama *Das Märchen* as a stage manuscript. This perspective helps to make understandable why Bahr in his essay on "Das junge Oesterreich" displayed his feelings of superiority toward Schnitzler by describing him rather patronizingly as an excellent writer but of limited talent and range:

Arthur Schnitzler ist anders. Er ist ein großer Virtuose, aber einer kleinen Note. Torresani streut aus reichen Krügen, ohne die einzelne Gabe zu achten. Schnitzler darf nicht verschwenden. Er muß sparen. Er hat wenig. So will er es denn mit der zärtlichsten Sorge, mit erfinderischer Mühe, mit geduldigem Geize schleifen, bis das Geringe durch seine unermüdlichen Künste Adel und Würde verdient. Was er bringt, ist nichtig. Aber wie er es bringt, darf gelten. Die großen Züge der Zeit, Leidenschaften, Stürme, Erschütterungen der Menschen, die ungestüme Pracht der Welt an Farben und an Klängen ist ihm versagt. Er weiß immer nur einen einzigen Menschen, ja nur ein einziges Gefühl zu gestalten. Aber dieser Gestalt gibt er Vollkommenheit, Vollendung. So ist er recht der *artiste* nach dem Herzen des "Parnasses", jener Franzosen, welche um den Werth an Gehalt nicht bekümmert, nur in der Fassung Pflicht und Verdienst der Kunst erkennen und als eitel verachten, was nicht seltene Nuance, malendes Adjectiv, gesuchte Metapher ist.[28]

In the continuation of his appraisal, Bahr further examines Schnitzler's artistic scope and accomplishment:

Der Mensch des Schnitzler ist der österreichische Lebemann. Nicht der grosse Viveur, der international ist und dem Pariser Muster folgt, sondern die wienerisch bürgerliche Ausgabe zu fünfhundert Gulden monatlich, mit dem Gefolge jener gemüthlichen und lieben Weiblichkeit, die auf dem Wege von der Grisette zur Cocotte ist, nicht mehr das Erste und das Zweite noch nicht. Diesen Winkel des Wiener Lebens mit seinen besonderen Sensationen, wo sich wunderlich die feinsten Schrullen einer sehr künstlichen Kultur und die ewigen Instincte des menschlichen Thieres vermischen, hat er künstlerisch entdeckt und er hat ihn, indem er ihn gleich zur letzten Vollkommenheit des Ausdrucks brachte, künstlerisch erschöpft. Es ist ihm gelungen, was die Goncourts als Beruf des Künstlers setzten: *apporter du neuf*; und es ist ihm gelungen, die definitive Form seiner Neuerung zu geben. Das ist sehr viel. Gerade heute können es Wenige von sich sagen. Nur darf er freilich, weil sein Stoff ein weltlicher, von der Fläche der Zeit ist, Wirkungen in die Tiefe der Gefühle nicht hoffen, und von seinem feinen, aber künstlichen Geiste mag das Wort des Voltaire von Marivaux gelten: *Il sait tous les sentiers du coeur, il n'en connait pas le grand chemin*.[29]

Yet, Bahr finally defends his friend, insisting that the Burgtheater should perform *Das Märchen*:

Ich verstehe sehr gut, daß Manchen das nicht genügt. Ich verstehe nur nicht, daß man es an den Franzosen preist, aber an einem Wiener schmäht. Im "Anatol" sind ein paar Sachen, die den Vergleich mit den besten Meistern der Gattung vertragen und an flüssiger Anmuth, herbem Dufte, heiterer Melancholie Aurélien Scholl, Henri Lavedan und diesen vergötterten Courteline nicht zu scheuen haben. So wäre es wohl Pflicht der Directoren, einmal ihre Kraft auf der Bühne zu prüfen. Es wäre Pflicht der "Burg", das "Märchen" zu bringen, das ja nun wenigstens am "Volkstheater" endlich kommen soll.[30]

When *Das Märchen* premiered at the Deutsches Volkstheater on 1 December 1893, Bahr was on hand to review it; and although he was not so bluntly condescending as in the article just quoted, his review was not pure praise. First Bahr paraded his knowledge of the requirements of the stage, and then he demonstrated the failings of the play as a stage work in terms of the framework he had established. Despite its technical weaknesses Bahr at least granted the drama artistic merit: "Künstlerisch ist es ohne Zweifel, weil es kann, was es will, und ohne Rest seine Gefühle, seine Absichten formt. Fraglich mag es nur scenisch sein, ob das literarisch unanfechtbare Werk auch theatralische Kraft hat."[31]

Understandably, Schnitzler resented Bahr's patronizing attitude, not to mention his left-handed praise. Their relationship continued to alternate between periods of closeness and vexation usually resulting from some insult or other aggravation caused by Bahr. Only after a decade of personal and professional association did Bahr and Schnitzler overcome their mutual suspicions and reservations about each other and achieve an understanding that was akin to genuine friendship. As Bahr later admitted: "Der reichen Begabung Schnitzlers bin ich erst nach Jahren zögernd ganz gerecht geworden."[32] During the 1890's he continued to describe Schnitzler as a limited artist,[33] and it is possible that his views helped set the tone of Schnitzler criticism that has prevailed to some degree to the present day. It is certain that Schnitzler grew tired of being constantly underestimated by Bahr and by everyone else. His exasperation shows in the following diary entry:

Im Kaffeehaus,—Richard [Beer-Hofmann], [Felix] Salten.—Gestriger Vortrag von Bahr "Das junge Oesterreich" wurde besprochen. Wir, d.h. Bahr, [Karl] Torresani, Richard, ich sind abgethan ("demütige, gothische Figuren") Richard, der vielleicht noch in die nächste Periode hineinragen wird, ich, der aus sehr kleinen Anfängen zu sehr schönen vorgeschritten und dessen "Sterben" wohl zwanzig Jahre dauern wird—da sind nun Hugo [von Hofmannsthal], der aber jetzt nicht schreibt—und [Leopold von] Andrian, mit dessen "Garten der Erkenntnis" Europa sich in den nächsten Wochen beschäftigen wird.—Welch ein ordinärer Schwindler.—(TB, 14 March 1895)

It is not clear here whether Schnitzler is referring to Bahr or Salten, but presumably he means Bahr, for a few days later on 17 March 1895 he returned to the subject of Andrian's prose fragment after reading it: "Las das Buch Andrians.—Spuren eines Künstlers, schöne Vergleiche. —Keine Gestaltung, Affectation, Unklarheiten.—unreifer Loris—nicht reifer Goethe, wie Bahr sagte.—Es mit [Beer-Hofmanns] "Kind" oder [Schnitzlers] "Sterben" vergleichen ist dumm und frech.—"

Nevertheless, Schnitzler seems to have been attracted to Bahr despite his annoying mannerisms and aggravating tactics. While this friendship never became as close as that between Schnitzler and Beer-Hofmann, where greater mutual respect existed, it eventually developed into one of the closer associations within the *Jung-Wien* circle. Schnitzler could become upset if Bahr did not greet him warmly enough: "Charakteristisch für mich: Ich war im Theater fast verstimmt, daß mich Bahr kühl zu grüssen schien" (TB, 14 September 1894). Schnitzler could also become annoyed if his other friends seemed to draw too close together: "Tag kleiner Empfindlichkeiten; ärgerte mich über den freundschaftlichen Verkehr Hugos und auch Richards mit Bahr" (TB, 6 November 1895). Yet, he never lost sight of Bahr's limitations, as a diary entry of 25 March 1895 reveals: "Bei mir Loris, Richard, Schwarzkopf.—Über Andrians Buch, das Hugo überschätzt und über Bahr, den er mindestens ethisch überschätzt.—"

An indication of the closeness of the friendship is the number of letters, particularly in the early years, when in addition they saw each other frequently. The correspondence consists of 131 letters and postcards of Schnitzler to Bahr (two letters from Olga Schnitzler are also included here) and approximately 188 letters and postcards of Bahr to Schnitzler. The reason for the considerable discrepancy is that many of Bahr's communications are merely notes requesting either a contribution for his newspaper or a new prose work that he could include in one of his many public readings. There are also a number of brief acknowledgments indicating the receipt of a manuscript or the gift of a published work from Schnitzler. Other short notes merely suggest the need or desirability of meeting. Such letters rarely required an answer. It is also possible that a number of letters and cards to Bahr from Schnitzler were either not preserved by the recipient or were simply lost subsequently. Bahr's first letter is dated 22 December 1891, but the first letter from Schnitzler is dated almost two years later on 3 November 1893.

The correspondence covers a period of forty years, extending from the first note of Bahr dated 22 December 1891 to the last letter by Schnitzler written on 5 September 1931, approximately a month before his death (21 October 1931). The majority of the letters fall into the period from 1893 to 1913, when they lived in fairly close proximity in Vienna,[34] saw each other frequently, and were closely united by their literary activities and mutual friends. After Bahr left Vienna to live in Salzburg from 1913 to 1922 and thereafter in Munich until his death on 15 January 1934, the two men drifted apart and maintained minimal contact. They saw each other only infrequently and seemed to find little occasion to write. Yet the few letters of the later years indicate that they maintained an awareness of each other's activities through their published writings and probably by reading about each other in critical essays and reviews.

The letters provide a limited survey of the lives of the two men, and while they do not by any means touch upon the full range of their individual endeavors—particularly the later years are poorly covered—they still make it possible to trace and document the association and friendship of Schnitzler and Bahr to a degree not possible previously. Apart from the topics already mentioned, the letters show that during the early years they never failed to congratulate each other on the publication of new works and on premieres of their plays. They exchanged information about possible French and Italian translators for their works, and in later years they discussed the possibilities for film versions. There is little discussion of a personal nature about mutual friends, and there is a minimum of small talk in general. The attempts of Bahr and Schnitzler to help Peter Altenberg, particularly when he was institutionalized in 1913, and Bahr's problems with the polemicist Karl Kraus are mentioned.[35] Personal matters, such as the marital problems each man suffered through (the first marriage for each ended in divorce) are also kept to a minimum. There is little commentary on the war, for there is almost a total hiatus in the correspondence between 1914 and 1918, when Bahr was connected with the Burgtheater for a few months from 1 September to 31 October and resided temporarily in Vienna once again.

More importantly, the correspondence provides valuable insights into individual works in the frank exchanges of views that are made, both when they criticize each other's works and when they provide a justification in rebuttal to such criticisms. In addition, these letters provide first-hand documentation concerning the problems of censorship and of the anti-Semitism faced by Schnitzler and other Jewish writers at this time. Finally, the many expressions of personal regard provide a good indication of the friendship that evolved between these two leading artistic personalities.

The tone of the letters helps to provide a key to understanding their association. In the early years the letters are sometimes frank to the point of being almost insulting. It would seem that either they felt so secure in their relationship that they could ignore normal tactfulness or that they were not really close friends and therefore were not overly concerned about the other's feelings. This latter view is probably closer to the truth. Around 1900 the tone gradually becomes warmer, and the early undercurrents of competitiveness and hostility are no longer present. The cordiality on both sides seems genuine, even if something is subtracted for ordinary politeness. When in later years they both stress in rather sentimental fashion how much they miss seeing each other, they probably mean this sincerely. Yet after 1913 Bahr rarely mentions Schnitzler in his essays or published diaries, and similarly Schnitzler makes little reference to Bahr in his diary. They did enjoy each other's company, which is another way of saying that Schnitzler appreciated

Bahr as a human being but never came to respect him particularly as a writer or critic. Bahr for his part eventually revised his opinion of Schnitzler and developed a great admiration for his friend both as a writer and as an individual. However, Bahr seemed incapable of committing himself to true, lasting friendship. He gave himself totally to people, ideas, and causes but generally only for short periods of time. Olga Schnitzler captures this characteristic of Bahr very well when she writes: "Vollends dieser Bahr: nachdem er stundenlang seine glänzende ironische mutwillige Beredsamkeit entfaltet hat, steht er auf, geht weg, nimmt sich so leicht und restlos zurück, daß man nie recht weiß, wozu er wirklich steht, woran er hängt, wo er wurzelt."[36]

As mentioned, some of the early exchanges are quite sharp. For example, in letters dated 22 October 1894 and 23 July 1895 Bahr rejected Schnitzler's prose works "Der Witwer"[37] and "Geschichte von einem greisen Dichter"[38] in candid terms that would put anyone on the defensive, describing these novellas as weak, contrived, and depending on superficial technique for their effect. In 1899 they had a particularly sharp exchange when Bahr requested the one-act drama *Die Gefährtin* for *Die Zeit* and then declined to publish it because it had been performed in the meantime. Bahr claimed that Schnitzler had misunderstood him, but Schnitzler refused to let the facts be distorted (see letters 23 and 24).

A more substantive dispute occurred over the question of whether an editor or public reader, as Bahr often was of Schnitzler's works, has the right to alter the material he is using to suit his own needs and purposes. Schnitzler's attitude reveals a change in this regard, probably resulting from his increased self-confidence as a writer. In a letter of 3 November 1893 concerning a feuilleton he has written Schnitzler permitted Bahr some editorial freedom and is not in principle against changes. However, approximately two years later (17 July 1895) he specifically forbids Bahr to make any deletions or alterations in his manuscript on his own responsibility. After another period of two years (11 November 1897) his injunction against any tampering with his texts becomes virtually an ultimatum: "Hiermit will ich also Deine eventuellen Kürzungsideen im Mutterleib erwürgen." Bahr certainly did not wish to antagonize the man who supplied him with much of the material for his readings, and he prudently acquiesced to Schnitzler's demand but without changing his own viewpoint. With his usual flexibility Bahr maintained that as a matter of principle an editor or reader must be able to modify a manuscript but that in this case the wishes of his friend took precedence. This is Bahr the editor talking, for as a writer Bahr resented any changes in his own manuscripts. In a stand on that very principle he had even resigned from the *Deutsche Zeitung* in 1894 to protest changes made without his permission in his submitted copy.[39] One of the motivations behind his joining Heinrich Kanner and Isidor Singer in founding the newspaper *Die Zeit*, which began publication on 1 October 1894, was the freedom from editorial control that he would thereby obtain.

Despite their differences and disputes, Schnitzler and Bahr saw each other frequently during the 1890's and began using the informal "Du" to each other at a New Year's party held on 31 December 1893 at the home of Adele Sandrock.[40] This was not a common practice of Schnitzler (indeed, he entered into such informality again only with the actor Josef Kainz and the writer and critic Felix Speidel[41] on 31 January 1907), and Olga Schnitzler feels that even in Bahr's case he was more or less forced into it by the circumstances of this particular festive occasion:

Eines Abends, in lustiger Gesellschaft, wird allgemein Bruderschaft getrunken; und Schnitzler, sonst immer auf gemessene Entfernung bedacht, kann sich dies eine Mal nicht entziehen. Das war wohl die Ursache, daß er in späteren Jahren jedes freundliche Angebot auf Bruderschaft immer wieder mit der Bemerkung ablehnte, er sei nur eines Menschen Duzbruder geworden, und den hätte er zu jener Zeit nicht leiden können. Und wirklich: im Kreis der Freunde ist es in all den vielen Jahren nie mehr zu solcher Verletzung der Distanz gekommen.[42]

It is true that Schnitzler later regretted his impulse, but at the time it could not have been regarded as a serious mistake. In fact, he could not have considered it as especially significant, for he failed to describe the event or his personal reactions to it at any length in his diary, noting only on 31 December 1893 as an afterthought: "(Vorher bei Dilly [his pet name for Adele Sandrock], Brüderschaft, auch mit Bahr)." During 1894 Schnitzler and Bahr seemed to be very good friends, and in May Bahr joined Schnitzler in Munich, where they spent two days sightseeing. They must have had a memorable time, for fourteen years later, in 1908, Schnitzler reminded Bahr of their Munich visit (see letter 99).

Bahr, who initially addressed Schnitzler in his letters as "Lieber Herr Dr.," "Lieber Dr.," or "Lieber Freund," shifts to "Lieber Arthur" on 20 April 1894, and, except for a few occasions when he addresses him as Thuri, this first name salutation continues throughout the remaining years of the correspondence. Similarly, in the few letters prior to 1894 Schnitzler addressed Bahr as "Lieber Freund" and thereafter as "Lieber Hermann."

Despite their friendship Bahr did not alter his patronizing critical view of Schnitzler's works. In his diary for 16 October 1894 Schnitzler records his annoyance at hearing Bahr make one of his uninformed hasty judgments during a discussion of *Liebelei* with Hofmannsthal: "Charakteristisch—ohne Stück gelesen zu haben, findet er [Bahr] es fürs Raimundth[eater]." On Sunday, 28 October 1894, Bahr visited Schnitzler to return the manuscript of *Liebelei*, which Schnitzler had given him to read that morning: "Fand: liter[arisch] sehr gut; auch Bühnenwirkung—Kassenerfolg nicht.—Kritik wird loben—der ärgste Feind nichts dran aussetzen, aber auch der enthusiastische Freund nicht sagen: Prophet ist gekommen." Apparently this high-handed approach proved too much for Schnitzler on this occasion, and, as he recorded in a continuation to his diary entry for 28 October 1894, he proceeded to have a frank talk with Bahr:

> Er blieb zwei Stunden und ich sagte ihm so ziemlich alles, was ich gegen ihn auf dem Herzen hatte. Ungerechtigkeit; seine Manier, der Wahrheit die Stimmung, die Laune, Antipathie, Sympathie, Rhythmus eines Satzes aufzuopfern. Er gesteht zu; sei von einer ewigen Angst gequält, langweilig zu werden.—Über seinen Vortrag nächstens,—wir plauderten so gut wie noch nie. Ich hatte die Empfindung, daß ich und die Idee meiner Aufführung an der Burg ihm viel sympathischer geworden sei. (TB, 28 October 1894)

Although the final remarks seem to suggest that Bahr was responsive to Schnitzler's protestations, in fact he did not change his attitude toward *Liebelei*, which he felt did not belong in the Burgtheater. Bahr had considerable influence on Max Burckhard, the director of the Burgtheater, but in this instance his recommendation probably would have made little difference in whether the play was accepted or not, for Burckhard was also a good friend of Schnitzler's and a neighbor as well, living in the same house. There was some difficulty in getting Sandrock to perform in *Liebelei*, for in the meantime Schnitzler had broken with her because of her betrayal of him with Felix Salten. Both Bahr and Burckhard interceded, and Sandrock, who was under contract to the Burgtheater, finally agreed to accept a part.[43] Nevertheless, Bahr remained unconvinced of the play's merits, even after he saw it performed, as his review shows.[44]

It was not until after 1900, when both men were approaching forty years of age, that increased maturity and understanding enabled them to accept each other as they were and made it possible for them to establish a solid basis for a lifelong friendship. This does not imply that they became less critical. They viewed the world too differently and were too independent-minded ever simply to accept each other's viewpoint. But they had grown more tolerant and could appreciate each other's qualities although they continued to disagree on various ideas and attitudes. Not to be overlooked, of course, is the important fact that they were no longer in competition, having both gained in self-confidence as a result of the success they had both achieved as writers, each in his own individual way.

As Schnitzler continued to produce successful dramas and prose works of literary quality, Bahr had to acknowledge the error of his initial judgment of Schnitzler's limited talent as enunciated in his article "Das junge Oesterreich" of 1894, and he revised his opinion to correspond to his new understanding. He reviewed a number of Schnitzler's early dramas[45] in his capacity as a theater critic and, while he was not averse to pointing out what he considered to be flaws in these works both technically and thematically, his reviews are on balance favorable and friendly, although they do not contain excessive praise. From present perspective it would be surprising if his reviews had not been at least as favorable as they were. As a journalist and theater critic Bahr had an excellent opportunity to help publicize his literary friends through favorable reviews of their works. Indeed, he did try to popularize any number of minor writers in this way, and the critic Karl Kraus frequently attacked Bahr for allegedly misusing his position as a critic to support his friends with undeserved praise.[46]

Still, Schnitzler did not feel that Bahr's reviews were overly flattering, and he certainly did not share Kraus's viewpoint about preferential treatment. In fact, Schnitzler pointed out to Bahr (letter 4) that his review of *Liebelei* had been cited by another critic, Emil Peschkau, to support his own negative judgment. Two factors limited Bahr's praise of Schnitzler at this time: he seemed genuinely convinced that Schnitzler's talent was limited, and he wished to prevent the impression of favoritism for his friends, precisely to avoid the charge by other hostile critics that the *Jung-Wien* group was a clique. If the latter idea motivated his actions it was a vain hope; both men knew that the idea of a clique was well established, as references in the letters indicate. For example, on 4 April 1903 Bahr expressed the wish to dedicate a volume of his theater reviews, *Rezensionen* (1903), to Schnitzler. Since he recognized that his public display of friendship might foster the notion of a clique, he indicated that he would understand if Schnitzler preferred to decline the dedication. However, Schnitzler graciously accepted Bahr's good will gesture; he commented on 6 April 1903 that whatever they did or did not do the public would accuse them of being a clique anyway.

On the whole Bahr strove for objective assessments in his role as a critic, but always within a relative framework of his own design. Like the French critic Jules Lemaître, whom he emulated, Bahr could never resist relating every subject to himself and his particular interest of the moment and evaluating it in impressionistic terms. Thus his reviews were subjective in terms of his immediate perspective of the work but were objective in the broader framework of his cultural plan. Bahr tried to explain his critical approach to Schnitzler, who was, as he knew, extremely vexed by his review of *Liebelei*.[47] Schnitzler recapitulated the conversation in his diary:

Nachm[ittag] Bahr da.—Hatte vorher telephonirt.—Ich hatte Angst: von da nichts gutes.—Brachte mir vom Regiecolleg. des Rmdth. [Raimund-Theater] Antrag nächstes Stück, wollte auch ev[entuell] das Märchen; könne selbst Engagem[ent] vorschlagen etc.—Dann sagte ich: "Da du schon einmal bei mir, können wir uns aussprechen."—Ich erklärte ihm, wie er persönlich und sachlich ungerecht gegen mich gewesen etc. Er: "Ich schwanke dir gegenüber. Heuer Hugo [von Hofmannsthal] einmal zu mir, von dir." Ich sagte ihm: "Was stecken S' denn immer bei dem S[chnitzler]—der ist kein Künstler, das ist höchstens ein Feuilletonist." Hugo drauf: "Das ist nicht wahr—mir ist er ja auch manchmal zuwider—dann aber—ein Mensch, der sich so tief z.b. mit dem Tod befasst, ist kein kleiner Mensch—u.s.w." "—Ich weiss ja, dass ich mich geirrt habe"—sagte Bahr dann.— "Ich hab auch dem [Max] Burckhard gesagt, ich muss 2 Feuilletons über die L[iebelei] schreiben—eins wenns durchfällt, wo ich ihn riesig lob' und eins wenns gefällt, damit ich mich mit ihm auseinandersetz."—Ich: "Warum unterschlägst du aber direct Sachen z.B. Figur des Weiring." Er: "Propagandanatur,—muss corrigiren, Wochenschrift etc.—Es haben mir ja Leute gesagt, dass uns das Feuilleton auf immer auseinander brächte—aber ich hab mir gleich gedacht: nein.—Offenbar sind wir so gegen einander, weil wir gleichaltrig sind etc."— (TB, 21 January 1896)

Bahr's approach to criticism sounds at first like a continuation of his youthful willingness to debate either side of a given question, for he felt he could prove anything while believing nothing. Yet, this principle of constructive propaganda animates and informs much of his writing and becomes understandable (if not always acceptable) in terms of his cultural ambitions for Austria. For at the center of his various activities remained the firm dedication to raising the cultural level of his countrymen as a means of improving society in the future. Only by understanding this purpose can one understand Bahr's self-appointed role as a mediator between the arts and the public.

The only times that Bahr went to positive extremes for Schnitzler in print were when he employed this principle of compensation to defend his friend against unfair efforts to suppress his works by censorship or to keep them out of the Burgtheater. Specifically, Bahr offered Schnitzler his help in overcoming the censorship ban that prohibited the performance of *Der grüne Kakadu* in 1898. He offered (8 December 1898) to publish the work in *Die Zeit*, but for some reason Schnitzler did not send it to him, preferring instead the *Neue Deutsche Rundschau* (March 1899). When the controversial play met with obstacles to its performance, Bahr again tried to be helpful by collaborating with Max Burckhard, who was an attorney, in drawing up an appeal. As it happened, the play was released without the necessity of using the appeal, but this does not negate the significance of Bahr's sympathetic assistance.

In 1900 Bahr once again demonstrated his friendship when Schnitzler became embroiled in controversy with Director Paul Schlenther of the Burgtheater over his latest play *Der Schleier der Beatrice*. Only the year before Schlenther had treated Schnitzler unfairly by summarily dropping *Der grüne Kakadu* from the repertoire after only eight performances (premiere, 1 March 1899) because Archduchess Valerie found the play offensive. Schlenther refused to ban the play officially, making it impossible for Schnitzler to protest, nor would he perform it, leaving Schnitzler with no choice but to withdraw it.

With respect to *Der Schleier der Beatrice*, Schlenther accepted the Renaissance drama and then failed to perform it. As before, Schnitzler could not persuade him to change his mind, and after several futile meetings and exchanges of letters he admitted defeat and withdrew the play. To defend Schnitzler, Bahr along with Julius Bauer, J. J. David, Dr. Robert Hirschfeld, Felix Salten, and Ludwig Speidel issued a public protest in all major Viennese newspapers against Schlenther's tactics.[48] Schnitzler pursued the matter to its conclusion and won the public controversy while losing in larger terms, for his victory did not result in the performance of *Beatrice* and cost him in addition his entree into the Burgtheater. Schlenther was made to look ridiculous in the press, and in revenge he in effect banned Schnitzler's works from the Burgtheater for the next five years.

Der Schleier der Beatrice received its premiere in the Lobe-Theater in Breslau, where the inadequacy of the cast and the production resulted in a failure. Because of his concern over Schnitzler's mistreatment by Schlenther and the Burgtheater, and as a gesture of solidarity, Bahr traveled to Breslau to attend the premiere on 1 December 1900 and compensated for the unsuccessful performance by writing his most favorable review of any of Schnitzler's works up to that time. He was able to do this in good conscience by concentrating on the merits of the play, which he truly admired, rather than on the production. This display of staunch support helped overcome many of Schnitzler's reservations about Bahr, and the beginnings of their real friendship date from this episode.

The event had its effect upon Bahr as well, for up to this time he still seemed to harbor a lingering doubt about the depth of Schnitzler's talent as a writer and to endorse the prevailing critical opinion about Schnitzler's narrow artistic range that was shared by friends and enemies alike to Schnitzler's constant exasperation. However, *Beatrice* genuinely touched Bahr and won him over completely, as he wrote on 12 October

1900: "Mit Dir nächstens einmal reden zu können verlangt mich sehr, um Dir zu sagen, wie menschlich tief mich Deine 'Beatrice' berührt hat: sie ist mir weitaus das Liebste was Du noch geschaffen und hat mich völlig zu Dir hingerissen."[49] For his part Schnitzler recognized that in traveling to Breslau for the premiere Bahr was doing more than just fulfilling his "journalistische Pflicht" (6 December 1900), as he had claimed.

Bahr admired *Beatrice* for its view of life as well as for its sophisticated dramatic technique. In his review Bahr stated that, although for a time Schnitzler seemed to be in danger of becoming a virtuoso of the Anatol mood, here he showed himself capable of approaching serious problems in a serious way. He appreciated the play because it was the maturest and the richest work that Schnitzler had yet created, and because it was free of all the minor tendencies and moods which his works usually contained. His other writings, according to Bahr, all seemed to have a false perspective. They make the situations and circumstances surrounding well-to-do young Viennese of their time appear far more serious and important than they actually were. Also, for the first time Schnitzler had found himself in terms of drama and tragedy by depicting people who act rather than describing the psychology behind their actions. Most authors of the modern period, Bahr complained, stressed character description rather than reveal character through action. Schnitzler had rediscovered this dramatic technique.[50]

Immediately after the *Beatrice* affair Bahr once again supported Schnitzler in the controversy aroused by the prose story *Leutnant Gustl*. Because of this narrative work, which appeared in the Christmas supplement of the *Neue Freie Presse* in 1900, Schnitzler was subjected to a vicious attack in the press and was summoned by the military authorities before a review board. When Schnitzler refused to respond to the charges against him and declined to appear before the "Ehrenrat," he was summarily courtmartialed and discharged from his reserve commission as a military doctor. Bahr expressed his sympathy to Schnitzler on 22 June 1901:

Ich denke mir zwar, daß Du die lächerliche Entscheidung Deiner 'Affäre' mit der ruhigen Verachtung hingenommen haben wirst, die sie verdient, möchte Dir aber doch aussprechen, wie stark ich gerade bei diesem Anlaß meine Sympathie für Dich gespürt, und wie ich mich geschämt habe, in einem so grenzenlos albernen Lande zu leben, wo die Feigheit der Menschen beinahe noch größer ist als ihr Neid. Pfui Teufel! Und alles Gerede von 'Kultur' und so weiter kommt mir unsagbar dumm vor.[51]

Bahr also actively supported Schnitzler in the controversy caused by the appearance of his drama *Reigen* in 1903 by attempting to publish an essay defending the play. Again he was unsuccessful, for no newspaper would accept his article. Even the *Neues Wiener Tagblatt*, for which he worked as an editor and feuilletonist,[52] refused to publish it because of internal politics. Bahr assured Schnitzler in a letter of March 1903 that this difficulty was intended to annoy Bahr and was not directed at Schnitzler personally. Bahr next tried to give a reading of *Reigen* but could not obtain permission of the censor.[53] Since he was not one to give up easily, Bahr solicited once more the aid of his friend Max Burckhard, and together they drafted an appeal,[54] which Bahr brought personally to Prime Minister Ernst von Körber, who favored a relaxation of the censorship laws. However, even this effort failed to remove the censorship ban. Eventually Bahr succeeded in having an excerpt from his appeal published in the *Berliner Tageblatt*, but in practical terms his efforts failed to accomplish a great deal. Nevertheless, his willingness to exert himself and even to risk offending the authorities if need be was not lost on Schnitzler. These sincere efforts on his behalf far exceeded Schnitzler's expectations and caused him to change his attitude about Bahr, not so much as a critic, but as a man and reliable friend in case of need. It is a measure of Bahr's always surprising character that he considered his support of Schnitzler as self-evident rather than extraordinary and as something he would and did do for others such as the painter Gustav Klimt,[55] who needed his help in the fight against the vagaries of oppressive censorship and bureaucracy in Austria.

To keep Bahr's efforts on behalf of Schnitzler in proper perspective, it should be stressed that while they were certainly motivated to a large degree by friendship, they were not entirely so. His defense of Schnitzler against censorship and against the cavalier treatment by the Burgtheater stemmed basically from his concern with the problem of the treatment of writers and artists in Vienna in general. In short, his main concern was not Schnitzler but the principle. The fact that Schnitzler was his friend merely gave added incentive. Bahr's fight against censorship and his opposition to the directorial policies of the Burgtheater were two of his continuing concerns.[56] He had been annoyed when his friend Burckhard had been pressured into resigning as Managing Director of the Burgtheater in 1898 and, only a few months after Paul Schlenther had been appointed as his replacement, Bahr discussed the options open to him (Schlenther) and intimated that he should resign.[57] In this frame of reference an opportunity to embarrass Schlenther over his treatment of Schnitzler was probably not unwelcome to Bahr.

In addition to these personal efforts on behalf of various controversial works by Schnitzler, Bahr also tried to assist his friend's career by interceding as an intermediary with various theater directors to help gain the most advantageous conditions for Schnitzler. Bahr made it his business to become personally acquainted with influential people, and he was thus in an excellent position to act as an intermediary in negotiations. Bahr interceded for Schnitzler with Karl Langkammer and Emmerich Bukovics, Managing Directors of the Deutsches Volkstheater in Vienna, with Otto Neumann-Hofer, Head of the Lessingtheater in Berlin, and with Max Reinhardt. Even here Bahr did not act entirely out of altruistic reasons solely for the benefit of Schnitzler. Bahr encouraged Schnitzler to accept Neumann-Hofer's offer of a five-year contract not only because it was advantageous to Schnitzler but also because this arrangement would help Bahr accomplish his aim of making a good Austrian theater out of the Lessingtheater. This shows how Bahr in his various undertakings always kept in mind his larger goal of propagandizing Austrian literature. The greatest advantage to Schnitzler from Bahr's contacts was in obtaining candid information from behind the scenes on which to base a decision about the theater that would give him the most favorable conditions. However, Schnitzler always made his own decisions and, as in the case of Neumann-Hofer, he declined the offer despite Bahr's recommendation to the contrary.

When Bahr went to work for Max Reinhardt as *Regisseur* (artistic director) and *Dramaturg* (play reader) in 1906, he made every effort to interest Reinhardt in performing Schnitzler's works.[58] A performance of *Liebelei* in 1907 directed by Reinhardt can be attributed directly to Bahr's intervention. However, Bahr was unsuccessful in persuading Reinhardt to attempt *Das Märchen* and *Der Schleier der Beatrice*.

Concerning *Beatrice* Schnitzler asked Bahr on 16 December 1907 confidentially whether he thought Reinhardt could be persuaded to perform this work, which had not been seen since Brahm's production at the Deutsches Theater in March 1903. Director Richard Vallentin of the Hebbel Theater in Berlin expressed interest in performing this play, but Schnitzler preferred Reinhardt, if this were possible. Bahr answered very candidly on 18 December 1907 that Reinhardt might possibly accept the play, if he knew the Hebbel Theater was interested, just to keep it out of the hands of a competitor. However, Schnitzler might have to wait some time for the actual performance. On the basis of this evaluation Schnitzler indicated that he would accept the offer of the Hebbel Theater.[59]

For his part Schnitzler was not in a position to reciprocate the favors which Bahr did for him, except to make his works available for Bahr's readings whenever he had written something suitable. However, on one occasion he did intercede on Bahr's behalf with Otto Brahm, director of the Deutsches Theater in Berlin, with whom Schnitzler was a close personal friend. Bahr and Brahm were also acquainted, of course, for they had worked together at the time of the founding of the journal *Freie Bühne für modernes Leben* in Berlin in 1890. Because of Bahr's attempt to gain control of the journal, Brahm for many years was not favorably inclined toward him or his works, but eventually, and probably because of Schnitzler's intervention, he relented in his attitude, and the two men came to a better understanding. Bahr asked Schnitzler to intercede with Brahm on behalf of his works not only because he felt that success in Germany would add to his literary prestige but also because performance in the Deutsches Theater provided a stamp of approval that was necessary at this time to enable any dramatic author to be taken seriously. As letter 41 makes clear, Schnitzler did speak to Brahm while he was in Berlin for rehearsals of *Lebendige Stunden*. However, Brahm was not persuaded to accept Bahr's *Der Krampus* in 1902. Eventually he did perform other dramas of Bahr, including *Das Konzert*, which he planned to stage in 1909 as a double bill with Schnitzler's *Komtesse Mizzi*. Schnitzler was not particularly pleased by this arrangement, but he raised no objections out of friendship for Bahr. Later Brahm changed his mind because he thought the evening would be too long, and the plays appeared separately (see letter 107).

Another facet of Bahr's support is the inclusion of Schnitzler's works in his many public readings. During one of his lecture tours Bahr reported gleefully (2 December 1909) that he was spreading Schnitzler's reputation throughout Germany. The benefits to Bahr from being able to use new narrative works by Schnitzler, an author popular with audiences, were well known to Bahr, and a number of his letters include requests for short, humorous narrative works suitable for inclusion in his programs.

After a decade of cooperative struggles, activities, and mutual concerns, Schnitzler and Bahr, who had known each other since 1891, and who had used the familiar "Du" since 1893, began their real friendship in 1901. The incident over *Beatrice* had established a new level of appreciation from both sides, and the *Gustl* affair finally removed any lingering barriers. After the *Gustl* incident was resolved Schnitzler wrote to Bahr on 26 June 1901:

Laß mich bei dieser Gelegenheit einmal sagen wie sehr es mich freut, daß wir nun beide über die zeitweiligen Entfremdungen hinaus sind, die ja wahrscheinlich bei Naturen wie die unseren entwicklungsphysiologisch bedingt, daher notwendig sind (Du siehst ich bin immer 'wissenschaftlich'). Nun ist das Alter der Mißverständnisse wohl endgültig für uns vorbei und wir sind so weit, daß wir einander—vielleicht auch ein bißchen um unserer Fehler willen—Freunde sein und bleiben dürfen.

Bahr responded in like manner on 5 July 1901 and indicated that their relationship would remain strong, even though they might still have differences of opinion.

On 16 May 1902 Schnitzler, writing to express his sympathy over the death of Bahr's mother, used the occasion to reaffirm their friendship: " . . . und so kann ich Dir heute nichts anderes mehr sagen, als daß ich Dich bitte, an die innigste Teilnahme eines Menschen zu glauben, der Dein Freund *geworden* ist. Und was man so allmählich wurde, bleibt man—besonders in unseren Jahren." Only on the previous day on Schnitzler's fortieth birthday (15 May 1902), Bahr had written a very revealing letter in which he named the characteristics that had for so long prevented him from appreciating Schnitzler:

Du bist enttäuscht, lieber Arthur, da Du geöffnet hast und siehst, daß diese Blumen, statt von einem Weibchen, nur von mir sind. Aber sie sollen Dir halt heute, wo Du ankommst nel mezzo del camin di nostra vita, einmal sagen, daß ich Dich sehr gern habe und über unser gut und fest gewordenes Verhältnis froh bin und meine, es könne, was immer etwa noch Schicksal zwischen uns werfen mag, doch eigentlich im Grunde niemals mehr wankend werden. Und mir ist, frühere Dinge jetzt erst zu verstehen, und ich rede mir ein zu meinen, daß was ich einst gegen Dich empfunden habe, vielleicht auch nur eine freundschaftliche Ungeduld gewesen sein mag, den zu lange bei seiner Jugend Verweilenden schneller männlich werden zu sehen. In meinem Verhältnis zur Duse[60] weiß ich jetzt ganz gewiß, daß die unbegreifliche Wut, die ich nach meiner ersten Begeisterung plötzlich auf sie hatte, genau mit ihrer innern Krise zusammenfiel, aus welcher sie verwandelt emporstieg. Wäre ich d'Annunzio[61] und würde ich stilisieren, so würde ich sagen: Ich bin der Ehrgeiz meiner Freunde. . . ."[62]

This last sentence reveals part of the reason why Bahr was occasionally so hard on his friends like Schnitzler, for he could not resist goading them when he thought they were not fulfilling their potential or when they could perform or be better than they were. This reproach occurs in almost all of Bahr's reviews of Schnitzler's works up to 1913. His characteristic attitude fits the pattern of his general cultural program and his role as critical intermediary between the modern writers and artists and the public. He wanted to establish in Vienna the preeminence of a modern literature and art that corresponded to the "Forderungen der Zeit." Everyone who could do so had to contribute to the best of his ability:

Ich fange an, je mehr ich meine Leidenschaft jetzt der Kultur unseres Vaterlandes zuwende, immer mehr zu vermuten, daß für die Größe einer Zeit und die Schönheit ihrer Menschen im Scheinen und im Sein die "großen Werke" garnicht so wichtig sind, als wir zuerst meinten, sondern daß wir lieber für unsere tägliche Umgebung sorgen sollten . . . Dies ist es, was wir zu tun haben: lasset uns den allgemeinen ästhetischen Wohlstand unseres armen Landes vermehren

. . . wenn ich eine Neigung für einen Menschen oder eine Sache habe und nun erkenne, was in ihm oder an ihr schlecht ist, meine ich doch: dann eben brauchen sie mich erst recht. Unerbittlich findet mich nur, wer nach seinem Wesen besser sein könnte, als er aus Dünkel, Schwäche oder Verlogenheit ist. . . . [63]

On 27 January 1903 Bahr almost died, following an operation for appendicitis performed by Schnitzler's brother Julius the day before. Schnitzler visited Bahr with sincere sympathy and continued to be concerned about his condition until he recovered. When on 19 July 1903 Schnitzler went to see Bahr on the occasion of his fortieth birthday, he recorded in his diary: "Fiaker zu Bahr. 40. Geburtstag. Er lag verstimmt und sehr alt aussehend in einem Gartensessel. Ich brachte ihm ein Bild mit Widmung. (Erinnere dich wie oft du alt wirst—und freu dich, wie oft du noch jung sein wirst.)" Bahr was still in ill health on 9 January 1904, when Schnitzler reported in his diary: "Er [Bahr] ist, mit ungünstiger Diagnose, nach Marienbad geschickt." His condition remained poor throughout 1904, and Schnitzler and Hofmannsthal expressed their concern to each other over his illness and particularly his mental depression.[64] The proximity of death sobered Bahr considerably, and he dated the beginnings of his revitalized Catholicism from this experience.[65]

An exchange of letters on January 1904 concerning Schnitzler's latest drama, *Der einsame Weg*, gives a clear indication of the deepening relationship between the two friends. At the same time their contrasting reactions to this work demonstrate the differences between them while helping to explain their attraction to each other. Bahr did not review this drama, and possibly for this reason his letters contain more detailed comments than usual. He felt that Schnitzler had penetrated to the center of the intellectual problems of their age and generation, particularly as portrayed in the figures of the aging aesthetes, Julian Fichtner and Stephan von Sala. Revealingly and significantly in terms of their own friendship, Bahr saw himself in the character of Fichtner[66] while Schnitzler not surprisingly identified more with von Sala, who is at least partially a self-portrait. Schnitzler wrote on 22 February 1904 that he regarded his play, despite certain inherent weaknesses, as extremely important in the progression of his works, not only in its own terms but as a summary, of both his generation and his own life:

Was ich selbst von dem Stück wirklich liebe, ist der fünfte Akt und die Gestalt des Sala, der gegenüber ich mich eigentlich das erste Mal in meinem Leben als einer Art von Schöpfer fühle. Und der fünfte Akt bedeutet mir zuweilen etwas mehr als der Abschluß eines Dramas—ja nicht viel weniger als der Abschluß von zweiundvierzig selbstgelebten Jahren. Nun seh ich mancherlei vor mir, was mir, wenn ich etwas weniger faul, etwas weniger zerstreut, und mit wahrer

Intensität begabt wäre, nach dem sonstigen Stande meines Innern, eigentlich gelingen müßte.

In addition to exchanging letters they also discussed *Der einsame Weg* during a visit of Schnitzler to Bahr at Ober St. Veit on 2 June 1904. While Schnitzler does not report on this topic extensively in his diary entry, his notes show again the contrast of opinions: "Über den Eins[amen] Weg. Bahr, der ihn künstlerisch sehr schätzt findet bedenklich meine Ungerechtigkeit gegen die Literaten, und meine Neigung zum Moralisiren. Meine Entgegnung" (TB, 2 June 1904).

Despite their closer relationship Bahr continued to act as a goad and self-appointed mentor, quick to criticize whenever he felt that Schnitzler was in danger of reverting to the passive philosophy of *Anatol*, or whenever he suspected him of weakening in his opposition to the aristocracy. For example, in his review of *Der Puppenspieler*, which was performed in the Carltheater in Vienna on 12 December 1904, Bahr turned his remarks into an open letter to Schnitzler reprimanding him for his attitude of passive resignation:

Beiseite Leben. Still sein. Sich nicht vermessen, um sich nicht zu verlieren. Umgekehrt wie Brand; nicht "alles oder nichts," sondern dazwischen. Nicht hochmütig auf die Wahrheit pochen, die, wenn sie extrem wird, über unsere Kraft geht. Die kleinen Lügen nicht verachten, aus denen doch manchmal etwas so Wirkliches wie dieser kleine Bub hier wird, worin vielleicht das eigentliche Wunder und das letzte Geheimnis unseres Lebens liegt. Eine Gesinnung, die sich seit ein paar Jahren bei Schnitzler immer wieder meldet, sogar im "Einsamen Weg," seiner reichsten, so wunderbar tiefen und reichen Dichtung, eine Gesinnung, die auf mich—lieber Arthur, sei nicht bös, aber: Bekenntnis gegen Bekenntnis—allmählich unerträglich pensioniert wirkt. . . . Das Leben hält uns geistig nicht, was wir von ihm fordern. An unseren Gedanken gemessen, ist es matt und dumpf. Und darum willst du dich aus ihm stehlen, in den Winkel müßiger Entsagung? Weil es unserem Geiste nicht gemäß ist, das soll mich bestimmen, es mit dem Geiste der Väter zu versuchen? Wenn das Leben mir nicht gemäß ist, wer sagt dir denn, daß ich darum mich ändern muß, statt es? Trauen wir uns so wenig zu? Haben wir uns denn schon mit ihm gemessen? Wir wollen doch erst einmal sehen, wer stärker ist: wir mit unserer freudigen Sehnsucht nach der neuen Form einer starken, durchaus wahrhaften, leuchtenden Existenz in innerer Freiheit, oder dieses hinfälligen alten Lebens trister Widerstand. . . . Ich glaube nicht mehr, Arthur, daß Entsagung Reife ist. Ich glaube, sie ist nur innere Schwäche. (Furcht von Menschen, die sich bewahren wollen, weil sie noch nicht wissen, daß dies der Sinn des Lebens ist: sich zu zerstören, damit Höheres lebendig werde.) Ich glaube, daß dies weite Leben, das da draußen winkt, ungeheuer reich an wilder Schönheit und verruchtem Glück ist: es wartet nur auf einen großen Räuber, der es zwingen wird. Ich glaube nur noch an die große Kraft ungestüm verlangender Leidenschaft. Und ich glaube, daß einer von uns, gerade einer von uns, dies machen muß, dies Werk, das die letzte Nacht einer alten Zeit enthalten wird, aus der schon in der Ferne, blutig froh, die Sonne der neuen bricht. Mach' du's!"[67]

Whether in response to Bahr's review of 1904 or not, Schnitzler did next write a play with a positive life-oriented philosophy, *Der Ruf des Lebens* (1906), which he dedicated to "Meinem Freunde Hermann Bahr." Since it was not a common practice of Schnitzler to dedicate his works, it would appear to be a special gesture of friendship, probably his way of showing that he had followed Bahr's advice. Perhaps because of the dedication Bahr did not review it, but his brief commentary in his diary conveys his enthusiastic opinion: "*Der Ruf des Lebens* heißt Schnitzlers neues Stück. Ein Name, der mich wunderbar ergreift. Alles, was wir sind, wir von 1860, und wollen und wähnen, ist darin und man sollte auf das Kapitel, das einmal erzählen wird, was wir waren, dieses Wort setzen: 'Der Ruf des Lebens.'"[68] In a letter to Schnitzler of 17 September 1905 Bahr also expressed his favorable reaction to the play, which in his opinion expressed the tremendous fear of their generation of missing the best that life had to offer: "Du wirst sehen, . . . daß mir dies gerade dies und eigentlich nur dies allein unser eigentliches Problem scheint, von dem mir alle anderen unserer Forderungen oder Fragen nur Abwandlungen oder Variationen scheinen."[69]

Bahr had also approved the one-act plays comprising *Lebendige Stunden*, for in his opinion they showed that Schnitzler was not merely imitating his youthful works but was moving into new artistic paths. In his reviews in 1902 and 1903 he particularly praised *Die Frau mit dem Dolche*.[70] It is indicative of Bahr's personality and temperament that he preferred this Renaissance drama with its strong action to the other three works in the collection. Schnitzler himself had higher regard for the title play, which he felt was the best work he had written up to that time (TB, 4 September 1901).

Another drama that found favor with Bahr was *Freiwild*, which was not performed until 1905, although it was published in 1898. Since the play was well received by the majority of the theater-goers, Bahr in his review commented in a direct statement to Schnitzler that ideas which had been considered impertinent and unacceptable eight years earlier now had become self-evident truths for what he termed the "compact majority." Bahr never missed an opportunity to support his friends or to insult the Austrian public. Bahr also stressed the progress that Schnitzler had made as a playwright in the intervening years:

Herablassend, leutselig, immer wie ein hoher Herr, der einmal im schlichten

Jägerrocke unter das gemeine Volk geht, war diese Kunst des alten Burgtheaters und davon drang etwas in jedes Gespräch jener jungen Leute von 1890 ein und ein bißchen ist davon noch am "Freiwild" hängen geblieben. Schauspieler, die in der Kulisse stehen, um das Stichwort zu erwarten, pflegen sich dann, auf das Zeichen des Inspizienten, plötzlich einen Ruck zu geben, der förmlich ihre ganze Natur zu spannen und zu strecken scheint. Das ist es, was ich an diesem Stücke manchmal zu spüren glaube: wie sich der Dichter einen Ruck gibt. Es ist schon der Schnitzler, aber ein gespannter, gestreckter, der den Kopf zurückwirft und sich ein bißchen auf die Zehen stellt. Und ich spüre daran erst recht die ganze Kraft und Schönheit seiner späteren Entwicklung, die keine Mahnung des Inspizienten mehr braucht und nicht mehr vor den Spiegel tritt.[71]

Bahr added the prediction that *Freiwild* would remain in literature "als das erste Soldatenstück unserer Zeit."[72] It is again indicative of the fundamental differences between Bahr and Schnitzler that the latter did not hold *Freiwild* in very high regard, even though the premiere was successful.[73]

In his review of *Zwischenspiel* (premiere 12 October 1905) Bahr viewed this comedy as an interlude between serious works:

Zwischenspiel. Der Name gefällt mir sehr. Vielleicht ist es gar nicht so gemeint, aber ich höre heraus: zwischen ernsten Dingen. Ein Aufatmen nach großen, vor größeren Werken. Aufatmen und Ausrasten. Pause. Kein Deutscher unserer Zeit ist auf der Bühne im Geistigen weiter gekommen als Schnitzler im "Einsamen Weg". Und ich habe vielleicht Wahn und Wunsch der Heutigen, Morgigen stärker vernommen als aus seinem "Ruf des Lebens", Aber dazwischen Pause. Atem zu holen und lächelnd zurückzublicken. Auf vieles, das uns einst wichtig war. Und mit diesem jetzt zu spielen. Wieder einmal Theater zu spielen. Ganz einfach Theater.[74]

Bahr concludes his review with the observation that the treatment of the prince in the play may lead the very ladies who caused *Der grüne Kakadu* to be removed from the Burgtheater to conclude, erroneously, as he emphasizes, that Schnitzler has changed his attitude toward the aristocracy.[75]

After 1906 Schnitzler's name occurred infrequently in Bahr's published writings, primarily because he was no longer a theater critic for any newspaper and had less occasion to review or discuss his works in print. It is also perhaps an indication that his services as a literary mediator were no longer required by his friend, who by now had an established reputation greater than his own. In 1906, after fifteen turbulent years of outspoken opposition to Viennese bureaucracy and of antagonizing individuals at all levels, Bahr was virtually *persona non grata* in Vienna. The hostile atmosphere of Vienna plus his disenchantment over the failure of his idealistic cultural program to arouse broad support caused him to seek a fresh opportunity, for he was always looking for new worlds to conquer. He was offered a position as *Oberregisseur* at the Hoftheater in Munich and signed a contract, only to have the position withdrawn for unclear reasons but without doubt because of pressure brought against the appointment in the press and behind the scenes by enemies of Bahr. In his diary Schnitzler reports that the writers' association Concordia was to discuss the attacks on Bahr in Munich, but the hearing was postponed (TB, 14 January 1906). Since Bahr had already accepted Schnitzler's *Der Ruf des Lebens* for performance only to have his recommendation rejected, he wrote to inform him on 29 January 1906 that the difficulties Schnitzler encountered in Munich were part of the plot directed at him, Bahr, to force his resignation and not at Schnitzler. Bahr was forced out, and because of the breach of contract by the Hoftheater, received a settlement of twenty-four hundred marks.

At this point Max Reinhardt rescued Bahr from his dilemma of not knowing where to turn next by employing him as *Regisseur* in Berlin. Bahr's parting shot at Vienna came in his "bitterböse" book *Wien* (1907), about which Schnitzler commented in his diary on 25 May 1907: "Das Bahr Büchl über Wien ausgelesen. Viel Schiefes." Although Bahr had a great capacity for hard work and for maintaining a hectic schedule, he could not stand the frenetic pace of working with Reinhardt, and he relinquished the post two years later. He returned to Vienna but found that little had changed during his stay in Berlin and that the environment was still not particularly hospitable to him.[76] As a result, when he moved his permanent residence to Salzburg in 1912,[77] to a city which he loved and with which he had many ties going back to his childhood and early formative school years, nobody tried to stop him. In 1922 he made a final move to Munich when his second wife, the prominent Wagner and Richard Strauss interpreter, Anna Mildenburg,[78] whom he had married on 22 August 1909, was offered a teaching position at the Akademie für Tonkunst. Bahr never lived in Vienna again.

This separation from 1913 on caused Bahr and Schnitzler to grow apart, for they saw each other only rarely. Their letters refer to occasional meetings, usually a matter of Schnitzler visiting Bahr in the course of his travels. Obviously it is difficult, though, to maintain a friendship over many years without some kind of personal contact.

Their discussions of such works as Schnitzler's *Der Schleier der Beatrice, Freiwild, Zwischenspiel, Der Ruf des Lebens, Der junge Medardus,* and *Der Weg ins Freie,* and Bahr's *Grotesken, Sanna, Der arme Narr,* and *Die Andere* constitute one of the important aspects of the correspondence. Schnitzler's letters also furnish useful information about casting problems posed by his various dramas as well as his own choices for specific roles. Concerning Bahr's works Schnitzler's letters are more tactful than the candid appraisals in the diaries. For example, he notes on 4 October 1905: "Den armen Narren von Bahr den er mir heute geschickt gelesen und eigentlich abgeschmackt gefunden." On 13 October he mentions: "Von Bahr Club der Erlöser gelesen. Merkwürdig feuilletonistisch maniriert." In 1906 Bahr wanted to dedicate his one-act play *Der Faun* "In Erinnerung an meinen lieben Anatol," because the plot, he had discovered belatedly, was similar to Schnitzler's *Abschiedssouper*. Schnitzler on 8 October 1905 agreed to the dedication, if Bahr wished, but felt that it was unnecessary because the similarity between the plays was not close.

In the letters after 1913 there is much less emphasis on discussions of each other's works, although Schnitzler did continue to receive them from Bahr, as we know from his diary entries, which contain brief and usually devastating capsule criticisms. For example, concerning the novel *Himmelfahrt*, he wrote in his diary: "Bahrs Himmelfahrt ausgelesen. Katholisierender Roman: ein unleidliches Geschwätz" (TB, 17 April 1916). A few months later he commented on Bahr's *Die Stimme*: "Bahrs neues Stück, auch katholisierend—er soll in Salzburg jetzt den ganzen Tag in den Kirchen auf den Knien herumrutschen" (TB, 17 July 1916). Subsequently he added: "Las 'Stimme' von Bahr, ein katholisierend, mystisch—albern—pretensiös—blasphemisches Stück" (TB, September 1916). He did, however, enjoy Bahr's *Selbstbildnis*: "Weiter in Bahrs Selbstbiographie mit viel Vergnügen" (TB, 6 August 1923).

Like almost everyone else Schnitzler was skeptical about Bahr's religious sincerity, having observed him in so many poses over the years. Moreover, since he preferred to keep his feelings to himself where his deep convictions and beliefs were concerned, he was offended by Bahr's ostentatious display of his rediscovered Catholicism. He noted in his diary a conversation with Hofmannsthal on 1 August 1916 concerning the extremism of Bahr's faith: "Über Bahr,—der Hugo für die Oesterr[eichische] Bibl[iothek] ein so clerical katholisch militantes Büchl gab, daß sogar Poldi Andrian die Herausgabe widerräth."[79] Hofmannsthal, who knew Bahr as well as anyone, strongly doubted the seriousness of Bahr's Catholicism.[80] On 28 October Schnitzler recorded his impressions of a discussion of Catholicism with Beer-Hofmann, who had visited Bahr in Salzburg: "Nachm[ittag] Richard. Er hat in Salzburg täglich mit Bahr beim Frühstück über Katholizismus gesprochen—Gott der Christen, der Juden" (TB, 28 October 1916). Apparently, not even Bahr's wife, Anna Mildenburg, considered this sudden religiosity anything more than a transitional phase, as Schnitzler noted on 22 February 1917: "Es lag ihr offenbar daran mir gegenüber sehr stark zu betonen, daß sie auf einem ganz anderen Standpunkt stehe: sie sprach klug, lebendig; auch auf [Richard] Strauß, [Gustav] Mahler, Religon im allgem[einen] kam die Rede.—Doch erklärt sie den Kathol[izismus] Bahrs für einen Übergang.—" In this instance Bahr confounded all of his doubters and detractors, for contrary to all expectations his Catholicism grew stronger with the years and dominated his later life and writings.

Schnitzler and Bahr continued to write to each other, although much less frequently than before. One might expect that the lack of personal contact would cause a commensurate increase in their correspondence, but in this instance it produced the reverse effect and resulted in very few letters over the remaining years of their friendship. Out of the total of more than three hundred letters there are only 20 letters written after 1913 by both men. Specifically, there are two exchanges of letters in 1914, one exchange in 1915, and then a hiatus until 1918 with one letter by Bahr and one in his name by his secretary Erhard Buschbeck. There is one letter by Schnitzler in 1921, one exchange of letters in 1922, and then another long hiatus until 1930. There are two exchanges of letters in 1930 and one final exchange in 1931 which concludes the correspondence. Both men were very busy in their individual lives, but this absence of communication may be an indication that there was not a deep, inner personal tie between them.

Schnitzler often voices his regret at not seeing Bahr. For example, on 17 September 1905 Schnitzler wrote, "Schreibe mir bitte ein Wort, wann wir zusammen sein könnten. Man sieht einander doch gar zu wenig. Ich grüße Dich herzlich." In the letters of the later years this lament became a refrain that is echoed in Bahr's letters as well. While some of their expressions may be formulas of politeness, one feels that Schnitzler genuinely missed Bahr, that he sincerely liked his company despite all of his faults and frailties. For his part, Bahr, as mentioned earlier, did not seem capable of a really close friendship with anyone, with the possible exception of his second wife, Anna Mildenburg. Schnitzler mentioned a number of times at various intervals in his diary his inability to establish a deep personal relationship with Bahr. For example, he notes: "Zu Kainz ist kein Verhältnis zu gewinnen. In höherem Sinn wohl auch zu Bahr nicht. Menschlich ist mir Brahm näher; er ist auch wärmer als die beiden" (4 May 1905).

On 20 January 1907 he reported a conversation with Hofmannsthal concerning Bahr and Salten: "Es gibt Momente, da mich ein Grauen faßt, wenn ich in diesen Freundeskreis schaue." Yet on 1 January 1909, an occasion on which he assessed his relationship with all of his friends, he stated: "Innerlich klare aufrichtig freundschaftliche Beziehung mit Bahr (den ich nie spreche), gleiches zu Burckhard." However, on 11

November 1916 he recorded a conversation: "Über Leute, die gar keine Ansichten, gar keine wirklichen Beziehungen zu Menschen, zu Dingen haben, die man also auch nicht gesinnungslos nennen kann. (Auch Bahr gehört gewissermaßen dazu)." It may be possible that Schnitzler also suffered from a difficulty in relating to other people, for in his diary on 17 April 1896 Schnitzler had recorded a comment by Hofmannsthal: "Ich weiß überhaupt nicht, ob Sie [Schnitzler] irgend jemanden sehr gern haben können."

One of the last works of Schnitzler that Bahr reviewed publicly was the novel *Der Weg ins Freie*, which he criticized rather severely.[81] His interest in this work was natural, since the subject overlapped into politics, a field which came to engross Bahr's attention increasingly in later years, as it had dominated his early years from 1881–1889. Moreover, Bahr had long been interested in the Jewish question in Austria, an issue about which he changed his views radically. As a *Kneipschwanz* of the fraternity Albia (he had promised his father not to join a fraternity), Bahr became an ardent follower of the politician Georg von Schönerer and his pan-German, anti-Semitic policies. On 5 March 1883 at a meeting held to commemorate the death of Richard Wagner, Bahr delivered a fiery speech blending Schönerer's views with those of Wagner's political essays. As a result the meeting turned into a political rally and was broken up by the police. For his participation Bahr on 7 April 1883 was relegated for life from the University of Vienna. By 1894 Bahr was actively opposed to anti-Semitism and aired the question by publishing a survey of opinions on anti-Semitism in Austria in his volume *Der Antisemitismus* (1894). It will be remembered that in 1896 Bahr fought a duel to strike a blow against anti-Semitism. He was a great admirer and friend of Theodor Herzl (who had resigned his membership in Albia in protest against the Wagner rally in 1883) and, as would be expected from the activist that he was, Bahr, although not Jewish, wholeheartedly endorsed the Zionist movement. He used his review of *Der Weg ins Freie* to air his anti-Austrian bias, that is, his opposition to that Austria which existed as opposed to the ideal Austria which he and like-minded individuals felt obliged to attempt to realize in the future. He criticized the attitude of Jewish self-pity that he detected in the work and argued that the Jews should not feel sorry for themselves despite oppression by the prevailing anti-Semitism. Since they were never accepted into Austrian society, they were thus not stifled by the long Biedermeier tradition, which to Bahr epitomized the stultifying Austrian resistance to progress. Indeed, he felt that the Jews had a great opportunity to help Austria remove the shackles of the past, precisely because they had never been assimilated into Austrian culture and were thus not bound by the same traditions.

Unfortunately, there are no letters by either man concerning this novel or the review. However, there is in Schnitzler's diary an entry of 13 November 1908 in which he caustically dismissed Bahr's review as nonsensical, his opinion of so much that Bahr wrote: "Bahr reist herum, gibt Vorträge über mich, schrieb mir neulich, auch dass ich letztes Heft 'Morgen' lesen solle, mit seinen Bemerkungen über 'Weg ins Freie'.[82] Ich las sie; sie sind fabelhaft dumm. Im übrigen ist er in all seiner Unfähigkeit jemals irgend eine Sache klar, frei, rein anzusehen, ein wundervolles Exemplar Mensch" (TB, 13 November 1908).

In 1912 Bahr revised his review of *Der Puppenspieler* by adding material to the beginning and the conclusion and by publishing it as a public greeting on the occasion of Schnitzler's fiftieth birthday.[83] Bahr again used the opportunity to admonish Schnitzler to remain faithful to himself and urged him not to accommodate himself to Vienna. He felt that Schnitzler's greatest danger was to surrender to Austria rather than to follow his own path:

Wahrheit spricht: werde was Du bist! Welt spricht! Mir diene, mir, mir! Wien spricht: nur nix übertreiben! Wer, in dieses Land gebannt, hatte je den Mut zu wählen? Wir sind hier vom Schlag der Menschen, denen der Meister Seuse nachsagt, daß sie wollen und wollen doch nicht. So geht es allen; nur merkt man es an anderen mehr als an sich. Und auch Du, mein Arthur, hast zuweilen Wien erhört, auch Du hast Dich von Dir selbst, von der Entscheidung zu Dir selbst wegschmeicheln lassen! Dann schreibst Du die Stücke, die nicht von Dir sind, sondern vom Anatol. Denn, Arthur, der Wiener in Dir ist Anatol. Den werden sie heute kränzen. Nimm den Kranz, heb Dir ihn gut auf, aber leg ihn weg! Leg ihn weg und laß ihn weg, dann aber geh getrost auf den Sechziger los. Den Anatol laß bei dem Wiener Kranz, er ist kein Begleiter zu dem, was Deiner harrt! Schöneres kann, wer Dir gut ist, Dir am heutigen Tage nicht wünschen.[84]

He reminded Schnitzler of his review of eight years earlier when he had attended the premiere of *Der Puppenspieler* and grew dissatisfied with the play, because Schnitzler was better than this work, and Bahr wanted the best from his friends: "Ich taumelte damals noch im Irrgarten der Theaterkritik, da saß ich einst in einem Stück von Dir, auch einem der Stücke, die mir so gut gefallen, bis mir dann auf einmal einfällt, daß sie von Dir sind, denn von Dir gefallen sie mir nicht, weil Du mehr bist und ich, was Du bist, ganz von Dir will."[85] In his new conclusion to the review Bahr related the same idea and at the same time reaffirmed his friendship:

Acht Jahre ist's her, daß ich dies schrieb. Ich kann Dir heute nichts anderes sagen, nichts besseres wünschen, Du bist mir zu lieb. Du bist mir zu lieb, denn täusche Dich doch nicht: Du bist kein Hofrat unserer Pharaonen, laß Dich nicht dazu machen, Du bist mir zum Wiener Liebling zu gut, es gibt ein Land, das weiter ist. Bescheide Dich nicht, ergib Dich nicht an Wien, erhöre Dich selbst! Vorwärts, aufwärts, werde was Du bist! Ich wünsche Dir das Werk, das Dich enthält. Und nun, mit den Worten Goethes an Jacobi: 'Laß uns, so lang wir leben, einander was möglich ist, sein und bleiben.'[86]

Bahr, who always interjected his own personality into whatever he wrote, reiterated in the review his personal philosophy, which was to meet life head on, to challenge it boldly, and to work with total commitment and dedication for matters of belief or conviction. The main question was whether one was going to conquer life or merely adapt to it for convenience. The attitude that he preferred was that of the Duke at the end of Schnitzler's *Der Schleier der Beatrice*, who refuses to surrender despite the hopelessness of the situation and who prefers to die in honor rather than to compromise or surrender.

When Bahr reprinted his greeting to Schnitzler in *Das Hermann-Bahr-Buch*, a volume published by S. Fischer in 1913 to commemorate Bahr's fiftieth birthday, Schnitzler gave vent to his feelings about Bahr's views, commenting with an attitude of stoic patience in his dairy: "Handls Bahr[87] dann das Bahrbuch durchblättert. Las wieder seinen Glückwunsch an mich.—So keine Ahnung von mir zu haben!—Niemand hat es leichter auf der Welt als der Feuilletonist.—Niemand so schwer als der Dichter" (TB, 29 January 1913).

After Bahr moved to Schloß Arenberg in Salzburg in 1912, the two men did not see each other again until 1918, when Bahr on 1 September 1918 was appointed head of a three-man board ("Dreierkolleg"), consisting of the actor, Max Devrient, the writer, Major Robert Michel, and himself, to direct the operations of the Burgtheater. The expected opportunity for renewed friendship turned out quite otherwise than either of them might have anticipated. Despite the previous battles with the Burgtheater that Bahr had fought side by side with his friend, when Schnitzler now submitted his latest drama *Die Schwestern oder Casanova in Spa*, Bahr rejected it for reasons that had nothing basically to do with the quality of the play but because the play was not in keeping with the Catholic interests of Cardinal Ignaz Seipel,[88] Bahr's friend and the man to whom he ultimately owed his appointment. Thus, unwillingness to risk the disfavor of higher circles, the very reason for which Bahr attacked Schlenther earlier over *Der grüne Kakadu*, now became the ground for rejecting a play by one of Austria's leading dramatists and the author most performed at the Burgtheater.[89]

This incident shows that Bahr was still operating within the same context of calculating how he could best serve Austria. At the time of this incident he had not yet consolidated his authority and therefore did not want to jeopardize his tenuous position for a play, even by his friend, that he basically did not agree with. However, regardless of how one tries to view the situation from Bahr's perspective, his treatment of Schnitzler was not what one would expect of old friends. For example, Schnitzler requested permission to attend the dress rehearsal of *Antigone*, and Bahr had his secretary Erhard Buschbeck inform him by note that it was not possible. Schnitzler expressed his angry reaction in his diary: "Bahr schrieb mir (ließ mir schreiben) er könne mich zur *Antigone* Generalprobe nicht zulassen—weil er—ohne Andrian u. Michel (die verreist) keine Entscheidung treffen könne—! dann einige Liebenswürdigkeiten. Afferei!" (TB, 26 September 1918).

Bahr also came off very poorly in his dealings with Leopold von Andrian, one of the early members of *Jung-Wien*, who had been appointed *Generalintendent* of both the Burgtheater and the opera.[90] He complained constantly about Bahr to Schnitzler, who noted a number of these complaints in his diary, including this entry: "—N[ach] d[em] N[achtmahl] bei Salten, der mir erzählt, Andrian wäre bei ihm gewesen, u. habe ihm seinen Conflict mit Bahr mitgetheilt, Rath erbeten, den nun S[alten] von mir wünscht. Die Sache ist unhaltbar. Heine[91] wird wahrscheinlich Director. Beide, Bahr u. Andrian tragen ihre Angelegenheiten dem Cardinal [Seipel] vor; was nicht hindert, daß B[ahr] nun ins nationale—theils sozialdemokratische segelt. Morgen wird er Bolschewik sein. Andrian in einiger Angst vor der Presse. O Menschen—" (TB, 2 November 1918).[92] Despite his efforts to establish a tone and style in the Burgtheater commensurate with social conditions in post-war Austria, Bahr soon had made enemies of everyone including the actors,[93] and he had no choice but to withdraw on 31 October 1918.[94]

After this short interlude Bahr did not see Schnitzler again for several years, nor did he review or comment in his diary on any of Schnitzler's later works. Schnitzler kept informed of Bahr's activities and thoughts through his published diaries, as we know from a letter of 7 February 1921: "Ich höre und lese es auch aus Deinem Tagebuch heraus, dass Du Dich wohl befindest. Hoffentlich habe ich doch bald wieder Gelegenheit mich auch persönlich davon zu überzeugen." Almost every one of the final letters contains the expressed desire to see each other. On 9 June 1922 following the occasion of Schnitzler's sixtieth birthday, Bahr expressed in a letter how much Schnitzler meant to him. He had published a public greeting in the *Neue Rundschau*[95] and wanted to supplement this open letter with a more personal communication. In his article Bahr reveals a completely revised view of Schnitzler from his early stance, and he now predicts that Schnitzler's works will endure better than those of any other writer of the former *Jung-Wien* group. Typically, Bahr speaks almost as much about himself and his latest "hobbyhorse," the idea of "old Austria,"[96] as he does about Schnitzler:

Was meinst Du, lieber Arthur, wieviel wird in hundert Jahren von Dir noch am Leben sein? Und wieviel von mir? Wieviel von uns allen? Du fragst vielleicht, ob ich Dich das grad an Deinem sechzigsten Geburtstag fragen muß, aber kannst Du Dich erinnern, daß ich je schicklich war? Und Du wirst auch gleich sehen, Du kommst bei meiner Frage weit besser weg, als Du vermutest; ich fürchte: besser als irgend einer sonst von uns! Es sieht dir ja nicht gleich, anzunehmen, daß Du zeitlose Werke geschaffen hast, ewige, wie man die nennt, mit denen nach Jahrhunderten noch die Schuljugend so geplagt wird, daß auch der Erwachsene, wenn er den Namen hört im ersten Schreck sie zu kennen verlogen vorgibt. Wer sich aber nicht schmeichelt, den kommenden Generationen solche Qualen bereitet zu haben, wovon soll er sich Nachruhm erhoffen? Warum soll in hundert Jahren jemand uns lesen?

Und wenn man Sitten, Denkweisen, Lebensarten des sanften Abendrots, in dem das Österreich der Vorwelt verglomm, durchforscht haben wird, wird man sich an den Künstler halten, der jenes Abendrot von 1890 bis 1920 am reinsten zu spiegeln scheint. Und der, lieber Arthur, bist Du! (Denn ich selber komme ja da schon deswegen nicht in Betracht, weil ich das Abendrot für einen Sonnenaufgang hielt; ich muß mich im besten Fall mit der Unsterblichkeit eines Spaßvogels begnügen, zum Gaudium der Enkel.) Du hast, wie kein anderer unter uns, den letzten Reiz des verschimmernden Wien mit zarter Hand gefaßt, Du warst der Arzt an seinem Sterbebett, Du hast es tiefer geliebt als irgend einer von uns, weil Du schon wußtest, daß keine Hoffnung mehr war: gerade die namenlose Melancholie, die mich zuweilen ungeduldig gegen Deine Werke, ja fast mit Dir selbst werden ließ, sichert Dir ihre Zukunft: als ein rührender Abschied von Österreich leben sie, so lang ein dankbares Erinnern an die Kaiserstadt nicht ganz erloschen sein wird. Du bist der letzte Dichter ihrer Agonie gewesen.[97]

Bahr's concluding statement that he would perform a number of Schnitzler's works, if he were still director of the Burgtheater, must have struck Schnitzler as amusing, considering Bahr's treatment of him and his play, *Die Schwestern oder Casanova in Spa*, in 1918:

Hätte ich heute beim Theater noch was zu reden, ich würde Dir zu Deinem Sechzigsten eine ganze Reihe Deiner Stücke so, mit dem Wohlgeruch ihres Augenblickes, vorspielen, sie müßten, wenn man ihnen ihr Alter gibt, auf einmal wieder ganz jung sein. Du selbst aber wirst, wenn sie sich Dir einst in ihrer zweiten und dritten oder (haben wir denn nicht noch so schrecklich viele Geburtstage vor uns?) vierten Pubertät zeigen, staunen, welch unverwüstlich lebendiger Ausdruck und Abdruck jener sterbenden Zeit sie bleiben![98]

Bahr had occasion to repeat some of the ideas contained in his birthday tribute to Schnitzler in "A Letter from Germany,"[99] one of a series of contributions published in *The London Mercury*.[100] After describing the celebrations in Germany of Schnitzler's sixtieth birthday with performances of his plays and appreciations in print, Bahr leads into his main theme, that of Schnitzler as the chronicler of an age gone by:

> Admiration was almost always mingled with a sort of sadness—almost as though obituary notices were written rather than congratulations. . . . Everyone was sincere and glad, and yet there was a funereal air about the entire Schnitzler Festival. All of us hoped that he would remain working in our midst for many years to come in the best of health, but we also felt that Schnitzler's works are the expression of an epoch that is gone, irrevocably gone. For that very reason his works are so significant to us, even more so than when they were written.[101]

Bahr attributes the tone of melancholy in Schnitzler's writings to his mysterious prescience about the end of their era. Regardless of how much gaiety one finds in his works, there are always tears mingled with the smiles, always serious undercurrents to subdue the lightness. For this reason Schnitzler, no matter how many comedies he wrote, always thwarted the critics who were constantly hoping that he would one day write *the* German comedy. Schnitzler tried to accommodate their wishes, but never managed to achieve it. Once when Schnitzler was complaining about this problem, Bahr urged him for once to put aside his melancholy inclinations and write a pure comic work. A couple of months later he met Schnitzler, who reported: "This time I am doing it. I am writing the piece for which you have been crying for years. There won't be a melancholy note in it; this time it will be the long-desired German comedy." A few weeks later Bahr met Schnitzler again and asked how the comedy was progressing. Schnitzler replied: "I've been very busily at it; I am already down to the last act, only, you know, unfortunately in the preceding act one of the characters committed suicide. There was no other way out."[102] This ended the attempt to write the comedy for which Germany is still waiting.

It was usually Bahr's procedure as a social commentator to utilize every occasion as an excuse to express his dominant concern of the moment. This encomium presenting Schnitzler to English readers is no exception, for Bahr is really more intent on emphasizing the decline of Vienna than in documenting the literary qualities of his friend. He had long since accepted the literary significance of Schnitzler, and here he stresses instead his importance as a diagnostician who correctly perceived and documented this decline:

> Today we know that the dark shadows surrounding the Austrian lightheartedness of his characters were the most genuine part. Deep down Schnitzler knew, without admitting it to himself, that Vienna during the years from 1890 to the war already bore the kiss of death upon its brow. Vienna is still standing, but the Empire whose capital it was is gone. Vienna has become a fairy-tale without a

country. Schnitzler always felt Vienna as a fairy-tale, even when we others were still thinking it was reality. This lends a charm to his works which will not fade, as long as any remembrance remains anywhere in the world of the old Imperial city on the Danube. After all it has always been Austria's destiny to find its fulfillment only in art. . . . The life of Austria was perhaps only a rehearsal for its works of art. It is thus that we few remaining Austrians whose Fatherland disappeared beneath our feet seek to comfort ourselves.[103]

The final mention of Schnitzler by Bahr in print occurred in 1930, when Bahr recommended him for the Nobel prize. Bahr pointed out that no Austrian, despite literary figures of the stature of Hofmannsthal and Schnitzler, had ever even been considered for the award since the Styrian writer Peter Rosegger failed to win it in 1913. In 1931 he repeated his annoyance over the failure of Schnitzler or Hofmannsthal to win the Nobel prize, after he heard that it had been awarded to the American writer Sinclair Lewis instead. By this time Bahr had neither seen nor heard from Schnitzler for approximately eight years. These gestures can be seen partly as an act of friendship by Bahr and also as a continuation of his efforts to support Austrian writers. In this endeavor he remained consistent to the end of his life.

Schnitzler seizes this occasion to write to Bahr thanking him for the honor. He also mentions how pleasant it would be to see Bahr, citing the comment once made by Hofmannsthal: "'Einer von uns wird es einmal bedauern . . . ' wie Hugo immer sagte. Ich grüße Dich herzlich in alter Freundschaft." Bahr answers in kind, and at the same time comments upon Schnitzler's philosophical works, *Der Geist im Wort und der Geist in der Tat* and also *Buch der Sprüche und Bedenken*, which he can appreciate even though he does not agree entirely with the ideas they contain.

In his last letters Bahr is only a shadow of his former self. He seems to be rather pathetic, suffering from poor health, particularly from difficulty with his hearing, and he becomes maudlin in his sentimental yearning for Vienna. Schnitzler is extremely sympathetic in his letter of 18 February 1930: "Dein Heimweh nach Wien und das Deiner verehrten Gattin hat auch mir ans Herz gegriffen, und der Hofrätin [Bertha Zukkerkandl][104] mit der ich neulich davon sprach. Aber so wenig wie ich den Nobelpreis kriegen werde, so wenig habe ich in Österreich zu sagen, sonst hätte ich Dich längst wieder ans Burgtheater gerufen, auf die Gefahr hin, daß Du mich wieder nicht aufführst, auch ohne Poldi [Leopold von Andrian]."

This last statement, although made in jest, shows that Schnitzler still had not forgotten Bahr's treatment of him during his brief tenure as Managing Director of the Burgtheater. In a subsequent letter on 17 March 1930 Schnitzler asked Bahr why he and his wife did not return to Vienna and chided him for his hypochondria. He indicated that many people would like to see Bahr in Vienna again as he would himself, for: "Wenn mir meine Vergangenheit erscheint, bist Du mir immer einer der Nächsten, und so kann es auch in der Gegenwart nicht anders sein." In his reply on 20 March 1930 Bahr indicated that financial reasons kept them in Munich. Although his friend, Prelate Seipel, who was now Foreign Minister, had promised to help in finding a suitable position for his wife in Vienna, to date nothing had happened. As it turned out, Bahr never did return to Vienna, and he died in Munich on 15 January 1934.

The final letters written in 1931 concern an exchange of views about financial arrangements with film makers who were interested in producing movie versions of various works. The last letter from Bahr is dated 7 September 1931. Schnitzler died on October 14, 1931.

***

One important feature of this correspondence, which covers a forty-year period in the lives of two of the most important representatives of this literary generation, is that it provides in miniature a perspective on the evolution of their artistic generation as a whole. The problems and successes of these two men, both personal and artistic, as reflected in their letters, represent the problems and successes of their generation in general. The turning point of their relationship around 1900 shows that their generation, born for the most part in the 1860's, had come of age and reached maturity at this time. The early *Sturm und Drang* phase of their lives was over; a wiser, more sensible attitude toward life and particularly toward each other now prevailed. They had developed a greater tolerance for other viewpoints, and they felt more secure within themselves.

Despite their disagreements and despite the physical distance that separated them from 1913 to 1931, with the exception of the few months in 1918, Bahr and Schnitzler maintained a sense of communication and friendship. Throughout their careers so filled with events and often complicated by differences of opinion, each knew that he could count on the support of the other in case of need. This sense of caring and of being devoted to common goals ultimately is what they shared and what bound them together for so many years, even though they were never really spiritually close friends like Schnitzler and Beer-Hofmann. Schnitzler expressed the nature and meaning of this friendship best in his letter of 17 March 1930, when he wrote: "Beziehungen, auch unterbrochene, auch gestörte, sind das einzige Reale in der seelischen Oekonomie."

NOTES TO THE INTRODUCTION

[1] Hermann Bahr, *Liebe der Lebenden*, I (Hildesheim: F. Borgmeyer, 1921), p. 15.

[2] Bahr, *Selbstbildnis* (Berlin: S. Fischer Verlag, 1923), pp. 277–78. Bahr was not yet in Vienna at the time of this banquet on 18 April 1891. Ibsen had been invited to Vienna by Max Burckhard, director of the Burgtheater, to attend the premiere of his drama *Kronprätendenten* [*The Pretenders*, 1864] on 11 April 1891. Schnitzler attended the banquet at the Hotel Kaiserhof but was not impressed with the proceedings, noting only in his diary on 18 April 1891: "Heute Ibsenbankett. Stimmungslos: Diese Journalisten!"

[3] Schnitzler, whose diary entries clearly establish the existence of a group prior to the return of Bahr to Vienna, mentions in his diary in February 1891, "*Das junge Österreich. Im Griensteidl*," by which he means Felix Dörmann (pseud. for Felix Biedermann, 1870–1928), Felix Salten (pseud. for Siegmund Salzmann, 1869–1947), Harold from Prague (unidentified), Heinrich von Korff (Heinrich Baron Schmiesing von Korff, 1868–1894), Julius Kulka (1865–1929), and others. On 23 March 1891 he adds Hofmannsthal's name to the list. He did not meet Bahr until 26 April 1891. Bahr in his essay "Das junge Österreich" includes in the group in addition to himself, Schnitzler, Hofmannsthal, Dörmann, and Korff the names of Karl Baron Torresani (1846–1902) and Richard Specht (1870–1932). See Bahr, *Studien zur Kritik der Moderne* (Frankfurt am Main: Literarische Anstalt, 1894), p. 80.

[4] For an excellent essay on the goals, principles, and accomplishments of *Jung-Wien* see Bahr's essay "Zehn Jahre," in *Bildung* (Berlin and Leipzig: Insel-Verlag, 1900), pp. 171–77. The following passage gives a particularly concise description of the group: "Dies haben jene Leute im Sinne gehabt, welche begründeten, was nachher das 'junge Wien' oder gar das 'junge Österreich' genannt worden ist. Nicht eine Schule, nicht eine Partei, nicht eine Gruppe wollten sie bilden, sondern sie waren einer tiefen Sehnsucht nach neuem Blühen voll. Sie meinten, daß der Einzelne nichts taugt, wenn er nicht im Kreise seines mächtig aufgeregten und nach Schönheit verlangenden Volkes steht. Aufwecken, zusammenführen, vereinigen wollten sie, die Kunst sollte nicht mehr von einsamen Sonderlingen, sondern als das gemeinsame Werk des ganzen Volkes betrieben werden. . . . Sie haben es doch erreicht, daß heute schon, wenn irgendwo von Wien die Rede ist, nicht mehr bloß an diesen oder jenen, der zufällig in Wien schreibt, sondern an eine ganz bestimmte Wiener Art des Schreibens gedacht wird. Sie haben es erreicht, daß man heute das 'Wiener Stück' kennt, eine Form, die keinem Einzelnen gehört, sondern der Ausdruck eines allgemeinen Wesens, einer Stadt ist. Es ist ihnen zuteil geworden, daß die jungen Maler dasselbe versucht haben: auf unsere Weise, unserem Wesen gemäß, zu schaffen, und daß es wieder eine österreichische Malerei giebt. Es ist ihnen zuteil geworden, daß endlich auch in unseren Provinzen die jungen Leute rege geworden sind, aus dumpfem Schweigen aufstehen und ihr Leben singend, schildernd oder malend verkünden wollen. Es ist ihnen zuteil geworden, daß viele Menschen, die lange ohne Kunst gewesen sind, nun wieder ihren Geist und ihr Gemüth zum Schönen hinzuwenden froh sind." Ibid., pp. 176–77.

[5] Karl Kraus, *Die demolirte Literatur* (Wien: Verlag von A. Bauer, 1897). In this outrageously critical but nevertheless genuinely humorous satirical attack on the *Jung-Wien* writers, Kraus begins his discussion of Bahr as follows: "Die ganze Literaturbewegung einzuleiten, die zahlreichen schwierigen Ueberwindungen vorzunehmen, nicht zuletzt, dem Kaffeehausleben den Stempel einer Persönlichkeit aufzudrücken, war ein Herr aus Linz berufen worden, dem es in der That bald gelang, einen entscheidenden Einfluß auf die Jugend zu gewinnen und eine dichte Schaar von Anhängern um sich zu versammeln. Eine Linzer Gewohnheit, Genialität durch eine in die Stirne baumelnde Haarlocke anzudeuten, fand sogleich begeisterte Nachahmer—die Modernen wollten es betont wissen, dass ihnen der Zopf nicht hinten hieng." Ibid., p. 6.

Concerning Schnitzler Kraus wrote: "Der am tiefsten in diese Seichtigkeit taucht und am vollsten in dieser Leere aufgeht, der Dichter, der das Vorstadtmädel burgtheaterfähig machte, hat sich in überlauter Umgebung eine ruhige Bescheidenheit des Grössenwahnes zu bewahren gewusst. Zu gutmüthig, um einem Problem nahetreten zu können, hat er sich ein- für allemal eine kleine Welt von Lebemännern und Grisetten zurechtgezimmert, um nur zuweilen aus diesen Niederungen zu falscher Tragik emporzusteigen. Wenn dann so etwas wie Tod vorkommt,—bitte nicht zu erschrecken, die Pistolen sind mit Temperamentlosigkeit geladen: *Sterben* ist nichts, aber leben und nicht sehen! . . ." Ibid., p. 18.

[6] For a useful if not exhaustive study concerning the similarity of themes among the *Jung-Wien* writers see Israel A. Wahrheit, "Jung-Wien as a Literary School: Schnitzler, Beer-Hofmann, Hofmannsthal," Diss. University of Michigan 1950.

[7] Felix Salten, "Aus den Anfängen: Erinnerungsskizzen," *Jahrbuch deutscher Bibliophilen und Literaturfreunde* 18–19, (1932–1933), 45. In his diary on 11 June 1894, Schnitzler presented a candid view of some of his relationships: "Die Freunde: Unmöglichkeit völliger Intimität;—mit Loris [Hugo von Hofmannsthal], wegen Intoleranz;—mit Richard [Beer-Hofmann], wegen Manieriertheit;—wegen Unverläßlichkeit mit Salten." On 17 December 1895 Schnitzler again lamented the inadequacy of his personal associations: "Ich brauche neue Kreise, neue Menschen, neue Frauen. Vielleicht stört mich, daß ich alle meine persönlichen Verhältnisse als unzulänglich empfinde." On a trip to Norway, during which he visited Ibsen, Schnitzler reflected in his diary on 29 July 1896 upon those among his Viennese friends he missed, and he concluded that he did not really miss anyone: "Frag ich mich, ob ich an irgend einen meiner Freunde mit sehr inniger Freundschaft denke, muß ich wieder sagen: Nein, obzwar ich gerne mit diesem oder jenem plaudern möchte. Indes hat sogar die Erinnerung fast an jeden Freund die Betonung einer leicht nervösen Antipathie; d.h. gewisse Eigenschaften oder Eigenheiten treten mir in der Erinnerung mit übertriebener Deutlichkeit hervor."

[8] In a sub-chapter entitled "Der Organisator der Österreichischen Literatur," a phrase borrowed from the literary historian Oskar Walzel, Peter de Mendelssohn in *S. Fischer und sein Verlag* (Frankfurt am Main: S. Fischer Verlag, 1970), pp. 191–92, characterizes the importance of the contribution made by Bahr to the development of literature in Austria: "Hermann Bahr nahm sich erfolgreich dieser neuen Wiener Richtung an, sorgte dafür, daß sie der weiten Welt bekannt werde, verfocht sie als Kritiker und dichtete in ihrem Sinn. Noch hatte Österreich niemals einen Organisator der Literatur besessen, der wie Bahr die Mauern einriß. . . . Er zeigte, wie anders die Wiener sind als die Deutschen des Nordens. Und er forderte mit Erfolg, daß der Deutsche des Nordens dieses künstlerische Wienertum begreife. . . . In den entscheidenden Wachstumsjahren 1890–1895 war Fischers einzige literarische Verbindung nach Wien der unermüdliche Hermann Bahr."

[9] Josef Nadler, *Literaturgeschichte Österreichs* (Salzburg: Otto Müller Verlag, 1951), pp. 415–16. One of Bahr's younger followers, Willi Handl, described in the dithyrambic, excited style of the time Bahr's impact on the literary scene: "Daß unsere Probleme, wie sehr sie sich auch ästhetisch und psychologisch gebärden, doch alle irgendwie einen politischen Sinn in sich tragen, ist ja leider bis heute unseren Intellektuellen noch nicht durchaus bekannt. Und zu jener Zeit dämmerte kaum erst eine Ahnung davon herauf. Ein paar Deklassierte oder Wißbegierige da und dort bemühten sich um den Zusammenhang der neuen Bewegungen. Aber es lag soviel Anfang, Irrtum, Verzagtheit, Überstürzung in dieser Atmosphäre, daß sie davon ganz dick und undurchsichtig wurde. Man hörte die Rufe, aber man sah keinen Weg. Stärker und drängender wuchsen indessen auch die Kräfte moderner Geistigkeit in der jungen Bourgeoisie heran. Alles stand bereit und erwartete eine Losung. Es war Zeit, daß einer kam, der mit Witz verwegen war, stürmisch und kritisch zugleich, ein entschlossener Lenker seiner eigenen Wildheit; ein Mann der Richtungen und Überblicke, aber auch des Schaffens und Streitens; einer, der bei vielen anderen Gaben auch die Kraft hatte, zu orientieren. Dieser Eine war Hermann Bahr." Handl, *Hermann Bahr* (Berlin: S. Fischer Verlag, 1913), p. 37.

The major Austrian literary history similarly highlights Bahr's central position in the literary life of the period by heading the chapter on the modern period, "Jung-Österreich und *Jung-Wien*: Die neue Generation um Hermann Bahr." See J. Nagl, J. Zeidler, and E.

Castle, *Deutsch-Österreichische Literaturgeschichte*, IV (Wien: Carl Fromme, 1937), pp. 1649–1702.
Gotthart Wunberg expresses Bahr's central importance in even stronger terms: "Bahrs Bedeutung für die österreichische Literatur der Jahrhundertwende überhaupt, für die Wiener im besonderen, kann kaum überschätzt werden." *Das Junge Wien: Österreichische Literatur- und Kunstkritik 1887–1902*, I (Tübingen: Max Niemeyer Verlag, 1976), pp. LXVII–LXVIII.

[10] "Ich habe heute noch das Gefühl, daß diese drei Jahre, von 1884 bis 1887, alles, was ich bin, aus mir hervorgeholt haben. Damals bin ich frei geworden, dort fand ich mich und ich weiß seitdem, was mir vom Schicksal zugewiesen ist: von meinem Platz aus, so viel ich kann, mitzuhelfen an der Form der neuen Menschheit." Bahr, "Autobiographische Skizze," in *Das Hermann-Bahr-Buch* (Berlin: S. Fischer Verlag, 1913), p. 17.

[11] This is the assessment of Konrad Burdach and of Nadler. Burdach, who discussed the problem of the relationship of the journalist and artist, stated: "So ist der Journalist, wenn er seinem Ideal nahekommt, zugleich Professor und Künstler." As an example of this type of journalist, he cited Bahr: "Hermann Bahr . . . erscheint mir als ein seltener Repräsentant jener idealen Verbrüderung von Journalismus, Kunst und Wissenschaft." Burdach, "Wissenschaft und Journalismus," *Preussische Jahrbücher*, 193 (July 1923), 19.
If one accepts this definition, then Bahr was a journalist. He was a journalist whose works, according to Josef Nadler, represented "die Kunst der Tagespresse, daß sie das Zeiterlebnis ins Mythische umbildet, als bezwingendes Phantom eines werdenden Menschenschlages." Nadler, "Vom alten zum neuen Europa," *Preussische Jahrbücher*, 193 (July 1923), 34.

[12] These figures are based on the bibliography compiled by Kurt Thomasberger and included in Heinz Kindermann, *Hermann Bahr* (Graz-Köln: Verlag Hermann Böhlaus Nachf., 1954), pp. 347–68. They do not include Bahr's thirty-four introductions or contributions to various volumes nor any of his essays that are not yet collected in book form. Some of Bahr's previously uncollected essays are now to be found in Gotthard Wunberg, *Das Junge Wien*.

[13] Kraus's satiric description of Bahr's penchant for "discovering" new talent is exaggerated but contains some basis in fact: "In jedem seiner Referate ergoss sich eine Sturzfluth neuer Eigennamen ins Land. Die Kunstgrößen, die er einführte, waren einzig und allein ihm dem Namen nach bekannt; oft hatte er sie vor spanischen Theaterzetteln oder gar portugiesischen Strassentafeln abgelesen." *Die demolirte Literatur*, p. 10.
Bahr's own view of his activity shows quite a different perspective: "Mir ist Witterung für Talent gegeben. Wenn irgendwo Talent erscheint, spür ich's an einem Zucken in mir und daß es Talent in der Welt gibt, beseligt mich, die Sonne scheint dann noch einmal so schön. In dieser Seligkeit über das Dasein von Talent geschieht es mir zuweilen, daß ich nach den Bedingungen, nach den Wirkungen, nach Wesen und Wert dieses besonderen Talents, das mir gerade begegnet, und ob es nicht etwa, was doch auch vorkommen kann, dem Bösen, der Nacht, dem Nichts angehört, nicht oder doch erst spät frage. Talent hat mich nie wertblind gemacht, aber auch unwertes Talent behielt einen Reiz für mich. . . . Mir war auch das kleinste Talent willkommen, aber nur auf seiner Stufe. Meiner Empfindlichkeit für Talent hielt die für Rang das Gleichgewicht. Jene ward willig anerkannt; ihr verdank ich die Stellung eines Führers." *Selbstbildnis*, pp. 284–85.
In the same connection Bahr also commented not without some bitterness: "Weil ich der erste war, der, schon 1890, auf Mirabeaus Posaunenschall, mit Maximilian Harden zusammen, den Ruhm des jungen Maeterlinck, dann in Wien die Begabung Hofmannsthals, dann das Flammenlicht d'Annunzios verkündet hat, wurde mir der Spottruf des "Entdeckers" angeheftet. Ich tat damit nur, was in anderen Ländern als das Amt des Kritikers angesehen wird." Ibid., p. 288.

[14] Because Schnitzler is so much better known than Bahr and because details of his life are easily accessible, his background will not be presented in the same detail as is deemed necessary for Bahr. See particularly Reinhard Urbach, *Arthur Schnitzler–Kommentar zu den erzählenden Schriften und dramatischen Werken* (München: Winkler Verlag–1974).

[15] Siegfried Trebitsch, *Chronik eines Lebens* (Zürich: Artemis Verlag, 1951), pp. 165–66.

¹⁶ Bahr, *Glossen zum Wiener Theater 1903–1906* (Berlin: S. Fischer Verlag, 1907). p. 408.

¹⁷Olga Schnitzler, *Spiegelbild der Freundschaft* (Salzburg: Residenz Verlag, 1962), p. 106. Schnitzler commented on the incident in his diary on 30 March 1896: "Abends bei Bahr, der sich in der Satisfaktionsfrage (die Juden sind nämlich von den wehrhaften deutschen Studenten für satisfaktionsunfähig erklärt worden) mit irgend einem Subject geschlagen hat und verwundet ist.—Er war mir direct sympathisch."

¹⁸ "Über meine Werke zu sprechen, steht mir nicht zu, es hätte auch nicht viel Sinn, ich kann warten, bis ihre Zeit kommen wird. Ich hoffe, daß schon irgend einmal irgendwer sie sich im Zusammenhang ansehen wird. Der wird dann, zur allgemeinen Überraschung, entdecken, daß ich darin stets auf meinem eigenen Weg gewesen und geblieben bin. Sie sind Entwicklungen einer vorbestimmten, fast pedantisch festgehaltenen Eigenart. Das darf man nur heute noch nicht sagen, weil mir der 'Verwandlungskünstler' angehängt worden ist." Bahr, "Autobiographische Skizze," in *Das Hermann-Bahr-Buch*, pp. 17–18. See also Donald G. Daviau, "The Misconception of Hermann Bahr as a *Verwandlungskünstler*," *German Life and Letters*, 11 (April, 1958), 182–92.

¹⁹ See Donald G. Daviau, "The Significance of Hermann Bahr to Austria," Diss. University of California, Berkeley, 1955. Bahr believed initially that his cultural program was successful, as indicated by his open letter to Hofmannsthal and Andrian concerning his newspaper *Die Zeit*: "Diese Wochenschrift habe ich ja begründet, damit doch die Fragen der Cultur auch in unserem armen Lande einen Anwalt haben. Getreu schreibe ich da jede Woche auf, was die Suchenden finden; so nähern wir uns der großen Kunst. Ihr wißt, daß es gewirkt hat; es ist nicht umsonst gewesen. Von allen Seiten sind auf meinen Ruf viele Leute gekommen und wir dürfen glauben, daß aus unserem stillen Kreise mancher Gedanke in die große Welt gedrungen ist." Bahr, *Renaissance* (Berlin: S. Fischer Verlag, 1897), p. II.

Concerning Austria and Europe, Bahr wrote: "Wenige verstanden mich. Ich will nämlich, daß der Österreicher von seiner angestammten Art aus an Europa teilnehme, während sonst hier, wer sich als Österreicher fühlt, Europa fürchtet, und wer europäisch gesinnt ist, Österreich verleugnet, ich habe also alle gegen mich, mit meinem Traum vom neuen Österreich, den wohl erst unser Proletariat erfüllen wird. Darum muß ich auch, um mich innerlich behaupten zu können, immer wieder aus Österreich fort." "Autobiographische Skizze," in *Das Hermann-Bahr-Buch*, p. 17.

²⁰ Bahr, like Schnitzler, also became an enthusiastic bicyclist when riding became a popular fad in Vienna in the 1890's. However, he never took up tennis, a game that Schnitzler enjoyed for many years.

²¹ For a fairly detailed, although not completely accurate discussion of the role of politics among a selection of representative Austrian writers, including separate chapters on Schnitzler and Bahr, see C. E. Williams, *The Broken Eagle: The Politics of Austrian Literature from Empire to Anschluss* (New York: Barnes and Noble, 1974).

²² Bahr, *Selbstbildnis*, p. 284.

²³Arthur Schnitzler, unpublished "Tagebuch," 26 April 1891. All subsequent references to these diaries will be cited in the text as TB with the date of the entry, or the date will be indicated in the sentence leading into the quote.

²⁴ Olga Schnitzler, *Spiegelbild der Freundschaft*, pp. 101–02.

²⁵ In his diary of 28 November 1897 Schnitzler mentioned another example of Bahr's criticism in connection with his play *Freiwild*: "Im Artikel von Bahr über Katherl findet er Katherl besser als Freiwild, das er noch gar nicht kennt.—Im Dampfbad sprach ich ihm.—" In his review of Max Burckhard's *Katherl* (1898), which was performed for the first time in the Raimundtheater on 25 November 1897, Bahr wrote: "Schnitzler im 'Freiwild', Halbe in der 'Mutter Erde', ich im 'Tschaperl'—wir suchen jetzt alle dasselbe, jeder auf seine Art: das, was man ein gutes Theaterstück nennt, zu machen, aber so, daß es sich doch auch vor dem modernen Geschmacke sehen lassen kann. Keinem von uns ist es noch so gut gelungen als dem Autor des 'Katherl'. Das große Publicum hat ihm zugejauchzt und die Kenner haben eingestimmt." *Wiener Theater 1892–1898* (Berlin: S. Fischer Verlag, 1899), p. 494.

²⁶ Bahr's view of his position in Vienna is revealed in a letter to his father dated 15 May

1892: "Ich habe mir in den sechs Monaten, die ich da bin, eine Stellung geschaffen, gesellschaftlich und künstlerisch, um die sich andere Jahrzehnte umsonst bemühten; ich bin heute 'der bekannte österreichische Dichter' oder 'der viel genannte', und es gibt in Wien keinen gebildeten Menschen, der nicht meinen Namen und von meinen Werken wüßte." Bahr, *Briefwechsel mit seinem Vater*, ed. Adalbert Schmidt (Wien: H. Bauer Verlag, 1971), p. 320.

Another candid, if perhaps somewhat exaggerated self-appraisal (Bahr was always trying to impress his father and win his approval) is found in a letter of 14 August 1892: "Über meine literarische Stellung scheinst Du Dich denn doch zu täuschen. Ich rede nicht von meinem Talent, sondern von meinem Ruhme oder Rufe: Tatsache ist, daß ich von der ganzen 'jungen Generation' in Österreich unbestritten der erste in der Meinung aller Leute bin, der am meisten bekannte und der Führer. Tatsache ist, daß von der ganzen 'jungen Generation' in Deutschland ein einziger bloß bekannter und erfolgreicher ist als ich: Gerhart Hauptmann, und einer vielleicht ebenso bekannt und verbreitet: Heinz Tovote. Unvergleichlich größere, wie Liliencron, können sich mit meiner tatsächlichen Geltung, die ja mit dem Talent gar nichts zu tun hat, sondern von tausend unkünstlerischen Momenten bestimmt wird, nicht messen." Ibid., pp. 326–27.

A more objective contemporary opinion by the critic Felix Hollaender tends to confirm Bahr's view of his reputation. Hollaender begins his review by noting Bahr's controversial position: "Vielleicht ist über niemanden so sehr geschimpft worden in den Blättern und Blättchen, in den Kaffeehäusern und an den Biertischen wie über Hermann Bahr. Jeder kleinste *scribifax*, dem irgend eine Fatalität eine Zeitungsfeder in die Hand drückte, dürfte mit ebensoviel Unkenntnis wie Unverfrorenheit gläubigen Lesern mitteilen, wie unten durch dieser Kerl sei, ein Marktschreier, Poseur und Prestidigitateur, wie er schlimmer kaum ersonnen werden könnte." "Von Hermann Bahr und seiner Bücherei," *Freie Bühne*, 4/1 (1893), 82. Hollaender then proceeds to justify Bahr as a writer of importance by analyzing his works, reaching the following conclusion: "Wer so viel an sich gearbeitet, wer so unermüdlich, wie er gesucht hat, der ist ein Künstler ein für alle Mal." Ibid., p. 89.

²⁷ Hermann Bahr, "Das junge Österreich," in *Studien zur Kritik der Moderne*, p. 95.

²⁸ Ibid., p. 82.

²⁹ Ibid., pp. 82–83.

³⁰ Ibid., p. 83.

³¹ Hermann Bahr, "Das Märchen," in *Wiener Theater 1892–1898*, p. 243.

³² Bahr, *Selbstbildnis*, p. 282.

³³ A candid note in Schnitzler's diary on 10 January 1896 shows how such talk affected him: "Etwas, worunter ich offenbar auch leide, ist der Vorwurf, der mir häufig gemacht wird, im Stoff beschränkt zu sein. So drängt es mich oft, über mich selbst oder wenigstens ausser mich herauszugehen, was der natürlichen Entwicklung nicht zustatten kommt.—"

Actually during the 1890's Schnitzler seemed to suffer frequently from attacks of general anxiety. For example, in his diary on 19 January 1898 he notes: "Im wesentlichen verbring ich mein Leben in einer steten Angst bald leise, bald entsetzlich—nur zuweilen unterbrochen durch Arbeit, Geselligkeit, Theater, Liebe." He also experienced doubts about his talent, as Hans Weigel has noted in his "Vorwort" to Arthur Schnitzler and Olga Waissnix, *Liebe, die starb vor der Zeit*, ed. Therese Nickl and Heinrich Schnitzler, (Wien: Fritz Molden, 1970), p. 20.

³⁴ "Die Redaktion der 'Zeit' war in der Günthergasse: gleich um die Ecke wohnten, in der Frankgasse, Burckhard und Schnitzler, Wien war damals noch beisammen; erst als es um neunzehnhundert mehr exterritorial zu leben begann, zog auch ich nach Ober Sankt Veit hinaus." Bahr, *Liebe der Lebenden*, II (Hildesheim: F. Borgmeyer, 1924), p. 253.

³⁵ Schnitzler served as a witness for Bahr in his suit against Karl Kraus for slander in 1901.

³⁶ Olga Schnitzler, *Spiegelbild der Freundschaft*, p. 102. Bahr himself characterized the inner loneliness to which his nature condemned him: "Ich war zu sehr der Sohn meiner Mutter, um mich herzen zu lassen. Und das Geschenk der tiefsten inneren Einsamkeit, das mich bis auf den heutigen Tag vor den Menschen verwahrt hält, will ich ihr nie vergessen. Ein *einziges* Wesen fand ich auf meinem Wege, das mich aufschloß; und da hat

es sich verlohnt." *Selbstbildnis*, pp. 15, 86. The one person with whom he could relate, according to the above quote, was his second wife Anna Mildenburg.

[37] In his diary on 22 November 1894 Schnitzler noted: "Bahr schickt 'Witwer' mit abfälligem Urtheil zurück.—Ich freute mich,—da ich gefürchtet hatte—er würde es loben, um einer günstigen Beurtheilung meines Stückes enthoben zu sein. Vielleicht tue ich ihm doch manchmal Unrecht." Schnitzler published *Der Witwer* in the Christmas number of the *Allgemeine Zeitung* in 1894. In his diary for 24 September 1894 he noted this fact and with his typical brevity and honesty added his own judgment of the story: "Nicht gut."

[38] Schnitzler later came to agree with Bahr's negative opinion of this story, and it was never published.

[39] Bahr explained his action in a letter to his father written in either late November or early December 1893: "Der Grund war der, daß man mir in meiner letzten Kritik über das Raimundtheater einen heftigen Angriff auf Müller-Guttenbrunn und in meiner letzten Kritik über das Burgtheater ein enthusiastisches Lob des Fräuleins Sandrock (zwischen den Sandrocks und den Auspitzers bestehen sehr alte Differenzen) gestrichen hat. Es ist das erste Mal, daß man solche Eingriffe in meine kritische Souveränität wagte. Ich habe gesagt, daß es auch das letzte Mal ist. Keine Zeile erscheint mehr von mir in dem Blatte. C'est fini." Bahr, *Briefwechsel mit seinem Vater*, p. 349.

[40] See Adele Sandrock and Arthur Schnitzler, *Dilly: Geschichte einer Liebe in Briefen, Bildern und Dokumenten*, ed. Renate Wagner (Wien-München: Amalthea Verlag, 1975). At this time Schnitzler was having an affair with Sandrock, and Bahr an affair with her sister Wilhelmine; see *Dilly* pp. 32, 70.

[41] Felix Speidel (1875–death date unknown), German critic, publisher, and author of a novel and several collections of novellas.

[42] Olga Schnitzler, *Spiegelbild der Freundschaft*, p. 102.

[43] For a fuller discussion of this incident see Sandrock and Schnitzler, *Dilly*, pp. 233–48.

[44] Bahr, "Liebelei," in *Wiener Theater 1892–1898*, pp. 81–87. However, the unexpected great success of *Liebelei* finally caused Bahr to reappraise Schnitzler's work and admit his error of critical judgment.

[45] "Liebelei," *Wiener Theater 1892–1898*, pp. 81–87; "Das Märchen," ibid., pp. 242–52; "Der Schleier der Beatrice," *Premièren: Winter 1900 bis Sommer 1901* (München: A. Langen, 1902), pp. 260–68; "Lebendige Stunden: Vier Einakter," *Rezensionen: Wiener Theater 1901 bis 1903* (Berlin: S. Fischer Verlag, 1903), pp. 252–68; "Lebendige Stunden," ibid., pp. 390–96; "Freiwild," *Glossen zum Wiener Theater 1903–1906*, pp. 196–202; "Zwischenspiel," ibid., pp. 84–93; "Der grüne Kakadu," ibid., pp. 227–28; "Der Puppenspieler," ibid., pp. 440–49.

[46] See e.g. Karl Kraus, *Die Fackel*, 69 (Ende Februar 1901), 6–14.

[47] In his diary on 11 November 1895 Schnitzler recorded Bahr's attempts to get back into his good graces: "Bahr geradezu zärtlich ("Thuri"—) sprach absichtlich von meinem Stück—ich erwähnte mit keinem Wort seine Kritik."

[48] For example, the protest under the heading "Der Schleier der Beatrice" appeared in the *Neue Freie Presse*, 14 November 1900, pp. 6–7. Schlenther's reply was published the next day. For a more detailed discussion of this controversy see Renate Wagner and Brigitte Vacha, *Wiener Schnitzler-Aufführungen 1891–1970* (München: Prestel Verlag, 1971), pp. 35–36.

[49] Quoted in Olga Schnitzler, *Spiegelbild der Freundschaft*, p. 106.

[50] Bahr, "Der Schleier der Beatrice," in *Premièren*, p. 262.

[51] Quoted in Olga Schnitzler, *Spiegelbild der Freundschaft*, p. 107.

[52] Bahr left *Die Zeit* in 1899 and moved to the *Neues Wiener Tagblatt*. His first contribution was an article published on 1 October 1899 entitled "Entdeckung der Provinz," which elicited the following reaction from Schnitzler in a letter of 8 October 1899 to Hofmannsthal: "Ich weiß nicht, ob Sie dieses Anfangsfeuilleton von Bahr gelesen haben. Ich schick's Ihnen hier. Er ist gewiß nicht nur ein Aff, sondern auch ein boshafter Aff.—" Hugo von Hofmannsthal and Arthur Schnitzler, *Briefwechsel*, ed. Heinrich Schnitzler and Therese Nickl (Frankfurt am Main: S. Fischer Verlag, 1964), p. 133. Following Bahr's departure, Isidor Singer and Heinrich Kanner visited Schnitzler and invited him to join the staff of

Die Zeit along with others such as Hofmannsthal and Burckhard. Neither Schnitzler nor Hofmannsthal accepted the offer, but Burckhard did. See letter of Schnitzler to Hofmannsthal dated 6 July 1899, ibid., pp. 123–24.

⁵³ In his diary on 1 November 1903 Schnitzler commented: "In St. [Sankt] Veit bei Bahr nach vorherigem Spaziergang über den Hackenberg. Seine Vorlesung des 'Reigen' im Bösendorfer [Saal] verboten.—" In his diary on 10 November 1903 Schnitzler noted: "Von Bahr Einsendung des Recurses an die Statthalterei, wegen Verbot der Reigen Vorlesung. Betont das systematische (heuchlerisch feige) Todtschweigen des Buches durch die Wiener Presse."

⁵⁴ Bahr's statement included the following remarks: "Es hat unserer Publizistik an dem Mut gefehlt, öffentlich für das Werk Schnitzler einzutreten. Gewiß, viele unserer Schriftsteller und Kritiker erkennen den literarischen Wert der Dichtung Schnitzlers voll an, aber in keinem Blatte ist ein Artikel für das Buch erschienen. So wurde das Werk eines Dichters totgeschwiegen, ja schlimmer als das, dem Unverstande und der Gehässigkeit preisgegeben. Durch die Vorlesung will ich den Folgen dieser Unterlassung entgegentreten und will in den Hörern die Erkenntnis erwecken oder die Überzeugung bekräftigen, daß es sich hier um ein literarisches Werk handelt, daß die Form des Ganzen und die Idee, die ihm zu Grunde liegt, es zu einem Kunstwerke machen, daß die heiklen Situationen, die in ihm vorkommen, nicht in den Dienst frivoler Spielerei, sondern ernster Gedanken gestellt, und nicht um ihrer selbst willen, sondern aus künstlerischen Gründen mit künstlerischer Notwendigkeit behandelt sind." Quoted in Otto P. Schinnerer, "The History of Schnitzler's *Reigen*," *PMLA*, 46 (September 1931), 844.

⁵⁵ For Bahr's support of Klimt see his *Rede über Klimt* (Wien: Wiener Verlag, 1901), and *Gegen Klimt* (Wien: Eisenstein, 1903).

⁵⁶ Bahr wrote many essays on the Burgtheater and its constant state of crisis. See particularly his book, *Burgtheater* (Wien: Wiener Literarische Anstalt, 1920).

⁵⁷ Hermann Bahr, "Paul Schlenther," in *Wiener Theater 1892–1898*, pp. 195–201.

⁵⁸ A good insight into Bahr's association with Reinhardt on the basis of letters and notes is to be gained from *Meister und Meisterbriefe um Hermann Bahr*, ed. Joseph Gregor (Wien: H. Bauer-Verlag, 1947), pp. 187–98.

⁵⁹ For whatever reason the performance did not take place, and *Der Schleier der Beatrice* was not staged again until 1911 at the Deutsches Schauspielhaus.

⁶⁰ Eleonora Duse (1852–1924) was, besides Sarah Bernhardt (1844–1923), the most famous actress of her time. Bahr, who prided himself on his ability to detect talent ("Mir ist Witterung für Talent gegeben") always considered her one of his discoveries. He felt that his rave review about Duse, written after seeing her perform in St. Petersburg and published in the *Frankfurter Zeitung* on 9 May 1891, was largely responsible for launching her career. This review is contained in Bahr's *Russische Reise* (Dresden und Leipzig: C. Pierson's Verlag, 1891) pp. 116–25 and in *Der Thespiskarren*, ed. Erhard Buschbeck (Wien: Wilhelm Andermann Verlag, 1943), pp. 315–18. See also *Selbstbildnis*, pp. 274–75. Duse said of Bahr: "Aber Sie! Sie sind doch gar kein Kritiker—Sie sind unser guter Kamerad!" Bahr added: "Dies hat mich stolz gemacht. Es enthält alles, was ich sein will." Bahr, *Rezensionen*, dedication page.

⁶¹ Gabriele d'Annunzio (1863–1938), Italian poet, dramatist, and novelist and husband of Eleonora Duse.

⁶² Quoted in Olga Schnitzler, *Spiegelbild der Freundschaft*, p. 109.

⁶³ Ibid., p. 108.

⁶⁴ See Hofmannsthal and Schnitzler, *Briefwechsel*, pp. 181–82, 194.

⁶⁵ "Seit meiner Pariser Zeit, seit 1889, hab ich mich Tag um Tag unablässig gegen die Gnade mit Fußtritten gewehrt. Und erst 1904, als ich innerlich bis an die Wurzel krank und von den Ärzten aufgegeben war, da blieb mir nichts übrig, ich hatte keine Kraft mehr, ich ließ die Gnade gewähren." Bahr, *Selbstbildnis*, p. 294. See Erich Widder, *Hermann Bahr—Sein Weg zum Glauben: Ein Beitrag zur Biographie* (Linz: Oberösterreichischer Landesverlag, 1963), pp. 34–37.

⁶⁶ Olga Schnitzler records Bahr's empathy for Fichtner: "Bahr gesteht, wieviel ihm 'Der einsame Weg' in seinen Hauptgestalten und ihrem Erleben ist; am meisten berührt

ihn die Figur des Julian Fichtner, in welcem er unheimlich viel von sich selbst findet. Ja, so sehr fühlt er sichmit ihm verwandt, daß er den Wunsch verspürt, ihn auf irgendeiner Bühne selbst darzustellen. Und was von Julian Fichtners Bildern gesagt wird, bezieht er auf sich selbst. 'Meine Sachen ließen sich kritisch garnicht besser bezeichnen als damit, daß ich mich leider auch in ihnen sozusagen nur vorübergehend aufhielt.'" *Spiegelbild der Freundschaft*, p. 118.

[67] Bahr, *"Der Puppenspieler,"* in *Glossen zum Wiener Theater 1903–1906*, pp. 446–48.

[68] Bahr, *Tagebuch* (Berlin: Paul Cassirer, 1909), p. 15.

[69] Quoted in Olga Schnitzler, *Spiegelbild der Freundschaft*, pp. 118–19.

[70] The reviews of performances held on 6 May 1902 and 14 March 1903 are found in *Rezensionen: Wiener Theater 1901 bis 1903*, pp. 257–61, 393–96.

[71] Bahr, *"Freiwild,"* in *Glossen zum Wiener Theater 1903–1906*, pp. 199–200.

[72] Ibid., p. 200.

[73] After attending a rehearsal of *Freiwild* at the Volkstheater, Schnitzler noted in his diary on 24 January 1905: "Das Stück mißfiel mir recht; schämte mich zuweilen." His attitude did not change after the premiere: "Freiwild Premiere. Gute Aufführung. Starker Erfolg. Die Direktoren baten mich herauszukommen; ich that es contre coeur.—Es war gar kein Widerspruch und Rohnstedt (die Figur) schien am besten zu gefallen. R[ohnstedt] fordert jetzt nicht mehr zum Scheinduell auf, was der Scene zustatten kommt. Das Stück bleibt schwach und noch mehr: dünn.—Grosse Liebenswürdigkeit der Theaterleute gegen mich.—Als ich aus dem Theater herauskam, mit [Viktor] Kutschera (Rönning) behochten mich einige Judenbuben und Mädeln.—"

[74] Bahr, *Glossen zum Wiener Theater 1903–1906*, pp. 84–85. Bahr also wrote two letters to Schnitzler about his not entirely favorable reactions to the play, as Schnitzler recorded in his diary on 18 September 1905: "Bahr schreibt mir über mein Stück, ist wie es scheint mit dem 2. Akt am wenigsten zufrieden." On 20 September he commented: "Brief von Bahr, dem das Stück, trotzdem er es eine 'reizende Komö[die]' nennt, nicht zu gefallen scheint.—Auch ich habe kein rechtes Verhältnis dazu.—Das Constructive liegt zu klar zu Tage."

[75] Bahr, *Glossen zum Wiener Theater 1903–1906*, p. 92. Bahr also commented on the audience reaction to *Zwischenspiel* in his published diary: "Gestern, im 'Zwischenspiel', halb amüsiert und doch wütend über die hochachtungsvolle Freude, die die Juden im Parkett und in den Logen, gerade sie, an Schnitzler's jungem Fürsten haben, vor Wonne wedelnd und naß. Merkwürdig. Gerade sie, die doch unseren Adel kennen. Hier diese Frau, die einmal, aus Snobismus, mit einem Grafen geschlafen hat und doch wissen muß, wenn sie mit sich allein und halbwegs ehrlich gegen sich ist, daß jeder 'Bocher' [unmarried young man] im Erotischen delikater, oder sagen wir: weniger primitiv ist. Und daneben ihr Mann, der mit Fürsten in einer Verwaltung sitzt, wo man sie ja für anrüchige Geschäfte braucht, und daher doch wissen muß, wie moralisch ahnungslos sie sind. Warum fröstelt sie also vor Ehrfurcht, wenn ein Aristokrat auf die Bühne kommt? Warum verachten sie sich so?—" Bahr, *Tagebuch*, pp. 30–31.

[76] In a reflective note in his diary Bahr commented upon his lack of success: "Merkwürdig, wie ich überall sogleich als primus wirke, aber ohne äußeren Erfolg. Bei [Adolf] Wagner im Seminar gleich sein Liebling, ohne es doch zum Doktor zu bringen. Als Freiwilliger der Liebling der Offiziere, ohne Leutnant zu werden. Nach Reinhardt Berlins bester Regisseur, aber die Stücke fallen durch." Erich Widder, *Hermann Bahr—Sein Weg zum Glauben*, p. 103.

[77] "Wenn ich auf meine Wiener Zeit von 1892, wo ich über Berlin aus Paris nach Wien kam, bis 1912, wo ich nach Salzburg zog, zurückblicke, so kann ich zusammenfassend sagen, daß meine Tätigkeit dieser zwanzig Jahre hauptsächlich darin bestand, immer irgendwie wieder unmöglich zu werden; und mir ist eigentlich doch leid, daß als ich diese Beschäftigung schließlich aufgab, niemand sie für mich übernahm; um Wien ist mir leid, denn wenigstens einen unmöglichen Menschen, einen, sollte sich jede Stadt leisten." Bahr, *Liebe der Lebenden*, II, p. 286.

[78] Bahr was literally swept off his feet by Mildenburg (1872–1947) from the time he first heard her sing in 1904. Some of the depth of his feeling is reflected in Bahr's diary notes about her in *Meister und Meisterbriefe um Hermann Bahr*, pp. 208–17. In one diary entry of 16

November 1906 Bahr stated about Mildenburg: "Heute sinds zwei Jahre, daß ich geboren wurde. Ich lebe ja erst, seit ich Dich *kenne.*" Erich Widder, *Hermann Bahr–Sein Weg zum Glauben*, p. 101.

⁷⁹ The book in question is Bahr's *Rudigier* (Kempten and München: J. Kösel, 1916). See the correspondence of Bahr and Hofmannsthal concerning this volume in *Meister und Meisterbriefe um Hermann Bahr*, pp. 173–75. Joseph Gregor regards *Rudigier* as a turning point in Bahr's development: "Da das kleine Werk einen Wendepunkt der Geisteswelt Hermann Bahrs darstellt, erwuchs es unerwartet zu einem hochwichtigen Fall. . . . Im Schicksal des Linzer Bischofs Franz Joseph Rudigier scheint Bahr nun der Endkampf des Josephinismus und einer neuen, mutigen Glaubenshaltung gelegen, von der er sich die Regeneration Österreichs verspricht." Ibid., p. 151.

As a boy Bahr had been impressed by Franz Joseph Rudigier, who served as religious teacher to the young Emperor Franz Joseph, before being named Bishop of Linz. In this capacity he became an outspoken opponent of the Liberals headed by Bahr's father, who often debated with him in the *Landtag*. Bahr learned from watching these debates that two men could disagree and still both be right. However, he felt that the Bishop apparently had a sense of "higher security": "Solche Sicherheit wünschte das Kind sehr, und dieser Wunsch wich nie von ihm, sein ganzes Leben nicht. Was es auch seitdem begann, immer hat es eigentlich bloß diese letzte Sicherheit gesucht, unter vielen Namen." *Rudigier*, p. 3.

In May 1868 the Emperor signed a new School and Marriage Law, promulgated by the Liberals, which nullified the Concordat of November 1855, placing all marriages under the jurisdiction of Canon Law and granting the Church total supervision of elementary schools. In response to this action Bishop Rudigier on 12 September 1868 issued a *Hirtenbrief* instructing the clergy not only to ignore but also to actively oppose these laws. In consequence, the Bishop was sentenced to fourteen days imprisonment, was arrested, and led in the full ornamental regalia of his office through the streets of Linz to jail. This seeming victory of the Liberals quickly turned into a defeat, for public reaction was so strong over this treatment of the Bishop that the Emperor felt compelled to pardon him the next day, leaving Rudigier with the nimbus of a martyr in the eyes of the people.

⁸⁰ Hofmannsthal expressed this view in an attempt to characterize Bahr for Josef Redlich: "'Die Lösung des Problems Bahr ist die, daß er nie ein wirkliches Erlebnis hatte.' Und nun führte er [Hofmannsthal] aus, wie sich dies von Anfang an ihm gezeigt habe, schon vor 25 Jahren, da er—ein halber Knabe—täglich mit ihm verkehrte, wie daraus seine [Bahr's] beiden Ehen erklärbar seien; und schließlich erlebe er auch den Katholizismus in Wirklichkeit nicht. Ein merkwürdiges, ein einziges Phänomen." Josef Redlich, *Schicksalsjahre Österreichs 1908–1919: Das politische Tagebuch Josef Redlichs*, II (Graz-Köln: Verlag Hermann Böhlaus Nachf., 1954), pp. 200–01.

⁸¹ "Sehr schön ist die ruhig kreisende Bewegung, die Schnitzlers Roman hat. Langsam steigt er auf und scheint dann in der Luft zu liegen, auf großen Flügeln. Ich könnte das nicht. Ich möchte das vielleicht auch gar nicht. Aber es ist sehr gut, daß es einer kann und will, und wird mir selbst durch das Sentimentalische seiner Art nicht gestört. Dieses kommt wohl daher, daß ihm um Österreich leid ist. Während ich finde, daß um dieses Österreich das einem leid tun kann, nicht schade ist; jenes Österreich aber, das wir lieben, haben wir in uns selbst, und es wird nur unsere Schuld sein, wenn es nicht erscheint. Wir alle spüren die starke Zukunft, welcher die Menschen hier fähig sind. Sie brauchen nur den Mut, die Vergangenheit abzutun, um aus ihr zu sich zu kommen. Da sind wir nun aber dort, wo ich die Juden nicht verstehe. Sie hätten es so leicht. Ich beneide sie. Sie haben keine verfallenen Schlösser und keine Basalte. Sie stört nicht, zu lebendiger Zeit, unnützes Erinnern. [Cf. Goethe, "Amerika, du hast es besser".] Diese ganze rostige Kultur, mit der wir uns schleppen, die der wir, von den Vätern her, ersticken, ist ihnen fremd. Sie hätten es so leicht: Benutzt die Gegenwart mit Glück! Sie könnten uns dabei die besten Helfer sein. Uns sitzt jedem, von den Großeltern her, noch irgendeine liebe dumme Theresianische Zärtlichkeit im Gemüt und macht uns das Blut dick. Darin sind wir gute Deutsche, denn deutsch ist es, an nichts tiefer zu leiden als an seiner Vergangenheit. Der Ruf des Todes ist es, der uns alles Leben hemmt. Da hätten nun die Juden vor uns dies voraus, daß sie nicht unsere Vergangenheit haben. Wie lang ist's denn her, daß

sie erst eingelassen wurden? Warum nützen sie das nicht aus? Warum helfen sie uns nicht, wenn uns Erinnerung feig und kläglich macht? Wie oft muß ich mit dem elenden Großvater hadern, der durch mein Blut spukt und mir mit seinem Dunst des Statthaltereirats plæotzlich den Verstand betäubt! Wie oft werde ich von mir wieder auf der albernsten Rührung ertappt, bis ich mich selber am Ohr nehme: Wach auf, das bist ja gar nicht du, das ist schon wieder eine von den frommen Großmamas, die in dir flennt! Daher das verfluchte Biedermeiern, in Gedanken und Gefühlen. Wir biedermeiern ja gar nicht, es biedermeiert in uns. Was aber biedermeiert in den Juden denn? Wie können sie an einer Vergangenheit leiden, die sie gar nicht haben? Statt aber eben darin ihren Stolz und den Mut zu sich selbst zu finden, züchten sie sich jetzt unsere Vergangenheit an, was natürlich gar nicht möglich ist und sie nur lächerlich und verächtlich macht." Bahr, *Tagebuch*, pp. 205–07.

Bahr also feels that the novel contains two fundamental errors in its point of view: "Er [Schnitzler] selbst, dies spürt man überall, er will ja mit aller Kraft heraus: von der angelogenen Vergangenheit weg und aufs Leben los, auf unser eigenes Leben! Jene jüdische Rührung über alles, was die Juden nicht angeht, hat er zu einer Stille, Weiche, Güte der Darstellung gezügelt, die einen künstlerischen Reiz aus ihr macht. Freilich fühlt man ihr bisweilen seine Neigung an, wegzutreten, beiseite zu stehen, nicht mitzutun, wozu Gerechtigkeit so viele von uns verführt. Er hat eine Neigung, gekränkt zu sein, wo es vielleicht nützlicher wäre, wütend zu werden (er kann mir allerdings antworten, daß sich Gefühle nicht kommandieren lassen). Ins Freie kommt man freilich, wenn man weggeht. Aber ist es die Freiheit von Flüchtlingen, die wir wollen? Wird Österreich frei, wenn man sich von ihm frei macht? Und an die Kraft der stillen Arbeit, von der ihr immer sprecht, kann ich nicht mehr glauben. Still gearbeitet wird in Österreich seit hundert Jahren; und es ist noch immer still. Und noch etwas kann ich an Schnitzler nicht verstehen. Erstens teilt er den Irrtum der Juden in Österreich, als ob ihr Fall ein besonderer wäre. Das ist er nicht. Sie werden unterdrückt, gewiß. Aber es werden auch die Tschechen, die Ruthenen, die Kroaten, die Rumänen, die Slovenen und die Italiener und so weiter unterdrückt. Der Jude hat bei uns nicht dasselbe Recht wie irgendein deutscher Christ der herrschenden Klassen. Aber der Arbeiter hat es auch nicht. Gar nicht zu reden davon, daß auch der Protestant, oder wer seine Konfession hat, hinter den Rechten der Katholiken zurücksteht. Statt sich nun aber zu den anderen Unterdrückten zu schlagen, biedern sich die Juden entweder den Mächtigen an oder isolieren sich, ich weiß nicht, was dümmer ist. Und zweitens (was mich auch in diesem Roman zuweilen befremdet) schädigen sich die Juden durch eine Forderung, die man ihnen nie bewilligen wird: sie fordern Liebe. Das spüre ich in diesem Roman so stark. Die Juden sitzen da und denken traurig nach, warum man sie nicht gern hat. Aber ich glaube nicht, daß sich das durch ein Gesetz ändern läßt. Ich muß auch gestehen, daß es mir durchaus unbegreiflich ist, wie man darunter leiden kann. Mich haben gewiß viele tausend Menschen nicht gern, aber ich habe in meinem ganzen Leben noch keine Minute darüber nachgedacht, es hat mich immer gefreut. Was ist das für ein Wunsch, von aller Welt geliebt zu sein? Ich stelle mir das gar nicht so schön vor." Ibid., pp. 208–09.

[82] This essay is identical to Bahr's diary essay quoted in n. 81. It is captioned "Tagebuch" and is contained in *Morgen, Wochenschrift für deutsche Kultur*, 2/45 (November 1908), 1492–95.

[83] "Glückwunsch an Arthur Schnitzler," *Der Merker*, 3 (May 1912), 334–47. Reprinted in *Das Hermann-Bahr-Buch*, pp. 249–53. For whatever reason Schnitzler made no comment in his diary about either the review of 1904 or the birthday greeting of 1912.

[84] *Das Hermann-Bahr-Buch*, p. 249.

[85] Ibid., p. 250.

[86] Ibid., p. 253.

[87] Willi Handl, *Hermann Bahr*. Handl was an enthusiastic follower of Bahr (see n. 9). Upon the death of Handl Bahr described his feelings for him as follows: "Seit Burckhard fortging, ist mir kein Abschied mehr so schwer geworden wie von Willi Handl. Da zerbricht mir der reinste Spiegel; keines anderen Freundes unbestechlicher Blick gab mir je mein Bild heller durch Neigung verschönt zurück! Was ich so gemeinhin Freund zu nennen

pflegt, das will doch immer etwas mit uns, wenn es nicht gar von uns etwas will; es zerrt nur an uns herum. Er aber war mir so von Herzen gut, daß er mich gelten ließ; er nahm mich hin. . . . Niemand mehr als er hat mir den Verdacht bestätigt, von allen Künstlern sei doch, wer, statt sich erst an allerhand abgesonderten Gestalten zu verzetteln, den sogenannten 'Werken', lieber gleich dem Leben selber seine Gestalt gibt, der höchste. Und er blieb sich treu, ich habe nicht viele gekannt, denen ich das nachsagen kann." Bahr, *Kritik der Gegenwart* (Augsburg: Hass & Grabherr Verlag, 1922), pp. 142–43.

[88] Ignaz Seipel (1876–1932), Austrian statesman and Roman Catholic priest, was elected to parliament in 1919, named Prelate of the Church in 1921, and served as Chancellor of Austria from 1922 to 1924 and again from 1926 to 1929. In 1930 he became Foreign Minister of Austria. He was an important and influential figure within Austria and helped stabilize the inflationary economy. His anti-democratic views and support of the *Heimwehr* in Austria led to the policies of his successor Engelbert Dollfuss, Chancellor from 1929 until his murder by the Nazis in 1934.

[89] According to Otto P. Schinnerer, Schnitzler was the most performed author during the period 1893–1914 with ten plays for a total of 210 performances. "The Suppression of Schnitzler's *Der grüne Kakadu* by the Burgtheater," *The Germanic Review*, 6 (April 1931), 183.

[90] See Leopold Freiherr von Andrian, "Meine Tätigkeit als Generalintendant der Wiener Hofoper," *Neue Freie Presse*, 28 October 1928, p. 29; 4 November 1928, p. 33; and 8 November 1928, p. 12.

[91] Albert Heine (1887–1949), actor and director at the Burgtheater, who from 1918 to 1921 served as Head of the Burgtheater.

[92] For another view of Bahr's difficulties with Andrian and his tribulations at the Burgtheater see Josef Redlich, *Tagebuch*, II, pp. 305, 308–09, and 329.

[93] Bahr's procedure with the actors was noted by Schnitzler in his diary on 28 September 1918: "Werner Schott;—wir halfen ihm bei einem Brief an Bahr, der den Schauspielern gegenüber auch nicht sehr geschickt scheint. Er gibt ihm eine Rolle und theilt ihm zugleich mit, daß die andern ihm sie nicht zutraun—er sie also vielleicht noch wird abgeben müssen. (König in Goethe's 'Nat[ürliche] Tochter')."

[94] To his credit Bahr in his short tenure at the Burgtheater tried to develop a repertoire aimed at helping to restore Austria's self-confidence and internal harmony following the war. His major contribution was a production of Goethe's *Die natürliche Tochter*. See Donald G. Daviau, "Hermann Bahr as Director of the Burgtheater," *The German Quarterly*, 32 (January 1959), 11–21.

[95] Hermann Bahr, "Arthur Schnitzler zu seinem sechzigsten Geburtstag," *Die Neue Rundschau*, 33 (May 1922), 499–500.

[96] In his autobiography Bahr stressed the importance of "Alt Österreich" to him: " . . . wovon immer ich sprechen mag, doch die Rede stets eigentlich von Alt Österreich ist. Wenn nach meinem Tod jemand den Einfall hat, einmal meine 'sämtlichen Werke' herauszugeben, soll er sie nur auch getrost Alt Österreich nennen; es kommt im Grund nichts anderes darin vor." *Selbstbildnis*, p. 281.

[97] Bahr, "Arthur Schnitzler zu seinem sechzigsten Geburtstag," pp. 499–500.

[98] Ibid., p. 500.

[99] In *The London Mercury*, 7 (November 1922–April 1923), pp. 194–96.

[100] Bahr wrote seventeen such "Letters" between 1920 and 1927.

[101] Bahr, "A Letter from Germany," p. 194.

[102] Ibid., pp. 194–95.

[103] Ibid., p. 195.

[104] Bertha Zuckerkandl (1863–1945), journalist and translator, was the daughter of Moriz Szeps, founder of the *Neues Wiener Tageblatt* in 1864. Hofrätin Zuckerkandl cultivated a wide circle of friends, including both Schnitzler and Bahr, whom she discusses briefly in her volume of reminiscences about this period, *Österreich Intim: Erinnerungen 1892 bis 1942*, ed. Reinhard Federmann (Frankfurt am Main: Propyläen, 1970).

Hermann Bahr
Courtesy of Professor Heinrich Schnitzler

Arthur Schnitzler
Courtesy of Professor Heinrich Schnitzler

The Letters of Arthur Schnitzler to Hermann Bahr

1 (A 23 322; Handschrift) Wien, 3. 11. 1893

Lieber Freund,
ich beiße bereits seit einigen Tagen in den sauren Apfel, und werde mein
Versprechen halten.[1] Es ist nur wie ein Verhängnis, daß mir nichts nach
Wunsch gelingen will. Es ist, wie wenn mich die Empfindung: "man
erwartet von Dir" lähmte.—Seit ich Feuilletons schreiben soll, hab ich
eine ewige unbezwingliche Lust, fünfaktige Trauerspiele zu schreiben.
Wirken Sie dahin, daß Burckhard[2] eines von mir fordert—ich werde die
schönsten Wiener Geschichten schreiben.
Im übrigen haben Sie Dienstag oder spätestens Mittwoch das bewußte
Eingangsfeuilleton.[3] Eventuell werden Sie das Bedürfnis haben, es zu
ändern, wogegen ich prinzipiell nichts einzuwenden habe.—(Nur müßt'
ich natürlich wissen, wie, wo, etc.)
Vielleicht werd ich auch noch imstande sein, Ihnen statt des Artikels
was gescheiteres zu geben. Wollen Sie mir ihn nicht vorläufig zurücklei-
hen, damit ich zu mindesten die bösesten Verse in ein behaglicheres
Deutsch übertrage?—
—Herzlichen Gruß

Ihr sehr ergebener
Arthur Schnitzler.

2 (A 23 323; Handschrift) Wien, 7. 11. 1893

Lieber Freund,
hier ist also etwas, was sich möglicherweise als Eingangsfeuilleton eignet. Ich habe ihm vorläufig keinen Namen gegeben—eventuell könnte
man das Ding "Abendspaziergang"[4] heißen. Vorteilhaft erscheint mir,
daß in den vier Freunden Typen angedeutet sind, die sich vielleicht
weiterhin für die Reihe noch irgendwie werden verwenden lassen.—
Ich schicke Ihnen da gleich auch eine andere kleine Geschichte[5] mit,
die, wenn sie nicht am Ende zu "frivol" ist, ganz ohne Praetension
gelegentlich unter den Skizzen gebracht werden könnte.

57

Ich hoffe Ihnen nun aber bald was vernünftiges schicken zu können. Schließlich werde ich doch wohl auch das Feuilleton schreiben lernen— vorläufig fehlt mir noch manches dazu.
—Mit herzlichen Grüßen

Ihr sehr ergebener
Arthur Schnitzler.

3 (A 23 324; Handschrift)   17. 7. 1895
Ischl, Rudolfshöhe

Lieber Hermann,
hier ist also die Novelle.[6] Ich habe viel gestrichen, fürchte aber noch immer, daß sie zu lang ist. In diesem Falle hätte ich nichts dagegen, daß sie in kleinerem Drucke erscheint. (Wie s[einer] Z[eit] Saar.)[7] Findest Du noch Stellen, die Du für entbehrlich hältst, so gib Sie mir vielleicht an, streiche aber keinesfalls selbst. Auch wenn Dir ein wirksamerer Titel einfiele, so wäre mir das sehr willkommen.—
Kannst Du die Geschichte nicht brauchen, so behalte das Manuscr[ipt] jedenfalls freundlichst bei Dir, bis ich nach Wien zurückkehre. Nachrichten erbitte ich mir an untenstehende Adresse. Richard[8] sagt mir übrigens, daß Du bald wieder her kommst, da sprechen wir uns wohl, was mich sehr freuen wird.
Herzliche Grüße von Deinem

ergebenen
Arth Sch.

4 (A 23 325; Handschrift)   Berlin, 7. 2. 1896

Lieber Hermann,
herzlichen Dank für Deine freundlichen Glückwünsche.[9]
Was Dich interessieren wird: verrissen hat mich nur einer, nemlich Herr Peschkau[10] in den Berl[iner] Neuesten Nachrichten, und weißt Du, was er zu diesem Behufe getan hat? Einfach *wörtlich* citiert (mit Anführung der Quelle),[11] was Du über mich sagst und daraus zwingend bewiesen, daß ich weder ein Dramatiker noch ein Dichter bin, sondern daß mir selbst die Elementarkenntnisse zu diesen beiden schönen Stellungen fehlen.—
Sehr freundlich waren mir Deine Mitteilungen über das Märchen[12] und

Langkammers[13] Urtheil.[14] Aber ich habe sehr lebhafte Bedenken betreffs einer eventuellen Aufführung bekommen. Ich werde ja wohl bald Gelegenheit, sowohl mit Dir als mit Langkammer darüber zu reden. Bis dahin beste Grüße und nochmals vielen Dank.

Dein
Arth Sch

5 (Kärtchen; Abschrift)   [undatiert, wahrscheinlich 20. 9. 1896][15]
Sonntag Abend

Lieber Hermann,
als ich gestern abend fragte, wußte man noch nichts von Deiner Sendung,[16] jetzt eben beim Nachhausegehen übergab mir die Hausmeisterin das Paket.—Da Dein Brief mit der Adresse mit eingeschlossen war, hatte sie nicht gewußt, daß es für mich gehörte.—Herzlichen Dank! Richard[17] wohnt Baden, Franzensgasse 54, kommt am 24. herein.— Herzlichen Gruß

Dein
Arthur

6 (A 23 327; Handschrift)   Samstag 28. 11. 1896

Lieber Hermann,
als ich neulich bei Dir war, hab ich vergessen, Dir von Reicher[18] etwas auszurichten, um was er mich in Berlin gebeten hat. Er hat nämlich die Absicht, im Frühjahr mit einem Schauspielensemble herzukommen und einige hier noch nicht gespielte Stücke aufzuführen, von denen er noch nicht weiß, ob, resp. unter welchen Bedingungen die Censur sie freigeben wird. Er scheint auch auf Deinen Rath, vielleicht auch auf Deinen Beistand zu rechnen. Es handelt sich vor allem um die Jugend,[19] ich glaube auch um die Weber.[20] Näheres hat er mir selbst noch nicht gesagt; ich nehme an, er wird Dir schreiben, und diese Zeilen bereiten Dich nur darauf vor.
Herzlich grüßt Dich dein

Arthur Sch.

7 (A 39 903; Handschrift)   Wien, 24. 2. 1897

Lieber Hermann,
auf regulärem Weg bekam ich an der Kasse nichts ordentliches mehr
fürs Tschapperl.[21] Kann ich durch deine Protektion einen guten Sitz (am
liebsten Orchester 1. Reihe) angewiesen erhalten? Thätest mir einen
großen Gefallen.

Herzlich
Dein Arthur

8 (A 23 328; Handschrift)   Wien, 26. 2. 1897

Lieber Hermann,
es ist sehr freundlich daß Du Dich selbst bemüht und mir die Karte[22]
selbst geschickt hast. Erlaube mir damit meine Schuld abzutragen.

Mit freundlichem Dank und Grüßen
Dein Arthur Sch.

9 (A 23 329; Handschrift)   23. 3. 1897

Lieber Hermann,
wie kann ich Dir den Titel sagen, wenn ich noch nicht weiß was ich
lese?[23] Das zu entscheiden kommen wir ja morgen zusammen. Wahrscheinlich eine Novellette, die ich vorgestern zu Ende geschrieben, vielleicht eine, die morgen fertig wird[24]—am End was ganz anderes. Es ist
nemlich zu bedenken, daß Du, Hirschfeld[25] und ich Novelletten lesen,
(Hugo[26] wirkt nicht mit)—daß also das Programm von einer beispiello-
sen Langweiligkeit sein wird. Meine Hoffnung ist, daß uns morgen
abend doch noch was gescheites einfällt. —Hirschfelds Geschichte heißt,
"Bei beiden".[27] Von mir kannst Du sagen, daß ich eine ungedruckte
Novellette vorlesen werde. Wenn das Programm Freitag gedruckt wird,
ist Zeit genug; meiner Ansicht nach. Sterben sterb' ich, aber hetzen laß
ich mich nicht.
Herzlich

Dein Arthur

Der Donnerstag Notiz wäre jedenfalls mehr Geschmack zu wünschen als die von Sonntag verrieth. Wir sind ja nicht Mitglieder des Vereins "Gemütliche Harmonie", daß man uns durch Epithete erklären muß.

10 (A 23 330; Handschrift)   Paris, 22. 4. 1897

Lieber Hermann,
Ich bekomme eben einen Brief von dem bekannten Fr[äu]l[ein] Elsa Plessner,[28] die Dir eine Novelle[29] eingereicht hat. Ich glaube mich zu erinnern, daß sie, die Novelle, als ich sie s[einer] Z[eit] im M[anu]scr[i]pt las, mir nicht mißfiel, am Ende sogar gefiel—ich weiß nicht mehr genau. Meiner Ansicht nach ist eben benannte Elsa von einer unerträglichen Schlamperei in Stil und Arbeit; hat aber zuweilen Einfälle, die mit Sicherheit auf Talent schließen lassen. Wie weit es geht und ob sie es nicht eher zu ruinieren als weiter zu entwickeln gedenkt, kann ich nicht bestimmen. Aber es wäre vielleicht möglich sie auf einen guten Weg zu bringen.
—Womit ich Dir das Fräulein bestens empfohlen zu haben wünsche.—
Ich hoffe es geht Dir gut; von Pariser Kunst werd ich Dir manches erzählen können, wenn ich zurückkomme.[30] Aber verlange keine Artikel von mir!
Herzlich grüßt Dich Dein
                                                    Arthur Schnitzler

11 (A 23 331; Handschrift)   Ischl, 11. 7. 1897

Lieber Hermann,
vielen Dank für Deine freundlichen Bemühungen. Neues hab ich freilich nicht zu bemerken. Es freut mich sehr, daß Neumann-Hofer[31] gern meine nächsten Stücke haben möchte. Aber, so wenig ich auch Reichtümer verachte,—weder die 2 Prozent mehr noch die Möglichkeit ein Einreichungshonorar zu bekommen (was wohl auch an manchem anderen Theater gelingen mag) können mich bestimmen, die angenehme Freiheit meiner Entschließungen durch einen Contract beschränken zu lassen.
Ich begreife nur eines nicht: wieso dieser Standpunkt nicht von allen anderen Menschen geteilt wird.
Wird man Dich bald hier sehen?
Herzlich grüßt Dich

                                                              Dein
                                                              Arth Sch.

12 (Abschrift)   27. 9. 1897

Lieber Hermann,
in den Berliner Blättern lese ich, wie sehr das "Tschapperl"[32] gefallen
hat.—Gratuliere herzlichst!

Dein
Arthur Schnitzler

13 (Abschrift)   11. 11. 1897

Lieber Hermann,
wenn Du also "Die Totden [sic] schweigen"[33] lesen wirst, wirds mich
freuen. *Nur bitte ich Dich sehr, nichts zu streichen.* Mir fällt das eben ein,
wie ich die Geschichte selbst wieder durchlese und z.B. die Schilderung
der Reichsbrücke sehe, die ja gewiß zum "Verständnis" des ganzen
nicht notwendig ist, aber für die Stimmung so unerläßlich,—wie schließlich alles, was der Autor zu rechter Zeit erwähnt. Hiemit will ich also
Deine eventuellen Kürzungsideen im Mutterleib erwürgen.
Herzlichst grüßend

Dein
Arthur

14 (A 23 326; Handschrift)   18. 11. 1897

Lieber Hermann,
Deine Ansicht[34] betreffs dieser weitgehenden Rechte des Regisseurs
und des Vorlesers—nach Belieben zu streichen und zu ändern!—theile
ich durchaus nicht. In Hinsicht auf "Regisseur" und auf "Streichen"
könnte man ja manches zugeben; beim Theater handelt es sich nicht nur
um *einen* Abend und das Mißlingen des ersten kann natürlich die schwer-
sten Folgen haben. Auch versteht der Regisseur manchmal besser als
der Autor, was des letzteren Vortheil ist. Der Vorleser hat diese Ent-
schuldigungen nicht für sich. Er hat einfach die Pflicht, die Dinge so zu
lesen wie sie geschrieben sind. Ich will ihm noch etwas zugestehen:
findet er das betreffende Werk zu lang und ist der Autor unerreichbar
für ihn—z.B. dadurch daß er gestorben ist oder irgend einen anderen
Ausflug in besondere Fernen gemacht hat,—so mag er kürzen. Kann er
aber den Autor finden, so überlasse er *ihm* die Kürzungen oder lege ihm

mindestens die seinigen (die des Vorlesers) vor. Aenderungen sind *absolut* unstatthaft, wenn sie nicht vom Autor selbst oder mit Zustimmung des Autors gemacht sind, wobei noch zu bedenken ist, daß auch gewisse Streichungen in ihrem Effekt nur dem Sinne nach als Aenderungen zu gelten haben. Würdest Du beispielsweise, um etwas Naheliegendes zu citieren, den Schluß von "Die Totden [sic] schweigen" streichen, so würdest Du auch ändern.—Wohin käme man also, wenn Deine Idee über die Souveränität des Vorlesers zu Recht bestände!

—In meiner Nov[elle] die Du vorlesen willst, bitte ich Dich zwei Lapsus' zu corrigieren: auf der vierten Seite, Zeile 22 ist der Satz zu streichen: "Die Scheiben klirren nur so stark weil der Sturm—" (der Wagen ist nemlich *offen*, hat keine Scheiben, die aus einer früheren Fassung[35] stehen geblieben sind).
Auf der 16. Seite, Zeile 14, steht einmal Wohnzimmerthür statt "Wohnungsthür".—

—Daß ich nicht dabei sein kann, wenn Du die Geschichte liest, bedaure ich wirklich. Du wirst sie gewiß zu starker Wirkung bringen. Herzlichen Gruß.

Dein Arth Sch.

15 (A 23 332; Handschrift)   8. 12. 1897

Lieber Hermann,
ich werde ersucht, Dich zu bitten, auch Dein werthvolles Autogramm auf diese Karte zu setzen. Für wen—weiß ich nicht. Angeblich soll es eine "reizende Autographensammlerin" sein. Schicke mir die Karte freundlichst zurück. Sag mir auch bei dieser Gelegenheit, wie ich mein Cosmopolis-Heft,[36] mein einziges, von der Polizei zurück bekommen kann?

Herzlich
Dein Arth Sch.

16 (Kärtchen; Abschrift)   [undatiert, wahrscheinlich 25. 1. 1898][37]

Lieber Hermann,
herzlichen Dank für Deine freundliche Mitteilung; natürlich *ja*.

Dein
Arth Sch.

17 (Abschrift)   6. 9. 1898

Lieber Hermann,
ich war neulich in der Redaktion[38] und habe Dich nicht getroffen. Auf
diesem Wege also meine herzlichste Theilnahme zu dem Hinscheiden
Deines Vaters.[39]
Wenn Du wieder in Wien bist, sehen wir uns hoffentlich bald.
Mit den herzlichsten Grüßen

Dein
Arthur Schnitzler

18 (Abschrift)   Wien, 14. 10. 1898

Lieber Hermann,
ich danke Dir herzlichst für Dein liebes Telegramm.[40]

Dein
Arth Schnitzler

19 (A 23 333; Handschrift)   Wien, 14. 11. 1898

Lieber Freund,
ich beglückwünsche Dich von Herzen zu Deinem großen Erfolg[41] in
Berlin, und grüße Dich vielmals.

Dein Arthur Schnitzler

20 (Abschrift)   Wien, 9. 12. 1898

Lieber Hermann,
ich danke Dir herzlich für Deine freundlichen Glückwünsche.[42] Den
"Kakadu"[43] hat die Freie Bühne schon (die "Neue Deutsche Rundschau"[44] mein' ich).—Er soll, während der Recurs[45] wegen der Freigabe
im Gang ist, an der "Freien Bühne"[46] in Berlin aufgeführt werden.
Jedenfalls ist nun mein ganzer Einakter-Abend hinausgeschoben.[47] So
ist es vorläufig noch verfrüht, Dir von der "Gefährtin",[48] einem dieser
Einakter, zu reden, den ich keineswegs *vor* der Aufführung erscheinen
lassen möchte, den ich aber bisher noch nicht vergeben habe.—Du

hoffst meine Cosmopolis-Honorarforderungen[49] durchzusetzen—das wäre sehr schön—denn die Cosmopolis ist verkracht[50] und schuldet mir ungezählte Mark. Also versuchs.—
—Auf baldige Gratulationsrevanch im Volkstheater.[51] Herzlichen Gruß.

Dein
Arthur Sch.

21 (A 23 334; Handschrift)   Samstag Abend 10. 12. 1898

Lieber Hermann,
ich gratuliere Dir von Herzen zu Deinem heutigen Erfolg und noch mehr zu Deinem Stück![52]

Dein
Arth Schnitzler

22 (Kärtchen; Abschrift)   [undatiert, wahrscheinlich 5. 3. 1899][53]

Lieber Hermann,
besten Dank für Deine freundliche Gratulation.[54] Bei dieser Gelegenheit:
1) kannst Du die "Gefährtin",[55] da Hofmannsthals Sobeide[56] wegfällt, gleich nach Salten[57] bringen?
2) bist Du resp. seid Ihr mit dem Honorar von 200 Gulden einverstanden?
Herzlichen Gruß Dein ergebener

Arth Schnitzler

23 (Abschrift)   Wien, 7. 3. 1899

Lieber Bahr,
als meine drei Einakter[58] angekündigt wurden wünschtest Du einen davon.[59] Ich versprach Dir bald darauf die "Gefährtin", Du nahmst an. Du fragtest wieder; ich sagte Dir das Manuscript nach der Aufführung zu.[60] Damit band ich mich und beantwortete Aufforderungen von anderer Seite abschlägig. Nun steckst Du plötzlich "so tief in alten Verpflichtungen",[61] daß Du das Stück nicht bringen kannst.—Trotzdem Du durch den Aufschub der Sobeide[62] 2 oder 3 Nummern freibekommen hast!—

Dieser Sachverhalt sei hiermit konstatiert. Jede weitere Discussion darüber lehne ich ab.
Besten Gruß.

Dein ergebener
Arthur Schnitzler

24 (A 23 336; Handschrift)　　　　　　　　　　Wien, 9. 3. 1899

Lieber Bahr,
die Sache stimmt nicht.[63] Ich habe Dir von Anfang an sowohl geschrieben als gesagt, daß ich Dir das Stück erst *nach* der Premiere geben kann und will; ja, vor etwa drei Wochen, als ich Dich in der Landesgerichtsstrasse begegnete und der Aufführungstermin bereits feststand, sagtest du selbst, daß Du es erst im Mai (also eine beträchtliche Zeit nach der Aufführung) abdrucken wolltest.
Wozu also läßt Du Dich in die von mir vornherein abgelehnte Diskussion ein. Es war halt eine, na sagen wir, eine Schlamperei von Dir; meine Verwunderung ist so gering als mein Gram, und damit Schluß.
Ich grüße Dich bestens.

Dein Arth Sch.

25 (A 23 337; Handschrift)　　　　　　　　　　19. 5. 1900

Lieber Hermann,
ich habe gar nichts dagegen, wenn Du Herrn Dr. Geiringer[64] Dein Exemplar des "Reigen"[65] leihweise zur Verfügung stellst. Ich selbst will und kann eigentlich ein Buch von mir selbst nicht herleihen; müßte es gleich herschenken, und dazu reichen mir die Exemplare nicht mehr.
Herzlich grüßend

Dein Arthur Sch.

26 (Abschrift)　　　　　　　　　　　　　　1. 10. 1900

Lieber Hermann,
ich danke Dir vielmals für den "Franzl",[66] den ich mir auf einen kurzen Landaufenthalt mitnehme, um ihn mit Muße und Vergnügen zu lesen.

Ich will Dich gleich was fragen. Im Sommer habe ich eine mäßig lange Geschichte[67] geschrieben, die sich ausnehmend zum Vorlesen eignet und die niemand besser vorlesen könnte als Du. Bevor ich Dir das Manuscript schicke, möchte ich nur Dein prinzipielles Einverständnis[68] haben. Herzliche Grüße.

Dein
Arthur Schnitzler

27 (A 23 338; Handschrift)   Baden bei Wien, 18. 10. 1900

Lieber Hermann,
Deine Sympathie für die Beatrice[69] freut mich herzlich. Vielen Dank für die lieben Worte,[70] in denen du mir's gesagt hast. Wenn du erlaubst, bring ich dir das M[anu]scr[i]pt der Novelle[71] nächstens, vielleicht Mitte oder Ende nächster Woche, bis ich wieder in Wien bin. Mit besonderem Vergnügen habe ich den Franzl[72] gelesen, besonders den ersten dritten und vierten Akt. Aber manchem werden gewiß die beiden andern Akte mit dem vielen Gemüth noch besser gefallen. Es ist eine köstliche Lebendigkeit in den Bauernburschen wie in den Hofräthen, der Himmel über dem ganzen echt oesterreichisch—nur die Gestirne kommen mir zuweilen ein bissel "Theater" vor.
Auf Wiedersehen.
Herzlichst

Dein
Arth Sch.

28 (Abschrift)   1. 12. 1900

Lieber Hermann,
ich muß Dir sagen, wie sehr mich Dein Feuilleton[73] über die Beatrice[74] gefreut hat.
Und zugleich noch einmal danken, daß Du nach Breslau[75] gefahren bist.
Du erlaubst mir gewiß, darin noch etwas anderes zu sehen als die Erfüllung einer "journalistischen Pflicht",[76] wie Du neulich gesagt hast.
Auf baldiges Wiedersehen. Herzlichst Dein

Arthur

29 (A 23 341; Handschrift)   25. 1. 1901

Lieber Hermann,
es freut mich sehr, daß Dir die Marionetten[77] einigen Spaß gemacht
haben. Wenn sie auf der Bühne wirken sollten, wird ja die Wirkung
wahrscheinlich aus den derberen Momenten kommen weniger aus denen, die uns behagen. Ob das Couplet des Herzogs[78] mit Ringkämpfer,
todtem Mädchen usw. nicht gefährlich sein könnte, wird sich wohl erst
auf den Proben entscheiden lassen.
Ich danke Dir sehr und bin mit herzlichen Grüßen

Dein Arth Sch

30 (A 23 342; Handschrift)   Wien, 19. 4. 1901

Lieber Hermann,
die Vorstellung der Schauspielschule von der ich Dir neulich gesprochen
findet Sonntag den 28. April statt; und das Fräulein Gussmann[79] wird
nicht die Rebekka sondern die Maria Magdalena spielen, was vielleicht
noch interessanter sein dürfte. Wenn Du also Zeit und Laune hast,
möchte ich Dich bitten zu kommen. Den Sitz erhältst Du jedenfalls
zugesandt.
Herzlich grüßend

Dein Arthur Schnitzler

31 (A 23 344; Handschrift)   Innsbruck, 26. 6. 1901

Mein lieber Hermann,
ich danke Dir herzlich für den neuen Beweis von Sympathie, den Du
mir mit Deinem lieben Brief[80] vom 22. gegeben hast. Über die Sache
selbst ist ja kaum etwas zu sagen—selten lag ein Fall klarer zu Tage.
Wahrhaftig—sie haben meinen Lieutenant Gustl[81] nicht verdient! Ich
seh es ein. Hast Du vielleicht neulich den Artikel in der Reichswehr[82]
gelesen? Ich glaube, in dem steht das Großartigste an Dummheit, was in
dieser Affaire geleistet wurde. Nemlich: ich hätte meine Charge nur
deshalb nicht vor fünf Jahren (wie es mein Recht gewesen) niedergelegt
—weil ich eben doch gern gelegentlich in Uniform "mit dem Stürmer
paradiert!"—Ich wollte einen Preis von einer Million ausschreiben für

den, der mich seit meinem letzten Hauptrapport in Uniform gesehen—
aber wer weiß—unter diesen Leuten findet sich am Ende auch einer, der
es beschwören kann.
Laß mich bei dieser Gelegenheit auch einmal sagen wie sehr es mich
freut, daß wir nun beide über die zeitweiligen Entfremdungen hinaus
sind, die ja wahrscheinlich bei Naturen wie den unseren entwicklungsphysiologisch bedingt und daher notwendig sind (Du siehst ich bin immer "wissenschaftlich".) Nun ist das Alter der Mißverständnisse wohl
endgültig für uns vorbei und wir sind so weit, daß wir einander—vielleicht auch ein bißchen um unserer Fehler willen—Freunde[83] sein und
bleiben dürfen.
In dieser Voraussicht drücke ich Dir von Herzen die Hand und grüße
Dich vielmals.

Dein Arthur

32 (Abschrift)   St. Anton am Arlberg, 3. 7. 1901

Mein lieber Hermann,
hieher bekomme ich Dein Feuilleton[84] nachgesandt.—Ich hatte es aber
schon vorher mit großer Freude gelesen.

Herzlichst Dein
Arth Sch

33 (A 23 339; Handschrift)   [undatiert, vermutlich September 1901]

Mein lieber Hermann,
es handelt sich um nichts wichtiges; vielleicht kann ich also Dienstag
Vormittag zu Dir—ohne Dich im Geringsten zu binden. Eines kann ich
Dir vielleicht gleich hier sagen, wobei ich Dich bitte, gelegentlich zu
Bukowics[85] davon zu reden. Mein Einakterabend[86] wird bestehen aus
"Literatur",[87] einem anderen, der halb fertig ist ziemlich phantastisch[88]
und einem dritten[89]—den ich noch nicht begonnen habe.—
Dagegen soll Marionetten[90] (das hier bestimmt gut wirken wird, in guter
Darstellung da es doch als sagen wir Literatursatire nur einen kleinen
Kreis interessieren kann) lieber an dem Abend gegeben werden, wo der
Kakadu[91] aufgeführt wird. Also irgendwas von einem anderen (man
sprach mir von "Fastnacht")[92] dann Kakadu, am Schluß Marionetten.

Nun, darüber und über einiges andere nächstens.
Viele herzliche Grüße

Dein
Arthur Sch

34 (A 23 343; Handschrift)   Wien, 10. 9. 1901

Mein lieber Hermann,
ich schicke Dir heute die drei Einakter.[93] Mein Bedenken, die Kürze des
Abends[94] betreffend, ist wieder rege geworden; und ich habe die Absicht, einen vierten Einakter,[95] der mir gestern einfiel und in Sinn und
Form zu den bis jetzt vorliegenden paßt, zu schreiben. Ob ich gleich die
rechte Stimmung dafür finden werde, ist natürlich noch nicht ausge-
macht. Jedenfalls bitte ich Dich, vor allem einmal diese drei Stücke zu
lesen und zwar in der Reihenfolge 1.) "Die Frau mit dem Dolch", 2.)
"Lebendige Stunden", 3.) "Literatur". Es wäre schade, wenn der Abend
an einem so äußerlichen Moment, wie den der Kürze scheitern sollte.
Allerdings glaube ich, daß dieses Bedenken weniger für Wien als für
Berlin in Betracht käme.
Wenns Dir recht ist, komme ich wieder einmal in den Vormittagsstunden
zu Dir hinaus, sobald Du die Sache gelesen hast; es eilt *durchaus nicht*.
Herzlich grüßt Dich Dein

Arthur

35 (A 23 343; Handschrift)   12. 9. 1901

Der Zufall fügte es, daß ich, durch ein telef[onisches] Ersuchen Kadelburgs[96] veranlaßt, die Stücke in der Direktion überreichte. Ich bat, daß
man sie Dir zukommen ließe, was wohl bereits geschehen ist.
Indess hab ich den vierten Einakter[97] zu schreiben begonnen und hoffe,
daß er sich, wie vielleicht noch ein fünfter[98] dem Cyklus gut einfügen
wird.

Herzlichst A.

36 (A 23 340; Handschrift)   13. 9. 1901

Lieber Hermann,
es ist sehr freundlich von Dir, daß du die kleinen Sachen so schnell
gelesen hast. Die Verwandlungsschwierigkeit in der Frau mit dem Dolch
wird hoffentlich zu beheben sein,—der Idiotismus des Publikums wohl
schwerer. Mehr Sorgen aber macht mir die Besetzung. Ich bin nun mit
einem vierten Einakter[99] beschäftigt, für den ich mir gern den Mitterwurzer[100] aus der Erde kratzen möchte, und daß ich auch noch einen
fünften[101] schreibe, ist ziemlich sicher. In diesen beiden Stücken wird
nun allerdings der "Literaten" Typus beträchtlich erweitert, dadurch
aber für die "Uneingeweihten" klarer sein. Schön wärs halt, wenn einem
ein sehr scharfes Wort als Gesamttitel einfiele, das für die anderen so
deutlich wäre, wie für unsereinen das Wort "Literat";[102] aber doch noch
mehr sagt.
Herzlichen Gruß

                                                              Dein
                                                              Arthur

37 (A 23 345; Handschrift)   Wien, 18. 10. 1901

Lieber Hermann,
ich habe nach reiflicher Erwägung den *"Puppenspieler"*[103] aus meinem
Einaktercyklus ausgeschieden, sodaß der Cyklus jetzt nur mehr aus den
vier anderen Einaktern[104] besteht. Ich habe die Absicht, den Puppenspieler der mir dramatisch zu schwach scheint, gelegentlich neu zu
bearbeiten.[105]
Da Du die Güte hattest, meine zwei neuen Stücke[106] zu übernehmen,
theile ich diese Tatsache vor allem Dir mit und stelle Dir anheim, dem
Direktor[107] des Deutschen Volkstheaters gelegentlich Mitteilung hiervon
zu machen.
Mit herzlichem Gruß

                                                              Dein
                                                              Arthur

38 (A 37 430; Handschrift)   26. 10. 1901

Lieber Hermann,
ich danke Dir sehr für Dein neues Buch.[108] Die Titelnovelle hat mich
besonders interessiert; Du hast vielleicht bemerkt, daß in der Erzählung
des Puppenspielers von dem Mann in der Eisenbahn ein ähnliches
Thema[109] leicht angerührt ist. In dem Gespräch "Räuber und Mörder"
erzählst Du ganz flüchtig eine Geschichte, die mir ein geborener
Schwank scheint: von dem Hofrath, der den Dieb leitet, ihn nicht anzu-
zeigen. Wäre ich der liebe Augustin,[110] so redete ich Dir zu, die Szene
zu schreiben.
—Manches habe ich schon gekannt, und mit Vergnügen wieder gelesen.
Lieb ist die Pantomime.[111] Wird sie wer componieren?[112]
Ich grüße Dich herzlich

                                                              Dein Arthur

39 (A 23 347; Handschrift)   28. 10. 1901

Lieber Hermann,
aus Deinem lieben Brief[113] entnehme ich u.a. daß Berger[114] hier war. Ist
er noch in Wien? (Er schrieb mir eine Karte aus Hamburg, daß er mich
persönlich sprechen wollte, in Angelegenheit der Stücke.)[115]
Die Dolchdame[116] ist gewiß ein schweres szenisches Ding; aber so weit
sind wir heute doch schon in diesen Sachen, daß es unbedingt gehn
muß.—
Bukowics hat mich neulich mit der Aussicht entlassen, daß er über die
Besetzung nachdenken werde. Du hast ja Recht; ich muß energischer
mit ihm sein, aber mir fehlt die rechte Begeisterung für die voraussichtliche Volkstheater Aufführung.[117] Nun es bleibt mir ja nichts anderes
übrig. Ich werde nächstens "stürmisch" einen Kontrakt mit einer Million
Pönale verlangen.
—Wie man die "Literatur"[118] so besonders gut finden kann, verstehe
ich absolut nicht; mein faible sind die "Lebendigen Stunden".
Kainz[119] wollte am 5. den Gustl[120] lesen; aber—Herr Gutmann[121] hat
Angst gehabt. Ich werde anfangen, die militärische Verachtung gegen
das Zivil zu theilen.
Herzlichst

                                                              Dein
                                                              Arthur

40 (A 23 346; Handschrift) 11. 12. 1901

Mein lieber Hermann,
ich nehme an, Direktor Bukowics wird Dir den Brief zeigen, den ich heute
an ihn geschrieben, um die Sache[122] endgültig abzuschließen und etliche
sonderbare Auffassungen seinerseits richtigzustellen. Wenn nicht, steht
Dir gelegentlich eine Abschrift zur Verfügung.
—Jedenfalls habe ich Dir für Deine wiederholten Versuche, Bukowics
auf seine Höflichkeitsverpflichtungen (ich sehe von den anderen ab, die
vielleicht ein Theaterdirektor gegen einen Autor haben könnte) auf-
merksam zu machen, herzlichst zu danken.
Auf baldiges Wiedersehen

Dein
treuer Arthur

41 (A 23 348; Handschrift) Berlin, 3. 1. 1902

Lieber Hermann,
ich habe Brahm gesprochen;[123] er äußerte sich anerkennend über den
Crampus,[124] findet aber, daß gerade das Deutsche Theater nicht der
rechte Boden für das Stück sei. Ich glaube also nicht, daß er zu der
Aufführung[125] nach Hamburg fahren wird, hielte es aber doch für ganz
gut, wenn Du ihn unverbindlich mit ein paar Worten dazu einladen würdest. Gegen Deine Bemerkungen über den literar[ischen] Stempel,[126]
den doch erst das Deutsche Theater verleihe, (die ihm mitzutheilen ich
mich wohl für befügt halten durfte?) scheint er nicht unempfindlich zu
sein, und ich zweifle nicht daran, daß er Deine nächsten Stücke ohne
vorgefaßte Meinung lesen wird. Ich bin übrigens morgen nachmittag bei
ihm und habe sicher Gelegenheit, nochmals in Deinem Sinne zu reden.
Er gehört doch, bei allen Begrenztheiten und Eigensinnigkeiten zu den
weitaus verständigsten Theatermenschen (vielleicht auch Menschen
schlechtweg), die es gibt, und ist derjenige, mit dem man am geradlinig-
sten und verläßlichsten verkehren kann. Man darf von ihm sagen, daß
er nie lügt. Du solltest Dich einmal persönlich mit ihm aussprechen.
Wenn er nicht nach Hamburg kommt, vielleicht besuchst Du ihn auf der
Hin- oder Rückfahrt?—
Dieser Tage sprach ich Harden,[127] der jetzt sehr gegen den kleinen
Kraus[128] eingenommen ist und findet, daß ein solches Blatt[129] in Berlin
sich nicht halten könnte. Anläßlich der Kraus'schen Kritik[130] über die
veine,[131] in der Kr[aus] von einer angeblich extra von Dir gegen ihn

hineingedichteten Stelle erzählte, hat er ihm (Harden dem Kraus) eine
Karte geschrieben, er müsse gelegentlich diesen Irrtum richtigstellen, da
die betreffende Stelle sich im Original fände;—Kraus soll es auch zu-
gesagt aber bisher nicht getan haben.—
Heut war Generalprobe der Lebendigen Stunden.[132] Sie fiel günstig—
für abergläubische Gemüther zu günstig aus.—
Ganz entzückt bin ich von Bassermann.[133] Neulich sah ich ihn als
Hjalmar,[134] Sauer[135] als Gregers Werle;[136] ich habe selten so starke
schauspielerische Eindrücke erlebt. Die Triesch[137] kann überraschend
viel.—
—Ich seh Dich hoffentlich bald wieder. Herzlichen Gruß.

Dein
Arth Sch

42 (A 23 349; Handschrift)   25. 1. 1902

Mein lieber Hermann,
ich danke Dir sehr. Du hast Dinge über mich gesagt,[138] die mich ganz
besonders gefreut haben;—ich wollte sie endlich hören, wollte sie vor
allem von Dir hören. Nicht das beiläufige über den Grillparzer Preis[139]
meine ich, sondern das Allgemeine. Jemand, der heute Deinen Artikel
las, sagte: "Es ist ganz einfach, Ihr seid alle beide mit der Zeit anständige
Leute geworden".
Herzlichen Gruß

Dein
Arthur

43 (A 23 350; Handschrift)   Karfreitag, [28. 3.] 1902

Lieber Hermann,
eine Dame bringt mir beiliegende zwei Skizzen.[140] Der Verfasser hat die
Absicht, Journalist zu werden. Ich soll ihn protegieren. Was anderes soll
er noch nicht geschrieben haben. Auf Dich hab ich so viel Einfluß, ich
soll's Dir doch einfach schicken.
Ich tue das,—nicht ohne mich für diese Inanspruchnahme Deiner Zeit
gebührend zu entschuldigen. Aber ich denke, in drei Minuten hast Du
die Werke des jungen Mannes gelesen, und wir sind (bis auf weiteres)
von dem Verdacht befreit, die "Jungen" zu unterdrücken.

Wenn Du mir überdies in drei Worten Dein Urtheil[141] über die Leistungen dieses Herrn kundgibst, in einem Brief, den ich der Dame gleich zeigen kann, und mit Deiner ganzen Aufrichtigkeit, die in diesem Fall besonders nützlich, ja notwendig wäre, so bin ich Dir sehr verbunden.—
In Venedig sollen die Blattern sein. Man müßte sich für alle Fälle impfen lassen, ehe man hinunterradelt.
Ich seh Dich übrigens bei der "Kraft–" Probe.[142]

Herzlichst Der Deine
Arth Sch

44 (Abschrift) Wien, 10. 4. 1902

Lieber Hermann,
ich stelle Dir hiermit Herrn Ernst Goth[143] vor, jetzt beim Pester Lloyd,[144] mir seit Jahren persönlich, Dir wohl auch dem Namen nach oder aus Feuilletons bekannt und bitte Dich, wenn möglich ein paar Minuten einer Angelegenheit zu widmen, für die er Dich interessieren möchte. Herzlichst

Dein
A S

45 (Abschrift) Wien, 16. 5. 1902

Mein lieber Hermann,
bevor ich zu Dir hinauskomme, Dir für Deinen guten schönen Brief zu danken, wollte ich Dir heute schon sagen, wie herzlich er mich gefreut hat—und daß die Blumen die Du mir geschickt hast, mindestens ebenso wohl und herrlich duften als wenn sie von einem weiblichen Wesen kämen[145]—und jedenfalls zu den freundlichsten Enttäuschungen gehören, was aber zu lesen Dir heut die Stimmung fehlen wird, denn eben lese ich daß Deine Mutter[146] gestorben ist, und so kann ich Dir heut nichts anderes mehr sagen, als daß ich Dich bitte, an die innigste Teilnahme eines Menschen zu glauben, der Dein Freund *geworden* ist. Und was man so allmählich wurde, bleibt man—besonders in unsern Jahren. Nicht mehr für heute. Ich hoffe Dich bald zu sehen.

In Treue Dein
Arthur

46 (A 23 352; Handschrift)   13. 7. 1902

Mein lieber Hermann,
es war von allem Anfang an meine Absicht, der "Verpflichtung"[147] mich
gutächtlich zu äussern, nur negativ nachzukommen und schreib Dir eben
hauptsächlich, um Dir falls Du irgendwelchen spez[iellen] Wunsch
hättest, gefällig zu sein. Ich habe jetzt wohl auch in Deinem Sinn geantwortet, daß ich keinerlei Anlaß und Neigung habe, mich um das Einkommen von anderen Leuten zu kümmern und deshalb etc. etc.—
Auf baldiges Wiedersehen

> herzlichst Dein
> Arthur

47 (A 23 353; Handschrift)   Wien, 3. 10. 1902

Lieber Hermann,
zu einem einmaligen Beitrag, der natürlich die Höhe einer Monatsrate
überschreiten und gelegentlich auch wiederholt werden könnte, bin ich
gern bereit—zur Auszahlung einer monatlichen noch so kleinen Rente
wünsche ich mich nicht zu verpflichten.[148]
Da man über meine Vermögensverhältnisse, die allerdings niemanden
angehen, sonderbare Ansichten zu hegen scheint, die mir manchmal
unbequem werden, bitte ich Dich, die freundliche Briefschreiberin zu
belehren, daß mein Einkommen aus meinem "Vermögen" zwischen 7
und 800 Gulden jährlich schwankt und ich im übrigen auf den Ertrag
meiner Feder angewiesen bin. (Und Dir ist es ja wohl bekannt, daß ich
nicht für mich allein zu sorgen habe.)[149]
Herzlichen Gruß, und auf sehr baldiges Wiedersehen.

> Dein
> Arthur Sch

48 (Rohrpostkarte; Abschrift)   Berlin, 15. 10. 1902

Herzlichen Glückwunsch.[150]

> Dein
> Arthur Sch.

49 (Kärtchen; Abschrift)   [Undatiert, wahrscheinlich 1902]

Lieber Hermann,
Du hast Dich für den *Goethe-Zelter* Briefwechsel interessiert.[151] In Catalog XXXIV süddeutsches Antiquariat München Galleriestrasse 20, unter Nr. 699 ist ein Exemplar, 6 Bände um 40 Mark angekündigt.

Herzlichst Dein
Arth Sch.

50 (Abschrift)   20. 2. 1903

Mein lieber Hermann,
nun muß ich doch fort, ohne Dich noch einmal besucht zu haben. Ich hoffe Du fühlst Dich schon ganz wohl und sagst mir vielleicht ein Wort über Befinden und Laune nach Berlin[152] (Palast-Hotel). Kann ich irgendwas für Dich bestellen so bitte zu verfügen über Deinen herzlichst getreuen

Arthur

51 (A 23 354; Handschrift)   Wien, 6. 4. 1903

Lieber Hermann,
ich glaube wir befinden uns beide in einer sehr ähnlichen Situation der Oeffentlichkeit gegenüber: Was immer wir thun oder unterlassen werden —eine kompakt-vertrackte Majorität wird schimpfen. Es wird also immer notwendiger find ich sich ausschließlich nach dem zu richten, was wir selbst für das Vernünftige halten—auf die Gefahr hin daß wir uns gelegentlich irren. Willst Du mir Deinen neuen Band widmen[153] so seh ich darin nichts anderes als den neusten Ausdruck für die Herzlichkeit unserer Beziehungen, zu der wir uns ja wahrhaftig schwer genug durchgerungen haben. Ich freue mich nun umsomehr, daß wir soweit sind daß wir einander wirklich verstehen und—was in diesen Jahren doch eigentlich doch recht selten vorkommt, uns—ich schließe von mir wohl nicht ganz verfehlt auf Dich—einander jenseits von Literatur und allerlei Getriebe—gern haben. Ich für meinen Theil nehme also die Gefahr auf mich, neuerdings als mit Dir vercliquet angesehen zu werden, (obzwar ich nachweisen könnte, daß ich nie eine lobende Kritik über Dich geschrieben habe)—und mehr als das—ich danke Dir aufrichtig für Deine

liebenswürdige Absicht. Eine Bitte füg ich bei, obwohl sie recht über-
flüssig sein dürfte: sage mir nichts "freundliches" oder "schönes" in
Deinem Widmungswort, die Thatsache der Zuneigung allein ist mir
Freude genug.
Eben erst merke ich, daß Du mir auf einer Extraseite den Wortlaut der
Widmung[154] schon mitgeteilt hast. Sie ist einfach und schön. Ich danke
Dir. Die Nachricht[155] des N[euen] W[iene]r Journ[als] ist unwahr,
mindestens um sehr geraume Zeit verfrüht. Erinnerst Du Dich, daß wir
gerade am Tag vorher mit einem Herrn des N.W.J. über die Büberei
gesprochen haben, die durch die journalistischen Einmischungen ins
Privatleben verübt werden?—In meinem Fall war es ja zufällig gleich-
gültig; aber es hätte ebenso gut eine freche Indiskretion sein [können].
—Wie steht es mit Deinen Reise- und Erholungsplänen?[156] Ich hoffe
Dich jedenfalls sehr bald zu sehen; immerhin verständige mich; denn
ich möchte wenn's Dir nicht unangenehm ist, auch ganz gern ein paar
Tage in die Reichenauer Gegend.
Zum Cap[itel] Reigen:[157] Salten[158] hat sein Feuill[eton][159] vorläufig in
der Zeit auch noch nicht unterbringen können. Warum?..Mein Schwager[160] war entsetzt, als er durch Singer[161] erfuhr, daß von diesem ver-
derblichen Buch an hervorragender Stelle Notiz genommen werden solle
und rieth ihm dringend ab. Singer: "Sehen Sie, sogar der Schwager . . ."
Man ernenne doch endlich den Storch zum Ehrenbürger der Menschheit. Herzlichen Gruß

Dein getreuer
Arthur

52 (A 23 355; Handschrift)   18. 5. 1903

Lieber Hermann,
Du hast jedenfalls auch den Aufruf der Pensionsanstalt Deutscher Journalisten und Schriftsteller erhalten sowie den Zeichnungsschein für jähr-
lichen resp. für einmaligen Beitrag. Da wir nun beide unter diesem
Aufruf[162] unterschrieben sind, möchte ich Dich fragen, wieviel resp. ob
Du einmalig oder jährlich zeichnest. Ich habe keine rechte Vorstellung,
zu wieviel man da ungefähr verpflichtet ist. Entschuldige die Belästi-
gung.
Herzlichst

Dein
Arthur Sch

53 (A 23 356; Handschrift)   24. 6. 1903

Lieber Hermann,
Herr Dr. Stefan Epstein[163] (der mit Hrn Lutz[164] zusammen Kakadu ins
Französische übersetzt hat [für Antoine][165] Paris, 78 rue de l'Assomp-
tion) bittet mich Dich zu fragen, ob Du sein Ersuchen betreffs Über-
setzungsrechten des Apostel[166] ins Französische erhalten hast. Vielleicht
bist Du so freundlich ihm direkt zu antworten?—
—Mein Bruder[167] nennt mir als einen Arzt der in der neulich von uns
besprochenen Art seine Patienten zu untersuchen pflegt: Dr. Kovacs.[168]
(Ich glaube er kennt ihn nicht persönlich.)—
Herzlichen Gruß

Dein
A.

54 (Abschrift)   13. 7. 1903

Lieber Hermann,
Salten übermittelt mir Deine freundliche Frage, ob ich was "dagegen"
hätte wenn Du den Reigen öffentlich vorzulesen[169] versuchtest. Im Ge-
genteil, es würde mir sehr angenehm sein. Nur werde ich zum ersten
Male bedauern—dass ich der Verfasser bin—weil ich nemlich nicht als
Zuhörer meiner eigenen Sache unter dem Publikum sitzen kann! Auf
Wiedersehen

Dein getreuer
A. S.

Prächtig war Dein Dialog[170] in der N[euen] D[eutschen] R[und-
schau].

55 (Ansichtskarte; Abschrift)   20. 8. 1903
                                                     Grandhotel Lavarone

Herzlich

Gruß Arthur

56 (A 23 357; Handschrift)   28. 9. 1903

Lieber Hermann,
in etwa acht Tagen erscheint im Wiener Verlag der "Reigen".[171] Ich weiß
nicht ob Du Lust hast darüber zu schreiben.[172] Falls Du aber daran
denken solltest, wäre es mir natürlich besonders lieb, wenn Deine Ansicht über das Buch mit dem Buch zugleich oder gleich nach ihm in die
Welt käme,—noch vor dem zu erwartenden Heuchel- und Schimpfchor
beleidigter Sittlinge.
Das wollt ich Dir schon neulich sagen Dich aber auch bitten, diese ganze
Bemerkung als ungesagt oder ungehört zu betrachten, wenn es Dich
nicht *freut*, Dich über die zehn Dialoge vernehmen zu lassen. Ich grüße
Dich von Herzen als

                                                    Dein getreuer
                                                    Arthur

57 (A 23 358; Handschrift)   Wien XVIII, 9. 10. 1903
                                                    Spöttelgasse 7.

Lieber Hermann,
Reigen laß ich Dir sofort schicken. Ich bin neugierig was die Censur sagt.
Dann werden wir über die Anzahl der Sitze reden, die Du so gütig bist
mir in Aussicht zu stellen. In Berlin grüße mir, wenn Du sie siehst,
Brahm, Bassermann, Rittner,[173] Sauer;—es handelt sich wohl um Dein
neues Stück?[174] Hoffentlich seh ich Dich aber noch vor Deiner Abreise.
Entweder komm ich auf eine Viertelstunde zu Dir nach St Veit[175]—oder,
man könnte sich, ev. mit Hugo's[176] in Hietzing zu Abend und Abendes-
sen treffen?
Herzlichst Dein

                                                    Arthur.

58 (A 23 359; Handschrift)   Wien, 10. 11. 1903

Mein lieber Hermann,
ich danke Dir herzlich, daß Du die Exc[entrik][177] zu einem so schönen
Erfolg gebracht hast und gratuliere Dir zu dem ganzen Abend. Ich war
mit Olga[178] auf d[em] Semmering, darum haben wir Dich nicht um

Karten im Bös[endorfer] Saal gebeten. Ich selbst wäre übrigens keineswegs dort gewesen—denn, Du verstehst es gewiß, ich kann mir eigene Sachen vor großem Publikum nicht vorlesen lassen.—
Der Recurs[179] ist prachtvoll. Und ich würde ihn mit Freuden vor die nächste Auflage des Reigen drucken lassen—wenn er nicht so viel Lob über mich enthielte. Man läßt sich gern an fremden Höfen mit schmetternden Trompetenstößen empfangen—aber man kann sich doch nicht im eigenen Hause feiern lassen. Doch wäre es zu schade, wenn dieses Meisterstück der Oeffentlichkeit vorenthalten würde. Daß sich in Wien nichts würde anfangen lassen, war vorauszusehen. Die Kerle sind ja nicht mehr feig, weil ihnen eventuell was geschehen könnte—sondern aus Liebe zur Sache. Wie wärs denn mit dem Ausland? Berliner Tageblatt (oder Völkische?) wären vielleicht zu gewinnen? Warum kein Tageblatt, eine Wochen- oder Monatsschrift?—Wie immer—ich danke Dir und Burckhard vielmals und wärmstens. Was ist das übrigens für eine Stelle im Lamprecht,[180] die durch die Blätter geht? Ich habe nichts gelesen. Salten[181] tue ich gewiß nicht Unrecht. Lies nur—wenn es soviel Interesse für Dich hat,—meinen ganzen Brief an Salten. Nicht um Lob und Tadel handelt es sich. Das Wesentliche für mich bleibt, daß in dem Feuilleton genau *die* Sachen zu meinen Ungunsten drinstehen—über deren mangelnde Berechtigung sich sein Verfasser dutzende Mal mir gegenüber ausgesprochen. Lies den Brief.—Und das Ärgerliche—worüber wir auch so oft gesprochen haben—der Versuch, einem Dichter Gebiete abzustecken—oder zu verwehren.[182] Ich, als einziger Mensch auf der bewohnten Erde, soll nicht mehr das Recht haben, erotische Beziehungen zu schildern, oder unverehelichte junge Damen darzustellen?—Es werden nach mir noch etwa hunderttausend Bücher von Liebe und Liebelei, süßen und sauren Mädeln, und Anatolen und Mäxen[183] geschrieben werden—wie sie vor mir geschrieben worden sind. Und gerade ich bekomm immer sozusagen einen Krach in den Schädel, wenn auch nur aus der Ferne ein Hauch von Erotik über meine Gestalten weht? Und der letzte Krach geht gerade von Salten aus, mit dem gemeinschaftlich ich mich über diese Kräche so oft belustigt und geärgert habe?—Aber lassen wir das auf eventuelle mündliche Unterhaltung.—Ich darf Dich wohl dieser Tage wieder in St. Veit aufsuchen?
Herzlichst Dein getreuer

Arthur

59 (A 23 360; Handschrift)   11. 11. 1903

Lieber Hermann,
ich habe mich gleich an Julius[184] gewandt, da mir diese Titelsache[185]
selbst nicht erinnerlich ist; er wird Dir wohl gleich direkt antworten.
In einem Brief von Brahm, der vorgestern anlangte, ist von einem *Termin*
meines Stückes[186] noch nicht die Rede; er schreibt mir nur die Besetzung
und will alles Nähere nächste Woche *mündlich* mit mir besprechen.* Er
kommt, (was vielleicht noch niemand wissen soll?) zum Fulda her.[187]
Nach dem Telegramm an Dich zu schließen, dürftest Du wohl *vor mir*,
etwa Anfang Dezember, drankommen?[188]
Herzlichen Gruß

Dein
A.

*Auch einige (nicht beträchtliche) Aenderungen schlägt er vor.

60 (A 23 361; Handschrift)   Wien, 13. 11. 1903

Lieber Hermann,
mit herzlichem Dank folgt der Recurs[189] zurück. Wie denkst Du also
über Veröffentlichung in einem ausw[ärtigen] Blatt?
Hast Du neue Nachrichten von Brahm?

Auf bald,
Herzlichst Dein Arthur

61 (A 23 362; Telegramm; Maschinenschrift)   Wien, 13. 12. 1903

hermann bahr
berlin,
deutsches theater
(Hotel de Rom zu bestellen)

herzlichen glückwunsch[190] und gruss

dein
arthur schnitzler

62 (A 23 363; Maschinenschrift)   Wien XVIII, 8. 1. 1904
                                                    Spöttelg[asse] 7.

Lieber Hermann,
die Adresse des Dr. Stefan Epstein ist: Paris 78 rue de l'Assomption. Er
hat Dir wol auch über das ev[entuelle] Gastspiel Antoine geschrieben.
Seine Frau,[191] die neulich in Wien war, fragte mich, auf welche Weise es
möglich wäre, die Sezession[192] zu veranlassen einen in Paris lebenden
Künstler, Bernhard Hoetger,[193] zu einer Ausstellung seiner Werke ein-
zuladen. Sie schickt Dir nächstens irgend ein französisches Journal,[194]
in welchem Hoetgerische Arbeiten abgebildet sind.
Morgen fahre ich auf einige Tage auf den Semmering, komme gleich,
wenn ich zurück bin, mit Deiner freundlichen Erlaubnis zu Dir, und
hoffe, Dich wohl zu finden.
Herzliche Grüße, auch von meiner Frau

                                                    Dein Arthur

63 (A 23 364; Handschrift)   27. 1. 1904

Mein lieber Hermann,
möchtest Du mir ein Wort schreiben, wie's Dir geht? wie lange Du in
Marbach bleiben wirst?—
Anfang Feber fahre ich nach Berlin, den Einsamen Weg[195] habe ich Dir
durch Fischer[196] schicken lassen!
Herzliche Grüße!

                                                    Dein getreuer
                                                    Arthur

64 (A 23 365; Handschrift)   Wien, 1. 2. 1904

Lieber Hermann,
aus Deinen Worten scheint mir eher eine üble Stimmung als ein übles Befinden hervorzugehen—was für den Betroffenen allerdings aufs Gleiche
herauskommt. Immerhin—ohne Ratschlägen und Entschlüssen vorgrei-
fen zu wollen, Deine Idee mit Taormina[197] ist mir sehr sympathisch—
besonders weil ich große Lust habe, im April nach Sizilien zu fahren und
es mir natürlich höchst erfreulich wäre, Dich dort zu finden. Wir (meine
Frau und ich) möchten gerne zu Schiff von Fiume nach Palermo.

—Donnerstag reise ich nach Berlin, wo es sich zeigen soll, wie der Einsame Weg auf der Bühne wirkt. Daß im Gang des Stückes etwas nicht in Ordnung ist, hat mir während der—oft unterbrochenen und ganz neu aufgenommenen Arbeit oft geschienen—die gute Wirkung die das Stück im Vorlesen machte, hat mich einigermassen beruhigt;—von den eigentlichen Theaterleuten scheint aber keiner ernstlich an einen äußeren Erfolg[198] zu glauben (bei aller möglichen Hochachtung etc.). Mir persönlich sind an dem Stücke werth: die Gestalten des Sala und der Johanna; ferner der Lauf des vierten und besonders des fünften Aktes.—

Deine Grüße werden bestellt, meine Frau dankt Dir herzlich für Deine Grüße und wünscht Dir gleich mir, alles mögliche Gute.

Gelegentlich ein Wort von Dir zu hören wäre mir höchst erwünscht und sehr erbeten.

Dein getreuer
Arthur.

65 (A 23 367; Handschrift)   Wien, 22. 2. 1904

Mein lieber Hermann,

wir waren eben in Hietzing mit Hugo's und Richard's[199] und Karg[200] zusammen, und da hab ich mit großer Freude gehört, daß Du Dich viel wohler befindest.[201] Nun möchte ich aber gern recht bald ein Wort von Dir selbst vernehmen, und wissen, wie es mit Deinen Plänen für die nächste Zeit steht. Ich bin seit Freitag Abend wieder in Wien; wir (Olga und ich) waren auf der Rückreise einen Tag in Dresden und haben allzu kurze Stunden in der Galerie verbracht.

Über den Einsamen Weg hast Du wohl, soweit es sich um den äußerlichen Verlauf des ersten Abends handelt, das Wesentliche gelesen. Es war ein leidlicher Abfall, Husten und Unruhe von Anbeginn, matter Beifall nach 2. und 3. Akt mit Widerspruch; Gelächter und starker Beifall nach dem 4. Akt, viel Applaus und viel Zischen am Schluß. Der 2. Abend, ausverkauft, ging beträchtlich besser—und nun scheint sich, wie ich aus Berlin höre, das Stück, das bei einem Theil der Kritik[202] sehr lebhafte Anerkennung fand, doch einige Zeit halten zu wollen. In Wien war eigentlich nur das Goldmann'sche[203] Telegramm[204] wirklich schlecht— was er mir persönlich über das Stück zu sagen wußte, waren nur die folgenden Worte, als ich ihn ein paar Tage nach der Première zum Abschied besuchte: ''Ich schreibe eben das Feuilleton über den E[insamen]

W[eg].—Du wirst keine Freude daran haben".—Die Fehler des Stücks spür ich jetzt wie mir vorkommt sehr genau: Das Verhältnis zwischen Sala und Johanna müßte schon zu Beginn völlig deklariert sein—das ist ein technischer Fehler, den gutzumachen in meinen Kräften stände. Anderes aber dürfte in den Mängeln meiner Begabung begründet sein —so insbesondere eine gewisse Steifigkeit im Wesen Julians. Immerhin bleibt es eine schwierige Sache von einer Person die Meinung verbreiten zu wollen—es sei einmal ein Genie gewesen. Ja wenn man das Bild ins Foyer hängen könnte, das Julian vor 25 Jahren gemalt und das ihn berühmt gemacht hat! Übrigens— vielleicht wäre es auch im Augenblick vergessen, da man sich wieder ins Parkett begibt.

Was ich selbst von dem Stück wirklich liebe, ist der 5. Akt und die Gestalt des Sala, der gegenüber ich mich, eigentlich das erste Mal in meinem Leben, als eine Art von Schöpfer fühle. Und der 5. Akt bedeutet mir zuweilen etwas mehr als der Abschluß eines Dramas—ja nicht viel weniger als der Abschluß von 42 selbstgelebten Jahren. Nun seh ich mancherlei vor mir, was mir, wenn ich etwas weniger faul, etwas weniger zerstreut, und mit wahrer Intensität begabt wäre, nach dem sonstigen Stande meines Inneren, eigentlich gelingen müßte.—

—Wir haben in Berlin oft von Dir gesprochen und alle Leute die Du kennst, lassen Dich grüßen. Meine sizilianischen und korfiotischen Pläne weben weiter—wirst Du auch südlicher wandern und werden wir uns sehen? Meine Frau grüßt Dich herzlich, ich desgleichen und wir wären sehr froh, wenn wir bald noch Besseres, ganz Gutes von Dir hörten.

Dein
Arthur

66 (A 23 366; Handschrift)   17. 8. 1904

Lieber Hermann,
wir wollen Freitag um 8 in dem Kuffner Garten in Hietzing nachtmahlen;
—und hoffen sehr, wenn Du nichts anderes vorhast, Dich dort zu treffen.
Ziehst Du ein anderes Rendezvous vor, so verständige mich.
Von Herzen

Dein
Arthur

67 (A 23 369; Handschrift)   Wien XVIII, 5. 12. 1904
                                                                          Spöttelgasse 7.

Lieber Hermann,
diktieren und sitzen (Relief) und allerlei anderes haben mich abgehalten,
Dich aufzusuchen und Dir die vielen Grüße persönlich zu überbringen,
die mir, am heftigsten von Frau Eysoldt,[205] an Dich aufgetragen worden
sind. Hoffentlich können wir Dich an einem Abend zu Beginn nächster
Woche bei uns sehen und bei dieser Gelegenheit auch über den Weihnachtsausflug[206] reden, zu dem große Lust vorhanden ist. (Wahrscheinlich aber würden wir erst nach dem in jüdischen Kreisen so heiligen
Abend abfahren.) Da wir schon bei den frommen Festen halten, theile
ich Dir auch mit, daß ich zum Nicolo den Tristan-Auszug bekommen
habe, ihn aber noch spiele wie ein Krampus.—
Laß es Dir weiter wohl sein im neu errungenen Glück der Töne—warum
suchst Du irgend ein Vorgefühl darin? Eine Seligkeit hat genug zu thun,
wenn sie sich selbst bedeutet.—
Beigeschlossen der "Puppenspieler",[207] den Bassermann in Berlin wun-
dervoll gegeben haben soll.—
Auf Wiedersehen und herzliche Grüße auch von meiner Frau

                                                                          Dein
                                                                          A.

68 (A 23 368; Handschrift)   Wien, 14. 12. 1904

Mein lieber Hermann,
es beschämt mich fast, daß Du über ein im Ganzen doch ziemlich unbe-
trächtliches Ding wie es der Puppenspieler ist (er gehörte in den Cyclus
Lebend[ige] Stunden, aber wegen zu großer Länge des Abends mußte
er zurückgesetzt werden)—so schöne Worte sagst.[208] Vielleicht drücke
ich mich besser aus, wenn ich sage: *anläßlich* des Puppenspielers. Denn
Deiner Auffassung des kleinen Stückes muß ich widersprechen. Vielleicht hab ich nicht das Recht dazu, denn es werden ja doch wahrscheinlich künstlerische Mängel der Sache schuld daran sein, daß Du eine
Lebensanschauung darin findest, die ich nicht hineinlegen wollte und
die mir persönlich fremd ist.[209] Ebenso verhält es sich mit dem Ein-
s[amen] Weg. Ich stehe so wenig auf Seite des Oboespielers, als ich auf
Seiten des Professor Wegrath gestanden habe—freilich auch nicht auf
der des Julian und des Puppenspielers. Aber warum? Weil sie eben nicht

ganze Kerle sind, keine Leute die—nach der Dir bekannten Anekdote von der alten Streitmann[210]—"brav genug" sind—um alles zu dürfen. Wäre der Puppenspieler wirklich ein "Großer", so brauchte er sich nicht in Lügen einzuspinnen, um der größere zu bleiben, wäre Julian wirklich ein Großer—so würde das Beste seines Wesens nicht mit seiner Jugend auslöschen. Gegen die Herzöge und gegen die Sala's hab ich nichts— und vor den "Grossen Räubern" salutier ich, gleich Dir, in Ehrfurcht. Du hast ganz recht: "Entsagung ist nicht immer Reife".—Nur setze ich hinzu: nicht bei allen. Wenn Individuen wie *Wegrath* in irgend einem Moment ihrer Existenz die Grenzen ihrer Begabung erkennen,—so ist *diese* Entsagung, wie jede *Erkenntnis* innere Reife, oder wenigstens ein Symptom innerer Reife. Ebenso ist für den Oboespieler wirklich der "Innere Friede und die schuldbefreite Brust"[211] das einzig erreichbare Glück. Und daß ein Mensch wie der "Puppenspieler" nicht, wie es eben den Beschränkungen seines Wesens angemessen wäre, zu entsagen imstande ist, sich vielmehr dieser Entsagung schämen würde und daher den andern und sich ein falsches Eigenschicksal vorspielt,—ist ein Zeichen, daß er innere Reife nicht erlangte, welche eben nur in Selbsterkenntnis bestehen kann. Es ist also nur natürlich, daß bei manchen Menschen, insbesondere bei klugen, von mäßigem Talente und stillem Temperament das was ihnen an innerer Reife überhaupt beschieden ist, in einer Art von "Entsagung" den entsprechenden Ausdruck findet. Wohl denen, die's nicht nötig haben,—wohl uns, die wir wie mir scheint zu diesen gehören—und hoffentlich nicht allein wegen Mangels an Klugheit. So spricht also nichts dagegen, mein lieber Hermann, daß wir beide uns an die Arbeit machen, die Du in meine Hände legst: "Das Werk von der letzten Nacht einer alten Zeit"—und schließlich können es auch andere Werke sein.
Zu "Mahler"[212] haben wir noch Sitze bekommen so seh ich Dich hoffentlich auch heute abend. Jedenfalls aber sage oder schreibe mir pneumatisch,[213] ob Du vielleicht Lust hättest, am *Samstag* bei uns zu nachtmahlen.
Herzlichst der Deine

Arthur

Olga grüßt Dich herzlich und sagt Dir, daß sie von dem was Du anläßlich des P[uppenspielers] geschrieben hast, erschüttert war.

69 (A 23 370; Handschrift)   Wien, 1.1. 1905

Mein lieber Hermann,
Du kannst Dir denken, wie leid es mir und meiner Frau war, daß Du von
Lueg[214] abfuhrst, ohne daß wir Dich nur begrüßen konnten. Wir haben
dort ein paar schöne Tage verbracht—und alles genossen—von Burckhards Clavier bis zum Rodeln. Schade, schade. Nun auf baldiges Wiedersehen, die schönsten Neujahrsgrüße und Wünsche und für Dein
Bild den herzlichsten Dank.

                                                              Dein
                                                              Arthur

70 (A 23 371; Handschrift)   Wien XVIII, am 23. 1. 1905

Leider, mein lieber Hermann, hab ich gar nichts rechtes lustiges, kurzes,
ungedrucktes, zur Lektüre[215] geeignetes—aber sehen möchte ich Dich
je eher je lieber. Hoffentlich nächste Woche. Und Sonntag hörst Du Dir
wohl auch die Mahler Lieder an? Wir grüßen Dich beide.
Herzlichst Dein

                                                              Arthur

71 (Ansichtskarte aus Ajaccio;[216] Abschrift)   7. 3. 1905

Sei herzlich gegrüßt!

                                                              Dein Arth Sch

72 (Ansichtskarte vom Semmering;[217] Abschrift)   5. 5. 1905
                                                              Südbahnhotel

Herzliche Grüße!

                                                              Arth Sch.

                                                    Ebenso! Olga Schnitzler

73 (A 23 374; Handschrift) Wien, 6. 6. 1905

Lieber Hermann,
ich gratuliere Dir herzlich zum gestrigen Erfolg von Sanna.[218] Einiges
was mir nach der ersten Lektüre des Stücks nicht ganz eingeleuchtet, ist
mir gestern schön und ergreifend aufgegangen. Die Aufführung war
etwas ganz einziges, und die Höflich[219] ist—vielleicht nicht das echte
Genie, aber, nach ihren Entwicklungsmöglichkeiten in alles tragische
und heitere Gebiet, der größte Glücksfall, den die deutsche Bühne seit
der Sorma[220] erlebt hat.
Ich hab mich sehr gefreut, auch meine Frau läßt Dir von Herzen glück-
wünschen.
Hoffentlich seh ich Dich bald; ich hab ein rechtes Bedürfnis, Dir zu
danken.

Dein
Arthur

74 (A 23 375; Handschrift) Wien, 30. 7. 1905

Lieber Hermann,
Dein neues Stück[221] hab ich in Reichenau gelesen und an Richard [Beer-
Hofmann] abgesandt.—Es hat mich durchaus interessiert, und allerlei
menschliches hat mich tief bewegt—gegen das Stück, d.h. gegen das
fünfaktige Gebilde, das von zweitausend Menschen zugleich angehört
und verstanden werden soll, hab ich manches Bedenken. In wenigen
Worten ausgedrückt: es mangelt dem Ganzen zuweilen an künstlerischer
Oekonomie. Nehmen wir an, Du hättest mir nur den fünften Akt zu
lesen gegeben. Da hätt ich gesagt: Donnerwetter, ist das ein merkwürdiges Ding—und hätte mir allerlei erste vier Akte dazu gedacht, die
vielleicht alle nicht so gut gewesen wären als Deine, aber besser zu
Deinem fünften (wie ich ihn empfinde) gepaßt hätten. Von Deinem
fünften Akt geht ein Licht aus, das mir nach Vorwärts deutet, aber den
Herweg im Dunkel läßt. Man darf immer behaupten 2 mal 2 = 4—aber
wenn man sagt: *Ergo* ist 2 mal 2 = 4, so verpflichtet dieses Ergo zu einer
vorhergegangenen Rechnung. Natürlich fühlst Du dieses Ergo sehr gut—
aber Du hast es mich nicht dramatisch nachfühlen lassen. Etwas ähnliches hab ich zum 1. Akt zu bemerken. Besenius.[222] Ich bediene mich
wieder eines Vergleichs (um das Recht zu haben etwas falsches zu behaupten!) Wenn sich ein Musiker zum Flügel setzt, so beginnt er zu

präludieren (manchmal) ehe er sein eigentliches Stück spielt. Er deutet die Stimmung und die Harmonie des Stückes,—vielleicht auch nur seine eigene Laune an. Deine Besenius-Scene ist solch ein Präludieren, das Du schon als Beginn des wirklichen Stückes ausgibst. Man glaubt Dir lang—1, 2, 3, 4 Akte hindurch—dann, wenn Dein Besenius noch einmal aufträte, behieltest Du vielleicht recht. Damit daß seine Ideen sozusagen wieder erscheinen, ist nichts getan: hier war ein Mensch, der innerhalb der Oekonomie des Ganzen zu mehr bestimmt schien, als einige schöne Dinge auszusprechen, und er schminkt sich nach der ersten Scene ab. Das verzeihen wir Dir so wenig wie die bekannte ungeladene Flinte.[223] Daß Amschel ist wie er ist, das ist Dein Wille und Dein gutes Recht. Ich glaub an ihn. Ob man ihn, aus rein praktischen Gründen, nicht von einigen Widrigkeiten befreien sollte, wäre zu überlegen. Wäre ich eine große Violinvirtuosin, nicht um die Welt ließ ich mich von einem Kerl anrühren, der öfter als 6 mal in der Minute Schnudelchen sagt. Aber das ist ja Geschmacksache. Wie oft aber stört uns an einer Frau nur der Gedanke an den der sie besessen hat. Und ist das Publikum nicht gerade so? Das Problem ("Die Andere") wird nicht im geringsten touchiert, wenn Amschel ein wenig umgänglicher erscheint. Die ganze Stimmung des letzten Aktes ist höchst seltsam, besonders merkwürdig die zwei neuen Personen—wie Lida in die Umgebung geräth, ist mir nicht sehr klar geworden, ihr Hiersein hat was melodramatisches wenn auch ringsum alles ins Grotesk-Phantastische geht. Die Sterbescene, die zwei Männer bei ihr—das ist kühn. Kühn gewiß! Ob es noch mehr ist, weiß ich heute nicht. Von mitteilender Qual die Scene zwischen Heinrich und der Frau v. Jello im 4. Akt. Wenn ich heute an das Stück denke, das ich vor acht Tagen gelesen, so ist es mir wie die Erinnerung an zuckende menschliche Herzen. Ich hoffe es geht Dir gut. Von mir hörst Du bald mehr. Meine Frau, die das Stück auch mit tiefster Antheilnahme gelesen hat, grüßt Dich vielmals.

Von Herzen
Dein Arthur

75 (A 23 376; Handschrift)   17. 9. 1905

Lieber Hermann,
für den Fall, daß ich Dich nicht zu Hause treffe, schreibe ich Dir gleich. Das gedruckte Stück "Zwischenspiel"[224] und "Der Ruf des Lebens"[225] liegen hier bei. Über das erstere ist weiter nichts zu sagen; lies es bitte und betrachte es im übrigen vorläufig sorgfältig als *Manuscript*.

Am "Ruf des Lebens" ist noch einiges Wenige zu machen. Ich bringe es
Dir schon heute, weil ich die Frage an Dich richten möchte, ob Du die
Widmung[226] des Buches annehmen willst? Es ist vielleicht in dem Stück
eine Ahnung von dem Wunsch erfüllt, den du anläßlich des Puppenspielers öffentlich aussprachst.[227]—
Schreibe mir bitte ein Wort, wann wir zusammen sein könnten. Möchtest
Du nicht einmal bei uns nachtmahlen? Auch meine Frau würde sich so
sehr freuen. Oder wenn Dir die Spöttelgasse unbequem, Hietzing? Man
sieht einander doch gar zu wenig! Ich grüße Dich herzlich.

Dein
A.

76 (A 23 377; Handschrift)   18. 9. 1905

Lieber Hermann
herzlichen Dank für Deinen Brief.[228] Es ist mir sehr wahrscheinlich, daß
Du in Deinem Bedenken gegen den 2. Akt recht hast—vielleicht spricht
sogar *dafür*, daß er beim Vorlesen immer am stärksten wirkte. Ob es aber
in der Oekonomie gerade dieses Stückes (so wie es mir eben eingefallen
ist) möglich ist gestattet ist die Figuren dieses Aktes, deren (wenn ich
den Ausdruck erfinden darf) Fernhaftigkeit nicht allein im Unvermögen
des Autors begründet liegt, realer zu machen, das ist die Frage. (Bisher
hat von allen Figuren immer der Oberst am stärksten gewirkt. Nun ja,
gewirkt.)
Freitag fahr ich vielleicht auf drei bis sechs Tage fort; aber dann muß
man sich doch wirklich endlich, endlich sehen. Das Manuscript schicke
mir gelegentlich, da ich nur 1 Ex[emplar] daheim habe, und das wieder
fortschicken muß.—
Herzlichst

Dein
A.

77 (A 23 372; Handschrift)   21. 9. 1905

Lieber Hermann,
alles zugegeben,[229] und das Epitheton reizend ist allzu freundlich empfunden: nur den Fürsten geb ich Dir nicht so ohne weiteres preis. Ich
weiß ja gut, daß diese Art, von der ich einen zu schildern versucht, nicht

die Regel ist—aber gerade daß er eine Ausnahme unter denen seines Standes ist, bildet für Caecilie[230] wahrscheinlich einen Charme mehr. Ich hatte früher ein paar Stellen im Dialog, die ich als überdeutlich eliminierte, und in denen auf den tiefen Wesensunterschied zwischen Menschen à la Amadeus und solchen à la Sigismund eingegangen und dieses "Anderssein" des Sigism[und] als Motiv für Caeciliens Hinüberschwanken ausgesprochen wurde.—

—Morgen fahren wir auf ein paar Tage fort (Semmering, ev[entuell] weiter)—so bald ich zurück bin, mußt Du zu uns kommen. Wärs Dir nicht am bequemsten, bei uns zu Mittag zu essen? Etwa 11–12 zu kommen und dann zu bleiben, so lang Du eben kannst? Jedenfalls muß etwas gefunden werden, damit man einander öfter sieht.—
Von Herzen Dein

A.

78 (A 23 373; Handschrift)   Wien XVIII, 28. 9. 1905

Lieber Hermann,
nun fangen meine Proben[231] an, da ich eben vom Semmering zurück bin, und mit den Vormittagen ist es wieder nichts. Könnte man sich nicht doch vielleicht an einem Abend, in Hietzing etwa, zum Nachtmahl, wenn Du einmal kein Theater hast,[232] treffen? Anfang nächster Woche? —Sonst müßten wir unser Wiedersehen auf die zweite Oktoberhälfte verschieben. Was mir sehr leid wäre.
Bitte Dich schick mir nur gütigst den "Ruf des Lebens" zurück.—
Herzlichst, mit vielen Grüßen auch von Olga.

Dein
Arthur

79 (Abschrift)   3. 10. 1905

Lieber Hermann,
möchtest Du so gut sein und mir den "Ruf des Lebens" recht bald zurücksenden? Ich brauche das Exemplar.
Herzlichst Dein

Arthur

80 (Abschrift) 13. 10. 1905

Eben, lieber Hermann, kommt der Klub der Erlöser,[233] und dazu, zum zweiten Mal, der arme Narr,[234] den ich also schon gelesen, der mir eines Deiner merkwürdigsten Produkte zu sein scheint, und den ich am liebsten als eine Art von Vorspiel zu einem ganz volltönenden Drama auf dem Theater sehen möchte, das aber natürlich auch von Dir sein müßte, und zu dem mir alle Elemente in geheimnisvoller Weise schon in diesem seltsamen Akt zu liegen scheinen.
Darf ich Dir bei dieser Gelegenheit gleich für Deine lieben Worte in der Volkszeitung[235] die Hand drücken?
Sonntag oder Montag fahre ich fort, auf einige Tage nur, dann auf Wiedersehen.
Von Herzen

Dein Arthur

81 (A 23 378; Handschrift) 29. 1. 1906

Lieber Hermann,
es thut mir natürlich riesig leid, daß man nun auch mein Stück[236] benutzt, um Dir was unangenehmes anzuthun, aber ich bitte Dich ja nicht diesen Fall als Cabinetsfrage[237] zwischen Dir und der Intendanz zu behandeln. Interessieren wird Dich unter diesen Umständen vielleicht daß mir das Petersburger *Kaiserliche* Theater telegrafisch tausend Rubel Garantie bieten ließ, wenn ich das Erscheinen des *Buches* in deutscher Sprache bis Oktober hinausschieben wollte.
Herzlichst

Dein
A.

Kann man Dich nicht doch vielleicht einmal sehen?—Viele Grüße von meiner Frau.

82 (Abschrift) 3. 2. 1906

Mein lieber Hermann,
ich fahre heute auf ein paar Tage nach Berlin. (Hotel Continental). Ist der "Ruf" als definitiv von der Münchner Hofbühne abgelehnt zu be-

trachten? Oder hältst Du es für möglich, daß ein eventueller starker Erfolg in Berlin doch noch den Intendanten anders bestimmen könnte?[238] In diesem Falle möchte ich einen Antrag des Münchner Schauspielhauses (der Fischer schon seit Wochen vorliegt) vorläufig dilatorisch behandeln.

Herzlichst

Dein
A

83 (A 23 379; Handschrift)   Wien, 24. 6. 1906

Lieber Hermann,

ich finde Deinen neuen Einakter[239] sehr interessant; fesselnd vom ersten bis zum letzten Wort, und halte (wenn es nicht zu einem Skandal kommt, was man bei Bahren [i.e. Bahr] und Faunen nie wissen kann) auch eine starke Bühnenwirkung für wahrscheinlich. (Deine drei Einakter müßten zusammen gegeben werden; Faun zum Schluß, Narr zu Anfang, das "Du kannst ja mitkommen", der Helmine am Schluß bekäme dann seine besondere Bedeutung.) Man denkt natürlich so ein Stück weiter, wie man wirkliche Erlebnisse weiter phantasiert und so habe ich auch einen zweiten und dritten Akt gesehen, die man vorläufig nicht wird spielen können. Der zweite Akt auf der steilen Bergwiese. Falls Du ihn schreiben solltest, rate ich Dir, ihn nicht von Lessing[240] inszenieren zu lassen, der Orgien nur ein mäßiges Verständnis entgegenbringt, was sich im vierten Akt der Beatrice jammervoll erwiesen. Dieser zweite Akt, der verschiedentlich geführt werden könnte, bekäme seinen ganzen Sinn natürlich nur durch die vollendetste Rücksichtslosigkeit. Also Bedingung: Unaufführbarkeit. Da für mich (wenigstens wie ich das Stück weitergebracht habe) Helmine die Heldin ist, brachte der dritte Akt den seelischen Untergang oder Sieg der Helmine. Man wird zu irgendetwas wahrscheinlich nur reif, wenn man eigentlich dazu geboren war. Man kann ein Faun sein; man kann aber kein Faun werden. Man kann ein Hexchen und eine Nymphe sein, aber man kann es nicht werden. Ich bin nicht klar darüber, ob Helmine das Recht auf die Welt gebracht hat, auf die steile Bergwiese zu wandern. Jedenfalls sie eher als Edgar, wie ja die Frauen überhaupt mit den Urelementen verwandter sind als die Männer. Es wäre auch zu bedenken, ob Helmine nicht irgendwas, das man nur aus seiner Natur heraus thun darf, par dépit thut—was vielleicht eine der häufigsten tragischen Verschuldungen bedeutet. Eine andere eher komödische Verschuldung hinwiederum: jemand denkt auf dem

Wege der Höherentwicklung irgendwohin gelangt zu sein—und ist nur atavistisch hingeraten. Auch auf den steilen Bergwiesen tanzen zumeist Leute, die nicht hingehören. Dahin ungefähr führte mich Dein faunisch-tiefsinnig-burleskes Stückchen,[241] und so möchte es wahrscheinlich damit enden, daß irgendwelche nicht bergwiesenwürdige Geschöpfe vom wahren Faun zu Thal geprügelt würden.—
—Heute, den 25., mein lieber Hermann, reisen wir ab. Nach Berlin. (1, 2, Tage) Kopenhagen (3, 4 Tage.) Marienlyst.[242] Ein paar Wochen. Dann, August vielleicht noch irgendwohin an die Nordsee. (Nordwyk?). Laß uns jedenfalls in brieflich-ansichtskartlicher Verbindung bleiben.—
Mit guten Sommerwünschen und Grüßen von Olga und mir herzlichst der

Deine
Arthur

Das Manuscript ist an Salten abgesandt.

84 (Ansichtskarte; Abschrift)   14. 7. 1906
                                                             Marienlyst

Hier, lieber Hermann, wohnen wir seit 14 Tagen. Es ist wunderschön, und wenn Du herkämst, könntest Du ein angenehmes Leben, ohne Strand zwar, aber auch ohne Brandwunden führen. Wir bleiben bis auf weiteres.
Herzlichst Dein

A

Herzliche Erwiderung Ihrer lieben Grüße, Olga Schnitzler

85 (A 23 383; Handschrift)   Wien, 18. 10. 1906

Lieber Hermann,
eine Ähnlichkeit zwischen Deinem Akt[243] und dem Abschiedssouper[244] wäre höchstens irgendwo im äußerlich stofflichen zu finden, im innerlich stofflichen schon nicht mehr, und gewiß nicht in "seelisch gestaltlichem" —(um zu immer grauenhafteren Worten auf- oder niederzusteigen). Dein Problem ist viel verzwickter, der Fortgang der Handlung gedrehter, spiraliger, jüdischer, gegenüber der naiv gauloisen Fabel des braven

alten Anatolstückls, außerdem wird bei mir soupiert und bei Dir doch eigentlich nur gejausnet. Die Atmosphäre Deines Stücks ist dünner, schärfer; das ganze brutaler (für meinen Geschmack im Beginn besonders bis zum Abstoßenden brutal) angepackt. Wenn Du mir, oder dem guten Anatol, diesen interessanten Einakter widmen willst,[245] so nehm ich es natürlich mit Dank und Rührung an, nur mußt Du mir erlauben, Deine Erinnerung nicht als Anregungsquittierung und Ausdruck einer Gewissensschuld sondern als ein neues und daher mir willkommenes Zeichen unserer guten Zusammengehörigkeit zu empfinden und zu empfangen.

Hoffentlich fügt es sich, daß wir einander vor der Abreise noch einmal sehen. (Gern möcht ich auch etwas, Reinhardt[246] betreffendes, aber hauptsächlich in meinem Interesse liegendes, mit Dir besprechen.)

Herzlichst, mit Grüßen von meiner Frau und mir

Dein
Arthur

86 (A 23 381; Telegramm; Maschinenschrift)   Wien, 10. 1. 1907

Hermann Bahr
Ober Sankt Veit
Mattissengasse

Kann ich Dich Sonntag vormittag oder anderem Vormittag besuchen?
Herzlichst

Arthur

87 (A 23 382; Handschrift)   Wien, 15. 2. 1907

Lieber Hermann,
vielen Dank. L[iebelei][247] ein Exemplar gestern an Dich gesandt. Ich bitte Dich nur recht sehr, Dir keinerlei Ungelegenheiten zu machen. Wenn R[einhardt] gern daran geht, ja. Aber wenns ihm nicht von Herzen ist, dann lieber nicht. Wie denkst Du Dir die sonstigen Besetzungsmöglichkeiten? Ist Pagay[248] für den Alten[249] nicht zu trocken? Valentin[250] hat mir neuerdings wegen der Bea[trice][251] geschrieben; ich hab mich noch nicht endgültig ausgesprochen.

Bin im übrigen ziemlich fleißig und hoffe zu nächstem Herbst mit etlichem bereit zu sein.
Famos Dein "Grillparzer"[252] in der Schaubühne. Freue mich auf das ganze Buch. Was machst Du nach Berlin?[253] Sollte die Neue Freie [Presse] den Beginn Deiner Wiederkehr bedeuten?[254]
Meine Frau grüßt Dich vielmals. Von Herzen

Dein
Arthur

88 (A 23 384; Maschinenschrift)   Wien XVIII, am 11. März 1907
Spöttelgasse 7.

Lieber Hermann,
Da ich nichts weiter von Dir gehört habe, scheint es, daß das Projekt der Kammerliebelei[255] vorläufig zurückgelegt worden ist. Nun fällt mir etwas ein, das ich Dir zu gelegentlicher Ueberlegung mitteilen möchte. Wie wärs, wenn die Kammerspiele in der nächsten Saison einen Versuch mit dem "Märchen"[256] wagten. Du weißt, daß das Stück über Wien nie hinausgekommen ist, daß es hingegen—in Rußland—einen meiner stärksten und dauerndsten Erfolge bedeutet hat. Es ist wirklich geradezu lächerlich, daß sich in Deutschland[257] noch kein Theater an das Stück gewagt hat. Die Kammerspiele,[258] die das Friedensfest[259] aufgeführt haben, wären vielleicht am ehesten dazu geeignet, eine Aufführung dieses Stücks (mit der Höflich) zu versuchen, womit wenig riskiert und möglicherweise einiges zu gewinnen wäre. Daß der Schluß des dritten Aktes geändert ist, dürfte Dir bekannt sein.
Wenn Du glaubst, daß die Sache nicht ganz aussichtslos ist, so sprichst Du vielleicht bei irgend einer Gelegenheit in diesem Sinn mit Reinhardt. Sei herzlich gegrüßt und laß jedenfalls recht bald etwas von Dir hören. Wann kommst Du zurück? Du hältst Dich doch vor Ragusa einige Zeit in Wien[260] auf?

Dein
Arthur

Viele Grüße von meiner Frau.

89   (Abschrift)   18. 5. 1907

Lieber Hermann,
Band I[261] mit Dank erhalten. (Du hast doch hoffentlich Band II, den ich
Dir noch vor Deiner Abreise per Post nach Ob St Veit senden ließ, richtig
erhalten?)
Kann ich nächstens einmal vormittags zu Dir hinauskommen?

> Herzlichst
> Dein
> Arthur

90   (A 23 385; Handschrift)   20. 5. 1907

Lieber Hermann,
gar nichts wichtiges.[262] Wollte Dich nur wieder einmal sehen. Schreib
mir, wann Du wieder aus Deiner Welt emportauchst. Vielleicht fahren
wir Ende der Woche auf ein paar Tage in die Brühl.[263] Du hast hoffentlich Deine Meeresvilla gefunden. Brehm behalte natürlich so lang Du
willst.
Von Herzen

> Dein
> Arthur

91   (A 23 386; Handschrift)   9. 7. 1907

Lieber Hermann,
beifolgenden Wisch[264] erhielt ich nachgesandt. Ich beabsichtige nicht zu
antworten, aber man sagt mir, daß unerhörterweise eine *Verpflichtung*
dazu besteht. Ich würde sagen, daß ich keine Ahnung habe. Aber vielleicht wünschest Du selbst irgend eine andere Antwort. Bitte theile mir
mit, was Du für recht hältst und schicke mir das Formular zurück.
Ich wollte Dich selbst besuchen, komme aber in den allernächsten Tagen
nicht dazu; daher ist diese briefliche Erledigung notwendig.
Die Tour[265] war sehr schön; Hugo[266] ist noch ein paar Tage in Welsberg
geblieben. Von Herzen

> Dein
> Arthur

92 (Abschrift) Wien XVIII, 16. 7. 1907
Spöttelgasse 7.

Lieber Hermann,
ich schlage Dir vor, Samstag zu mir zu kommen und natürlich mit uns
zu speisen. Paßt Dir der Samstag nicht, so teil es mir bitte gleich mit,
und auch wie lange Du überhaupt in Wien bleibst. Ich freue mich sehr
Dich wieder zu sehen.
Herzlichst mit Grüßen von uns Allen

Dein
Arthur

93 (A 23 387; Maschinenschrift) Wien XVIII, 11. 10. 1907
Spöttelgasse 7.

Lieber Hermann,
Ich danke Dir sehr, daß Du mir ermöglichst hast Dein neues Stück[267] zu
lesen. Daß Du es kurzweg als Scherz bezeichnest nehme ich als Koketterie. Ich habe durchaus Vergnügen und sehr oft Freude daran gehabt.
Man wünschte sich vielleicht Gestalten wie Korz und Fanni, auch Jason
und die geringern, in einer ernster bewegten Welt wiederzufinden, wie
ich überhaupt die Charakteristik und Karikaturistik in dem Stück noch
höher werten möchte, als das anekdotische Element. Ich hoffe (aus praktischen Gründen) Du bereitest das Publikum durch einen glücklichen
Untertitel ein wenig vor, wie es seine Augen einzustellen hat, um mit
ungestörter Lust schauen und genießen zu dürfen. Nennst das Ganze
vielleicht burleske Komödie oder so ähnlich. Ferner, wenn mir ein bescheidener Rat gestattet ist, würde ich die Schlußscene des zweiten
Aktes (den schwarzen Kuß) streichen, da mir ihr Humor zu Kadlbürgerlich[268] scheint im Verhältnis zu der grotesken Laune, die sonst durch die
Komödie fegt. Ob es den Leuten möglich sein wird sich ganz nach
Deinem Willen in die gemäßigtere Haltung des Schlusses zu finden,
wag ich nicht vorher zu sagen. Für das, was den "Witz" in Deinem
Stücke vorstellt, reicht natürlich auch das aus, was am Ende die "Pointe"
wird,—und das burleske widersetzt sich seiner ganzen Natur nach jeder
entgiltigen Erledigung. Es ist gleichsam aus dem Chaos selbst geboren,
während der Witz doch immer ein Sproß des Tages ist, in einer Art von
festem Verhältnis zu unseren Sitten, unserer Ordnung, unserer Tradition steht, auch wenn es sich über sie lustig zu machen scheint. Der

Witzbold besieht sich die Erde von einem Fesselballon aus, der Burles-kant schwebt frei in den Lüften. In ihm steckt so sicher ein Anarchist, wie im Witzbold ein Pedant. Dies nur nebenbei (wie es das Los der allgemeinen Bemerkung nun ist) im übrigen glaub ich, daß sich die Leute bei Deinem Stück sehr amüsieren werden, selbst wenn sie es verstehen sollten.

Herzlichste Grüße auch von meiner Frau, laß doch von Zeit zu Zeit ein Wort von Dir hören.

Dein
Arthur

94 (A 23 388; Handschrift)   16. 12. 1907
Wien XVIII. Spöttelgasse 7.

Vertraulich

Lieber Hermann,
ich weiß nicht, ob Du noch in Wien bist—schreibe Dir jedenfalls an Deine W[iene]r Adresse, aufsuchen könnte ich Dich keineswegs, weil meine Frau sich eben in Rekonvaleszenz von einem Scharlach befindet— (doch schon gekräftigt genug, um Dich herzlichst zu grüßen und Dir mit mir zu dem nachtigalligen Erfolg[269] schönstens zu gratulieren)—also *unter uns* formeller Antrag des Hebbeltheaters[270] liegt mir vor: Beatrice nächste Saison, Ritscher als Beatrice. Meine Frage an Dich: Hältst Du's 1) für wahrscheinlich, daß Reinhardt auf die Beatrice reflektiert? 2) hältst Du, im Jafalle Deutsches Theater für praktischer als Hebbeltheater? 3) in welcher Zeit wäre Reinhardt zu einer fixen Entscheidung zu veranlassen? —Du bist nicht böse, wenn ich Dich nochmals um vollkommen *vertrau-liche* Behandlung der Angelegenheit ersuche.

Herzlichst der Deine,
Arthur

95 (A 23 389; Handschrift)   20. 12. 1907
Wien XVIII, Spöttelgasse 7.

Lieber Hermann,
ich danke Dir herzlich. So ungefähr hab ich mir Reinhardts Verhältnis zur Beatrice (und Verfasser) vorgestellt. Ich werde also mit Hebbel [theater]

abschließen—und darf wohl aussprechen, daß der Gedanke Du und die Mildenburg[271] wollten sich der Ritscher[272] und der Beatrice annehmen,[273] mich höchst wohltuend berührt. In den Delirien meiner Frau kam es übrigens öfters vor, daß Du und die Mildenburg oben auf dem Kasten sassen. Dieser Platz war Euch reserviert; die übrigen Gestalten trieben sich in tieferen Regionen herum. Jetzt scherzt man darüber! So gut es Olga im Ganzen schon geht—wir müssen noch längere Zeit contumaziert bleiben. (Unser Bub[274] wohnt seit 14 Tagen bei seiner Großmama).[275] Also ob ich Dich noch vor Deiner Abreise[276] sehen werde? Mir wärs natürlich sehr lieb. (Für alle Fälle seis gesagt: ich bin sorgfältig desinfiziert ehe ich Briefe schreibe). Vielleicht hast Du Zeit mir, wenigstens in ein paar Zeilen etwas über Dich zu sagen; ich weiß so gut wie nichts von Dir.—Herzlichst grüßt Dich (und meine Frau thut desgleichen)

Dein
Arthur

96 (Abschrift)   13. 1. 1908

Mein lieber Hermann,
erst heut dank ich Dir für Deinen guten Brief vom 23. vorigen Monats. Mit Hebbeltheater[277] habe ich abgeschlossen—doch hör ich von Vallentins Gesundheitszustand Ungünstiges.[278] (Und über das Theater selbst (unter uns) nichts sehr Hoffnungsreiches.) Meine Frau liegt noch, die Contumaz dauert etwa noch 10–14 Tage. Schreib mir ein Wort, wann Du nach Berlin fährst. Wie gern spräch ich Dich bald wieder. Herzliche Grüße.

Dein
Arthur.

97 (A 23 380; Handschrift)   24. 1. 1908

Lieber Hermann,
ich danke Dir herzlichst für Deinen freundlichen Glückwunsch![279] Wie lang bist Du noch in Wien?

Dein
Arthur

98 (Ansichtskarte; Abschrift)   Riva, 29. 4. 1908

Herzliche Grüße und Auf Wiedersehen

                                                                    Dein Arthur

Herzliche Grüße Olga Schnitzler

99 (Ansichtskarte München; Abschrift)   6. 5. 1908

Herzliche Grüße und Erinnerung an 1894.[280]

                                                                    Dein Arthur

                                                                    Olga Schnitzler

100 (Ansichtskarte; Abschrift)   Seis am Schlern, Villa Heufler
                                                                    6. 7. 1908

Lieber Herr Bahr,
wir haben Ihr wunderschönes Feuilleton über Moppchen[281] mit Ergriffenheit gelesen, schicken Ihnen die herzlichsten Grüße und viele gute
Wünsche für den Sommer.

                                                                    Olga Schnitzler

Herzlichst

                                                                    Dein
                                                                    Arthur

101 (Abschrift)   15. 11. 1908

Mein lieber Hermann,
für Deine Karte danke ich Dir schönstens. Es freut mich und ergreift
mich, daß Du in der Ferne[282] Deine Sympathie für mich aussprichst—
aber möchtest Du's nicht einmal wieder daheim mir ins Gesicht wagen—?
Wir haben uns länger als ein Jahr nicht gesehen! Laß mich doch wissen,
sobald Du zurück bist, wann Du einmal eine Stunde für mich Zeit hättest? Oder länger und für uns, denn auch meine Frau möchte Dich gern

wieder einmal sehen. Für heut viele treue Grüße

Dein
Arthur.

102 (Abschrift)   22. 6. 1909

Mein lieber Hermann,
gestern ist das Tagebuch[283] gekommen und neulich die Drut,[284] die
meine Frau sofort für sich beansprucht und mit großem Entzücken gelesen hat. Auch Burckhard hat mir in St. Gilgen[285] viel Schönes darüber
gesagt. Ja so spricht man über einander und sieht und spricht sich nie.
Einer wird übrig bleiben und sagen . . . "Schade: . . . ".[286]
Wir sind von Gilgen zurückgehetzt, weil unser Bub eine Art Keuch-
husten hat, recht leicht bis jetzt. Nächste Woche fahren wir nach Edlach,[287] ich mit der Drut und dem Tagebuch und freu mich schon sehr.
Mit dem Danken kommt man ja nicht nach bei Dir. Ich war auch nicht
sehr faul—aber wie kommt man sich gegen Dich vor! Mit Burckhard
war ich auf seiner Alm oben.—Ich finde es geht ihm recht gut, er war
lebendig, fidel geradezu und jung. Wir grüßen Dich herzlichst. Dein
getreuer

Arthur

103 (A 23 390; Handschrift)   St. Anton, 1. 7. 1909

Lieber Hermann,
es drängt mich, Dir zu Deinem Kollegen Pötzel[288] wärmstens zu gratulieren. Das sind einmal mannhafte, echt teutsche Worte! Das Herz geht
einem auf, wenn man sie liest. "Es ist besser, das gute zu heucheln als
es durch offenkundige Frevel aller Art von der Tagesordnung gänzlich
abzusetzen".—
"Es ist immer noch moralischer im Geheimen zu sündigen, als auf öf-
fentlichem Markt mit dem Laster Arm in Arm zu gehen"—"Die Ge-
samtheit darf die Tugend nicht verachten, sondern muß sie heilighalten
und auf ihren Schild erheben"—
—So ehrlich ist die Heuchelei selten gewesen!
Leb wohl und sei herzlich gegrüßt.

Dein
Arth Sch.

104   (Ansichtskarte; Abschrift)   München, 28. 8. 1909

Herzlichen Gruß, auch Deiner verehrten Gattin immer

Dein
Arthur

105   (Abschrift)   14. 9. 1909

Gestern abend ein Mädel, Lili.[289]
Alles wohl.

Herzlichst Dein
Arthur

106   (Abschrift)   16. 9. 1909

Mein lieber Hermann,
wenn es Dich nicht im Arbeiten stört, würd ich gern einen Vormittag nächster Woche (circa 1/2 12) den Du selbst bestimmen magst, auf ein länge-
res Viertelstündchen zu Dir hinauskommen. Hast Du keine Zeit, so sags
ungeniert.

Herzlichst
Dein Arthur

107   (Abschrift)   14. 12. 1909

Mein lieber Hermann,
bei Berliner Gelegenheit einmal Halle[290] mitzunehmen hab ich mir längst
vorgenommen,—nur fügt es sich immer so schwer, weil man ja viel
früher einen bestimmten Vorlese-Tag fixieren muß als man den Berliner
Premieren-Tag weiß. Und mir persönlich macht weder das Zweck-Reisen
noch das Vorlesen (in großen Räumen) sonderlich viel Spaß. Aber wir
wollen sehen. Deine Gicht aber laß Dir lieber von einem Dichter als von
einem Oberingenieur[291] behandeln—(nur nicht von einem Arzt natürlich). Ich stehe Dir stets zur Verfügung—und hoffe medizinisch schon
genug vergessen zu haben, um Dir nicht empfindlich zu schaden.

Ja, wenn ich eine lustige Novelle[292] hätte! Und nun gar eine kurze! Mit dem Gegenteil kann ich dienen: Tragödie in fünf Akten und einem Vorspiel[293] aber die eignet sich eher zum Aufgeführtwerden. (Wie Du schon daraus ersehen kannst, daß es mir nicht möglich ist, von Schlenther[294] sowohl als von Reinhardt eine endgültige Entscheidung zu kriegen.)—Die Komtesse Mizzi[295] wird nun doch nicht zu Deinem "Konzert"[296] gegeben, der Abend würde zu lang, schreibt Brahm.[297] Dabei hatt ich schon an den Münchner Speidel[298] schreiben lassen, er möchte auch womöglich die zwei Stücke zusammen spielen. Nun hat Speidel aber die Komtesse wegen Frivolität, Kinderkriegen und Liebhaberhaben refusiert.

Die Hoffnung, Dich wieder einmal zu sprechen, geb ich noch immer nicht auf. Vielleicht auf dem Semmering. Und daß Du den Leuten allen schon so viel von mir erzählst, dank ich Dir von Herzen. Wir grüßen alle aufs Beste und wollen auch Deiner verehrten Frau empfohlen sein.

Dein getreuer Arthur

108 (Abschrift) 22. 12. 1909

Mein lieber Hermann,
wenns Dir nicht unbequem ist, möcht ich etwa am Dienstag[299] (28.) vormittags (nach 11) auf eine lang erwünschte Plauderstunde zu Dir hinauskommen. Wenns erlaubt ist, brauchst nicht zu antworten.
Herzlichst, mit guten Grüßen von Haus zu Haus,

Dein
Arthur

109 (Ansichtskarte aus Darmstadt; Abschrift) 18. 9. 1910

Herzliche Grüße Dir und Deiner verehrten Gattin

Dein Arthur

Olga Schnitzler

110 (A 23 391; Handschrift)   27. 9. 1910
Wien XVIII, Sternwartestr[asse] 71.

Mein lieber Hermann,
wie die Dinge stehen, dürfte der Medardus gerade Anfang November,
also zur Zeit, da Du wieder für einige Tage oder Wochen in Wien bist,
aufgeführt werden.[300] Mir wird es sehr lieb sein, wenn Du das Stück
auf der Bühne siehst, wo es hingehört, wie doch selten was von mir
hingehört hat. Aber da ich bald *fertige* Bühnenmanuskripte kriege,
schicke ich Dir sehr gern ein Exemplar nach London,[301] und wünsche,
daß es Dich bei guter Laune und Gesundheit dort antrifft (nicht um des
Stückes willen.)
Gestern traf Dein neuer Roman[302] von S. Fischer bei mir ein. Ich freue
mich sehr darauf. Hab mich diesmal zurückgehalten, auch nur einen
Blick in die N[eue] Fr[eie] P[resse][303] zu thun. Dich und Deine Frau
endlich einmal bei uns zu begrüßen, soll uns eine schöne Winterhoff-
nung sein.

Herzlichst Dein
Arthur

111 (Abschrift)   8. 10. 1910

Lieber Hermann,
ein gewisser Dr. Cesare Levi[304] möchte Dein Konzert ins Italienische
übersetzen. Zu seiner Empfehlung kann ich nur sagen, daß in seiner
Uebersetzung einige meiner Einakter in Italien aufgeführt worden sind
und seither eine wahre Flut von Lire auf mich niederströmt. Im letzten
Vierteljahr waren es vierzehn.
Nächstens bekommst Du den Medardus.
Herzlichst Dein

Arthur

112 (A 23 392; Maschinenschrift)   17. 11. 1910

Dr. Arthur Schnitzler

Lieber Hermann,
Schönsten Dank für Deinen lieben Brief. Jedenfalls tut es mir leid, daß
Du nicht über mein Stück schreiben wirst,[305] denn was immer Du unter

den Unannehmlichkeiten verstehst, die daraus für Dich, für mich, für alle Beteiligten folgen könnten, für mich wären sie jedenfalls durch das Vergnügen reichlich aufgewogen eine ausführliche Darlegung Deiner mir immer wertvollen Meinungen zu lesen. Ueberdies erscheint das Stück etwa acht Tage vor der Premiere im Buchhandel, so daß eine Aeußerung über das Werk als solches ohne Rücksicht auf die Darstellung nicht als unstatthaft aufgefaßt werden könnte.

Das Mißverständnis, das Du befürchtest, ich hätte in dem Medardus einen tragischen Helden zeichnen wollen, kann meines Erachtens als solches überhaupt nicht auftreten. Daß Viele sich so stellen werden, als glaubten sie, ich selber hielte den Medardus für einen tragischen Helden, ist hingegen selbstverständlich. In dieser Voraussicht war ich nahe daran der Buchausgabe ein kurzes Geleitwort mitzugeben ungefähr des folgenden Inhalts: "Es ist mir bekannt, daß dieses Stück sehr lang und daß der Medardus ein ausnehmend inkonsequentes Subjekt ist". (Darum passieren ihm ja so sonderbare Dinge.) Aber am Ende sind in dem Drama selbst so klare Ansichten über das Wesen des Medardus ausgesprochen, hauptsächlich durch Eschenbacher, durch Etzelt und auch durch die Frau Klähr,[306] daß der Unverstand, der sich durch die dramatische Historie selbst nicht belehren ließe, auch mit einem solchen Vorwort nichts anzufangen wüßte. Auch glaube ich mich mit Dir eines Sinnes, wenn ich behaupte, daß kein dramatischer Autor verpflichtet ist in den Mittelpunkt seiner Stücke gerade einen sogenannten tragischen Helden hineinzustellen. Der Hamlet ist es im dogmatischen Sinne so wenig als der Oswald,[307] der Prinz von Homburg[308] so wenig als der Tasso.[309] Dies sind natürlich Beispiele nicht etwa Vergleiche. Kein Zweifel übrigens, daß sich der Autor nach dieser Richtung umso mehr erlauben darf je verstorbener er ist.—Was Deine weitere Befürchtung anbelangt, daß das Publikum ein anderes Stück zu sehen bekommen wird als ich geschrieben habe, so ist sie zum Teil vielleicht gerechtfertigt, aber nicht durchaus als Befürchtung. Ich habe für die Zwecke der Bühne nicht nur sehr viel gestrichen, sondern auch gewisse Umstellungen vorgenommen; Kompromisse ohne die auch manche andere, und größere, Werke sich auf der Bühne nicht hätten halten, ja nicht einmal auf sie gelangen können. Leider muß ich auch zugestehen, daß der Medardus selbst heute in dem Burgtheater nicht zu besetzen ist (*dies ganz unter uns*). Der Einzige, der ihn heute überhaupt spielen könnte, ist Moissi.[310] Reinhardt, als ich ihm das Stück vorlas, war auch ganz entschlossen ihm diese Rolle zuzuteilen, erst später erfuhr ich, daß er das Stück nur dann geben wollte, wenn ich ihm noch ein zweites überließe, worauf ich aus prinzipiellen Gründen nicht einging. Bei Reinhardt wären zweifellos auch die Massenszenen besser herausgekommen als es bei uns der Fall sein wird. Aber die übrige Besetzung hier ist zum größeren und wichtigeren Teile von der Art, daß keine deutsche Bühne sie heute besser bieten könnte. Die Bleibtreu[311] als Frau Klähr, Balaithy[312] als Eschenbacher, Tressler[313] als Etzelt, Korff[314] als Wachshuber, Hartmann[315] als Herzog, Heine[316] als Assalagny, von der Medelsky,[317] der Wohlgemuth,[318] von Reimers[319] und Strassny[320] und Heller[321] und Anderen ganz zu geschweigen, das sind Leistungen im Einzelnen, meist auch im Zusammenspiel, daß Du, lieber Hermann, wenn Du die Vorstellung zu sehen bekämest gewiß nicht von herumdilettierenden Herrschaften sprächest, sondern das denen überließest (es wird ja nicht an ihnen fehlen) denen vorgefaßte Meinungen den teuersten und ach so bequemen Besitz bedeuten.

Nun will ich Dir noch von Herzen eine glückliche Vortragsreise[322] wünschen und diesmal die Hoffnung nicht vergeblich aussprechen Dich und Deine verehrte Frau Gemahlin recht bald nach Deiner Rückkehr bei uns zu sehen. Ich selbst fahre etwa am 7. Dezember nach München (Vorlesung)[323] und auch nach Partenkirchen zu meiner Schwägerin.[324] Um den 15. herum denke ich wieder daheim zu sein.

Mit vielen treuen Grüßen

Dein
Arthur.

113 (Abschrift)　　　　　　　　　　　　　　　　　　19. 11. 1910

Mein lieber Hermann,

beim Durchsehen der Abschrift[325] meines letzten Briefes an Dich merk ich, daß meine Schreiberin eine Stelle ("dies ganz unter uns") irrtümlich unter- statt durchstrichen hat. Zur Vermeidung von Mißverständnissen: Es ist natürlich kein Geheimnis, daß die Burg heute keinen Medardus hat. Mir war nur eine Bemerkung gegen Gerasch[326] (persönlicher Art) beim Diktieren durch den Kopf gegangen, die aber, vor der Aufführung auszusprechen ich nicht richtig gefunden hätte. Pedantisch und herzlichst

Dein
A

114 (Abschrift)   Wien, 18. 11. 1911

Herzlichen Dank, lieber Hermann, für Dein und Deiner verehrten Gattin Bayreuth-Buch,[327] das ich von einer Reise heimkehrend vorfinde und auf dessen Lektüre ich mich sehr freue. Immer

Dein
Arthur

115 (Abschrift)   25. 5. 1912

Mein lieber Hermann,
sei herzlichst bedankt für Dein prachtvolles Bild.[328]—Es prangt schon an der Wand und leuchtet apostolisch-freundschaftlich durch den Raum. Bleibe mir was Du mir bis heute warst und auf lange, wie ich Dir! Die besten und schönsten Grüße von Haus zu Haus.

Dein
Arthur

116 (Abschrift)   26. 9. 1912

Herzlichen Dank, lieber Hermann für Dein neues Buch[329] und viele Grüße. Ob sie Dich treffen werden, weiß ich nicht—denn niemand weiß wo Du bist. So sei denn der Findigkeit der Post vertraut. Auf bald!—

Dein Arthur

117 (Abschrift)   16. 11. 1912

Lieber Hermann,
Neulich schrieb mir Peter Altenberg,[330] daß eine Anzahl derjenigen Leute, die ihn im Laufe der letzten Jahre regelmäßig unterstützten, allmählich ausgesprungen seien und fragt mich zugleich, ob ich bereit wäre an Stelle dieser Leute einzutreten und andere im gleichem Sinne zu gewinnen. Unter diesen nennt er Dich und so frage ich an, ob Du bereit wärst, ihm monatlich bis auf Weiteres einen von Dir zu bestimmenden Betrag anzuweisen, wie es vorläufig Hugo und ich zu tun gedenken. Bist Du einverstanden, so teile es mir freundlichst mit und schreibe zugleich an S. Fischer, mit welchem Betrag Du Dich zu beteiligen

gedenkst. Fischer will es nämlich übernehmen, das Geld allmonatlich an P[eter] A[ltenberg] zu expedieren.

Ich schreibe Dir noch an Deine St. Veiter Adresse, obwohl ich ja annehmen muß, daß Du schon in der Uebersiedlung nach Salzburg[331] begriffen bist.

Auf baldiges Wiedersehen und herzliche Grüße

Dein
Arthur

118 (Abschrift)   18. 4. 1913

Lieber Hermann,

auch ich habe einen Brief[332] von Altenberg (offenbar ähnlichen Inhalts wie der an Dich) erhalten; sein Bruder[333] hat ihn mir überschickt. Diesem habe ich nun geantwortet, er möge mir sagen, was ich seiner Ansicht nach in der Angelegenheit tun könne; ich sei natürlich gerne bereit, in die Anstalt zu gehen und dort mit dem behandelnden Arzt Rücksprache zu nehmen. Ich selbst habe Altenberg schon über ein Jahr nicht gesehen und stehe trotz allem, was mir selbst von ärztlicher Seite berichtet wird, der absoluten Echtheit von P[eter] A[ltenberg]'s Irrsinn— es ist ja vielleicht dumm—mit einer seit fast drei Jahrzehnten bewährten Skepsis gegenüber. Daß an P[eter] A[ltenberg]'s Einschließung nicht etwa böser Wille schuld sein kann ist selbstverständlich. Also, wenn eine Entlassung überhaupt möglich (was ich aus vielen Gründen für höchst wahrscheinlich halte) wird dazu weder Skandal noch Entführung notwendig sein. Du hörst bald mehr von mir. Wann kommst Du nach Wien? Man sieht Dich nun doch nicht trotzdem Du in Salzburg wohnst.

Herzliche Grüße von Haus zu Haus

Dein
Arthur

119 (A 23 393; Maschinenschrift)   22. 4. 1913

Lieber Hermann,

ich habe nun Altenberg, seinen Bruder und seinen Arzt gesprochen und glaube ein klares Bild von der ganzen Sache zu haben. Altenberg ist vor zirka 4 – 5 Monaten wegen eines akuten alkoholischen Irreseins nach Steinhof gebracht worden. Die schweren Erscheinungen, Verfolgungs-

ideen etc., die, erst in der Anstalt selbst auftraten, dürften (was mir ärztlicherseits allerdings nicht gesagt wurde) auf die plötzliche vollkommene Abstinenz zurückzuführen gewesen sein (die man jetzt, ich weiß nicht recht warum, statt der früher geübten allmählichen Entwöhnung in vielen Fällen anwendet). Ich habe Altenberg geistig frischer gefunden als seit langer Zeit, nur eben sehr erregt, weil er schon gerne auf den Semmering möchte. Freilich besteht die Gefahr, besser die Sicherheit, daß er ohne ärztliche Aufsicht sofort wieder zu trinken und bald auch wieder alkoholisch zu exzedieren anfängt. Diese Gefahr wird aber gerade so heute in acht Tagen, in vier Wochen und in einem halben Jahr bestehen. Dazu kommt, daß seine steigende Erregung wegen der Internierung in Steinhof seinem allgemeinen Zustand kaum förderlich sein dürfte. Dies alles habe ich auch Peter Altenbergs Bruder gesagt, und da der Chefarzt gegen P[eter] A[ltenberg]'s Entlassung nichts einzuwenden hat, wenn der Bruder die Verantwortung übernimmt (man muß allerdings fragen, wofür?), so dürfte P[eter] A[ltenberg] in wenigen Tagen die Reise auf den Semmering antreten können. Der Bruder möchte nur was ich sehr vernünftig finde, daß P[eter] A[ltenberg] wenigstens anfänglich nicht im Hotel, sondern im Kurhaus, also unter recht bescheidener ärztlicher Aufsicht wohne. Für den Fall, daß sich das nicht durchführen ließe, wäre auch die Begleitung durch einen Wärter in Erwägung zu ziehen. P[eter] A[ltenberg] möchte selbst sehr gern seinen Wärter aus dem Sanatorium für ein paar Tage mitnehmen, wenn dem nicht, wie es den Anschein hat, von Seiten der Anstalt Schwierigkeiten entgegengesetzt würden. Es hat meiner Ansicht nach wirklich keinen Sinn Peter Altenberg länger in Steinhof zu halten, wenn auch kaum zu bezweifeln ist, daß nach einiger Zeit ihm ein neues Delirium und wahrscheinlich eine neuerliche Internierung, die ja dann der Umgebung wegen nicht zu vermeiden ist, bevorstehen dürfte. Von den Degenerationserscheinungen, die man nach allerlei Gerüchten hätte befürchten können habe ich bei Altenberg nicht das Geringste bemerkt, und ich glaube, wenn auch vielleicht die *plötzliche* Abstinenz zu Beginn der Anstaltsbehandlung nicht ausschließlich von Vorteil für ihn gewesen ist—die geänderte Lebensweise im weiteren Verlauf und alles was damit zusammenhängt hat ihm sicher nur gut getan. Was natürlich kein Anlaß ist den Aufenthalt ohne Notwendigkeit zu verlängern.[334]
Herzlichen Gruß

Dein
Arthur

Herrn Hermann Bahr, Salzburg

120 (Abschrift)   25. 4. 1913

Lieber Hermann,
für heute nur die Mitteilung, daß P[eter] A[ltenberg] Montag mit seinem
Bruder auf den Semmering, zuerst zu Hansy,[335] hinauffährt. Für Deinen
Brief[336] herzlichen Dank. Wann wir nach Salzburg kommen, weiß ich
noch nicht, aber hoffentlich noch in diesem Jahr. Zu welcher Zeit seid
Ihr dort?
Auf Wiedersehen und alles Gute von Haus zu Haus.

Dein
Arthur

121 (A 23 397; Telegramm; Maschinenschrift)   Wien, 20. 7. [1913][337]

hermann bahr
salzburg
schloss arenberg
vergangner gemeinsamer stunden innigst gedenkend noch manche
kuenftige erhoffend doch auch in getrennten dir freundschaftlich nah
send ich dir zugleich im namen meiner frau herzlichste wuensche und
treue gruesze als dein alter

arthur schnitzler

122 (A 23 394; Handschrift)   Wien, 12. 10. 1913

Mein lieber Hermann,
Dein schönes Burckhard Buch,[338] von dem mir die meisten Kapitel
schon bekannt waren, hab ich nun als Ganzes, mit neuer Ergriffenheit
gelesen, und danke Dir von Herzen. Wenn es überhaupt möglich ist,
einen Menschen Leuten, die ihn nicht gekannt haben, näher zu bringen
—ich glaube, mit Deiner Gestaltung Burckhards müßte es gelungen
sein. Dir und einigen wenigen Andern bleibt ja in jedem Fall das Glück
ihn gekannt und erkannt zu haben. Wie sehr sind die zu bedauern, die
das Eine versäumt, das Andre nicht vermocht haben!—
Viele Grüße von uns zu Euch!

Dein
Arthur

123 (Abschrift)   30. 3. 1914

Mein lieber Hermann,
Deine Reise- und Aufenthaltspläne lassen wenig Hoffnung übrig, daß
man einander wenigstens im Laufe des Sommers begegnete—nachdem
unser Winterversuch leider mißglückt war.[339] Wir wollen Anfang Mai
nach Florenz.—Später (13.) von Genua aus zu Schiff nach Antwerpen
über Holland zurück. Juni und Juli größtenteils Wien, dann Gebirge
[Engadin].—
Am Freitag haben wir, nach ziemlich langer Zeit, Deine Frau wieder
singen gehört. Gurrelieder.[340] Was sie geboten hat, gehört einfach zu
dem *Größten*, was man je im Konzertsaal erlebt hat. Schade, daß Du
nicht dabei warst.
Wir grüßen Dich herzlichst! Und sage Deiner Gattin, daß wir sie bewun-
dern. Auf Wiedersehen doch hoffentlich einmal!

Dein
Arthur

124 (A 23 395; Maschinenschrift)   12. 6. 1914

Lieber Hermann,
Wie Dir ja bekannt ist war der "Reigen" bisher in Deutschland ein ver-
botenes Buch. Nun soll von dem Verlag J. Singer & Co., Berlin, eine
Neuauflage veröffentlicht werden,[341] deren Beschlagnahme vorauszusehen ist, und es kommt dem Verlag darauf an bei einem eventuell
bevorstehenden Prozess etliche Gutachten zur Verfügung zu haben.
Solche von Liszt,[342] Lilienthal,[343] Eulenberg,[344] Simmel,[345] Liebermann,[346] Fulda[347] liegen schon vor (in zum Teil ganz überraschend
günstigem Sinne, muß ich sagen); und da der Verlag doch gern auch aus
Oesterreich etwas in der Art möchte vorweisen können, so fiel mir ein,
daß vor Jahren, als dir einmal die öffentliche Vorlesung des "Reigen"
untersagt wurde, Burckhard einen Rekurs[348] eingebracht hat, der sich
vielleicht noch in Deinem Besitze finden mag. Ich frage Dich nun, ob Du
dem Verlag J. Singer, wenn er sich mit entsprechender Bitte an Dich
wenden sollte, jenes Schriftstück zu eventueller Benützung vor Gericht
auszufolgen geneigt wärest?
Mit herzlichem Gruß

Dein
Arthur

125 (Abschrift)   9. 2. 1915

Lieber Hermann,
der Buchhändler Heller[349] teilt mir mit, daß er Deiner verehrten Gattin
geschrieben, ob sie hier nicht zu einem wohltätigen Zweck Schubert-
Lieder singen möchte—und da ich daraufhin mich begreiflicherweise
äußerte: das möchte ich gern hören,—bittet er mich, diesen Wunsch
diese Sehnsucht (ich teile sie wahrscheinlich mit vielen) Dir direkt zu
übermitteln. Das tu ich—in der Empfindung etwas unbescheiden—aber
doch Deiner Nachsicht gewiß zu sein. Im übrigen wär es, auch abge-
sehen von den Schubert-Liedern, die Deine Frau so herrlich singen soll,
schön, wenn man sich wieder einmal sehen und sprechen könnte—in
dieser—Zeit,[350] für die das Adjektiv doch erst gefunden werden müßte!
Von Herzen mit Grüßen von Haus zu Haus

                                                              Dein
                                                              Arthur

126 (A 39 902; Handschrift)   Wien, 24. 8. 1918

Dr. Arthur Schnitzler
Wien XVIII. Sternwartestraße 71

Lieber Hermann,
ein begabter junger Componist, Musikdirector,[351] (mein Sohn studiert
Harmonielehre und Clarinette bei ihm) hat deine Pantomime ein braver
Mann[352] in einer mir sehr interessant erscheinenden Weise vertont und
möchte nicht nur deine nachträgliche Autorisation erbitten sondern hegt
den begreiflichen Wunsch, Dir die Sache einmal vorzuspielen. Vielleicht
bist du so gütig und gibst dem jungen Künstler (sein Name ist Arthur
Johann Scholz)—Gelegenheit dazu, wenn du dich, was ja (—wenn die
Zeitungsnachrichten stimmen) nun öfters der Fall sein dürfte, für ein
paar Tage in Wien aufhältst?
Wie lange hab ich Dich nun schon nicht gesehen und gesprochen. Nun
wirds hoffentlich nicht mehr so lange dauern wie seit dem letzten Mal!
Sei herzlichst gegrüßt von Deinem

                                                              alten
                                                              Arthur

127 (Abschrift)   Wien, 26. 6. 1920

Lieber Hermann,
darf ich Dir Mr. Scofield Thayer[353] vorstellen, Herausgeber der Dial,[354]
einen der charmantesten und anregendsten jungen Amerikaner, die mir
begegnet sind? Ich sage nicht mehr, denn ich hoffe, Du wirst Dir die Zeit
nehmen, Mr. Thayer einmal zu empfangen und ihn so persönlich ken-
nenlernen.
Er bringt Dir meine herzlichen Grüße. Auf Wiedersehen!

> Dein getreuer
> Arthur

128 (A 23 396; Maschinenschrift)   7. 2. 1921

Lieber Hermann.
Am 20. Feber feiert Popper-Lynkeus[355] seinen 83. Geburtstag. Das fängt
wie ein Aufruf an, aber es ist nur eine Bitte. Es wäre von einiger Bedeutung, insbesondere mit Rücksicht auf die bevorstehende Ausgabe[356]
der Popper-Lynkeus'schen Werke im Verlag Kola [Rikola], wenn an diesem Tag von einigen führenden Geistern die rechten Worte über ihn
gesagt würden. Man hat mich gebeten Dich zu fragen, ob Du vielleicht
in Deinem Tagebuch (der 20. Feber ist gerade ein Sonntag) über Popper-
Lynkeus, den Du ja, wie ich weiß, liebst und verehrst, schreiben wolltest.[357] Wäre Dir diesmal irgend eine andere Form, ein anderer Rahmen
genehm, so steht es natürlich ganz bei Dir. Es wäre von hohem Wert
(wie ich glaube auch für den Elan des Verlages), wenn Du am 20. Februar
unter denen nicht fehltest, die ein paar Worte über das Werk und das
Wesen von Popper-Lynkeus sagen wollten.
Ich höre, und lese es auch aus Deinem Tagebuch[358] heraus, daß Du
Dich wohlbefindest. Hoffentlich habe ich doch bald wieder Gelegenheit
mich auch persönlich davon zu überzeugen.

> Mit herzlichen Grüßen
> Dein
> Arthur

129 (Abschrift)

Salzburg, 16. 12. 1921
Hotel Österr[eichischer] Hof.

Sehr verehrter Herr Bahr,
schon längst wollt ich mich wieder bei Ihnen melden. Aber ich hatte
Besuch,—und nun seh ich Wiener Gesichter auftauchen und da denk
ich, Sie werden keine ruhigen Tage haben,—und wage schon gar nichts
für mich zu erbitten.
Dem Arthur hab ich von den beiden Spaziergängen mit Ihnen berichtet,
daraufhin schrieb er mir neulich eine Menge schöner Dinge über Sie
und nun fragt er immer nach Ihnen,—ich wünschte so sehr—er würde
Ihnen einmal in einer guten Stunde begegnen. Von allen Menschen, die
ich kenne, glaub ich, sind Sie der Einzige, der befreiend auf ihn wirken
könnte.
Meine Kinder kommen zu Weihnachten hierher zu mir. Ich wünsche
Ihnen gute und frohe Tage!
Von Herzen ergeben

Ihre
Olga Schnitzler

130 (Abschrift)

Wien, 6. 6. 1922

Mein lieber Hermann,
laß Dir vorläufig auf diesem Wege für die ausführlichen, freundschaftlichen warmherzigen Grüße danken, die Du mir durch die Zeitungen[359]
zu meinem Geburtstag[360] gesandt hast. In diesem Sommer hoff ich
zuversichtlich Dir endlich wieder die Hand drücken zu können. Ich
nehme an, Du bleibst vorläufig in München, ich komme wohl durch
und darf Dich aufsuchen! Mit tausend Grüßen dein getreuer

Arthur

131 (A 23 398; Handschrift)

Wien, 16. 2. 1930

Mein lieber Hermann,
nach so langer Zeit höre ich wieder was von Dir—und da verleihst Du
mir gleich den Nobelpreis![361]
Ich fühle ganz wie Du: daß Hugo[362] derjenige gewesen ist, der ihn hätte
bekommen müssen. Leider konnte ich diesmal nicht wieder aussprechen

—wie seinerzeit, als ich (noch dazu für das Zwischenspiel!) den Grillparzerpreis[363] erhielt, dass der eigentlich Hofmannsthal gebühre. Auch damit hast Du recht: *melden* werde ich mich nicht, vielleicht weniger aus Bescheidenheit, als aus Bequemlichkeit, und einer immer wachsenden Gleichgültigkeit gegen alle Arten von äußeren "Ehrungen" und was man so nennt.

Dein Tagebuch[364] lese ich natürlich immer—so bedürfte es also kaum einer freundlichen persönlichen Bemerkung,—und umso mehr danke ich Dir. Ich weiß nicht, ob Du meine kleinen Bücher[365] "Geist in Worten und in der That" und mein Buch der Sprüche und Bedenken erhalten hast—ich würde sie Dir gern schicken, auf die Gefahr hin, daß Du mit vielem nicht einverstanden sein wirst.

Es wäre schön wenn man einander wieder sähe. "Einer von uns wird es einmal bedauern", wie Hugo immer sagte.—Ich grüße Dich herzlich in alter Freundschaft

Dein
Arthur

132 (A 23 399; Handschrift)   Wien, 17. 3. 1930

Mein lieber Hermann,

Dein Heimweh[366] nach Wien und das Deiner verehrten Gattin hat auch mir ans Herz gegriffen, und der Hofrätin, mit der ich neulich davon sprach. Aber so wenig ich den Nobelpreis kriegen werde, so wenig hab ich in Oesterreich zu sagen, sonst hätte ich Dich längst wieder ans Burgtheater[367] gerufen. (Auf die Gefahr hin, daß Du mich wieder nicht aufführst,[368] auch ohne Poldi[369])—und wie erst Frau Mildenburg in die Oper oder wohin sie sonst möchte,—und in der Musik geht ja meine Objektivität noch weiter als in der Literatur. Aber je weniger man versteht und je mehr man liebt, umso gerechter ist man.

Aber Scherz beiseite, was *bindet* Dich eigentlich an München?[370] Ich habe das Gefühl, daß Deine Leiden und—entschuldige—Deine Hypochondrien sich hier zumindest lindern würden. Es würde viele freuen, auch manche, die nicht in allem Deines Sinnes sind, Dich wieder hier zu wissen. Denn wissen wir überhaupt welchen Sinnes wir sind. Kaum welchen Herzens. Beziehungen, auch unterbrochene, auch gestörte, sind das einzige Reale in der seelischen Oekonomie. Wenn mir meine Vergangenheit erscheint, bist Du mir immer einer der nächsten, und so kann es auch in der Gegenwart nicht anders sein.

Klingt das nicht ein bißchen nach fünfter Akt erste Szene? Sagen wir:

vierter,—vorletzte. Wir wollen nicht sentimental werden. Ich bemerke
mit angemessener Kühle: Hoffentlich sieht man sich einmal wieder. Es
wäre schön.

Von Herzen Dein
Arthur

133 (A 23 400; Maschinenschrift)   5. 9. 1931

Lieber Hermann,
ich lese, daß Dein "Konzert" jetzt als Tonfilm[371] erscheint, nachdem es
vorher, so weit ich mich erinnere, auch schon als stummer Film zu
sehen war. Ich möchte nun gern wissen—falls es Dir nicht unbequem ist
mir darauf zu antworten—ob, resp. welche Ansprüche die seinerzeitigen
Verfertiger des stummen Films an Dich gestellt haben. Ich erlebe es in
jedem einzelnen Fall, so mit "Liebelei", "Anatol", "Fräulein Else",[372]
daß sich die seinerzeitigen Verfertiger der stummen Fassung freundlich-
erpresserisch gebärden, in welcher Haltung die Leute durch allerlei
Gesetze, Auffassungen, Bestimmungen—auch insoweit sie nicht vorhanden sind—mehr oder weniger unterstützt werden.
Wolltest Du mir bei dieser Gelegenheit auch sonst ein Wort über Dich
und Dein Befinden[373] sagen, so wird es mich herzlich freuen.
Mit vielen Grüßen und der Bitte mich Deiner verehrten Gattin zu emp-
fehlen

Dein
Arthur

Herrn Hermann Bahr,
München.

NOTES TO THE LETTERS

[1] *Versprechen halten*. Bahr reminded Schnitzler on 3 November 1893 of his promise to write a feuilleton for the *Deutsche Zeitung*. From 1892 to 1893 Bahr was employed as a theater critic, feuilleton editor, and from February 1893 as the Burgtheater critic for the *Deutsche Zeitung* in Vienna under Emil Auspitzer (dates unknown), coowner of the newspaper, as well as secretary of the "Gewerbeverein" and director of the "Internationale Ausstellung für Musik und Theaterwesen."

In addition, Bahr asked Schnitzler for a popular biographical feuilleton about Johann Lukas Schönlein (1793–1864), physician and founder of the so-called "Naturhysterische Schule in der Therapie." The occasion was the 100th anniversary of Schönlein's birth. Apparently Schnitzler did not comply with Bahr's wish, which is not surprising considering his antipathy toward writing feuilletons.

[2] *Burckhard*. Max Eugen Burckhard (1854–1912), novelist, dramatist, and essayist. Burckhard, who was a lawyer by profession and without practical theater experience, headed the Vienna Burgtheater from 12 May 1890 until 18 January 1898. Partly under the influence of Bahr Burckhard championed modernism in the theater and introduced such new dramatists as Ibsen and Hauptmann. Both Bahr and Schnitzler esteemed Burckhard highly as a human being, advisor, and friend.

The manner in which he supported Burckhard is evident in Bahr's letter of 18 January 1898 to his father: "Ich atme auf, Burckhard hat heute seine Demission überreicht. So schmerzlich mir das ist, bin ich doch fast froh: ist das für mich doch eine große Erleichterung. Was hat mich das Burgtheater Arbeit gekostet—Mühe, Verdruß und schlaflose Nächte! Nun kann ich endlich wieder ein vergnügter Zuschauer sein!" Bahr, *Briefwechsel mit seinem Vater*, ed. Adalbert Schmidt (Wien: H. Bauer Verlag, 1971), p. 415. In a later letter to Hofmannsthal dated 26 July 1918, Bahr also stressed his support of Burckhard, which consisted mainly in his being able to set the tone for the press: "Das war mein Hauptwert für Burckhard, daß ich das Talent hatte, den Ton anzugeben (wörtlich genommen)—alle schimpften über mich, aber es ging doch in der Tonart weiter, die Burckhard gerade brauchte." *Meister und Meisterbriefe um Hermann Bahr*, ed. Joseph Gregor (Wien: H. Bauer Verlag, 1947), p. 180.

[3] *Eingangsfeuilleton*. As this letter makes evident, Schnitzler did not like to write feuilletons. A selection of his few feuilletons, essays, and theater and book reviews are contained in *Gesammelte Werke: Aphorismen und Betrachtungen*, ed. Robert O. Weiss (Frankfurt am Main: S. Fischer Verlag, 1967).

[4] *Abendspaziergang*. This feuilleton under the title "Spaziergang" appeared in the *Deutsche Zeitung* on 6 December 1893, p. 102, in the series "Wiener Spiegel." It has not been republished. In his diary for 15 November 1893 Schnitzler noted that to a group including Richard Beer-Hofmann and Hugo von Hofmannsthal he read "'Abendspaziergang', der viel getadelt wurde."

The aim of the series "Wiener Spiegel" was "in losen Skizzen die Wiener Welt, oben und unten, Gesellschaft und Volk, Salon und Straße [zu] bringen. Das ganze Wiener Leben will er Stück für Stück allmälig [sic] erzählen. Beiträge haben Ferdinand von Saar, Emil Marriot, Ada Christen, C. Karlweis, Gustav Schwarzkopf, Vincenz Chiavacci, Karl Rabis, Theodor Taube, Hugo von Hofmannsthal, Arthur Schnitzler, Dr. Beer-Hofmann, Hermann Bahr und Andere versprochen." *Deutsche Zeitung*, 6 December 1893, p. 1.

[5] *Geschichte*. It is not possible to state with certainty what story is meant here, but the description seems to fit the short prose work *Die drei Elixiere*. Apparently Bahr did not accept the story for his series, for it was first published in *Moderner Musen-Almanach*, 2 (1894). It is now contained in Arthur Schnitzler, *Die erzählenden Schriften*, I (Frankfurt am Main: S. Fischer Verlag), 1961. Further references to this volume will be cited as ES I.

⁶ *Novelle*. Arthur Schnitzler, "Geschichte von einem greisen Dichter," typewritten manuscript, 208 pages. In a letter of 23 July 1895 Bahr rather rudely rejected this story, which, according to Schnitzler's diary, he had submitted on 17 July 1895. In a later diary entry Schnitzler noted tersely: "Bahr hat mir den greisen Dichter unter tadelnder Kritik zurückgeschickt" (TB, 8 September 1895). In this instance Bahr was probably justified in his criticism, for Schnitzler never published this novella, and it is only to be found in the *Nachlaß*. On 25 November 1895 Schnitzler noted in his diary: "Verstimmt über 'den greisen Dichter', den ich durchlas und der mir höchlichst mißfiel."

⁷ *Saar*. Ferdinand von Saar (1833–1906), career officer in the Austrian army, who resigned his commission in 1859 and became a writer of lyric poetry, narrative tales, and dramas. The young writers who comprised the so-called *Jung-Wien* group respected the older Saar. Thus when Hermann Bahr founded his newspaper *Die Zeit*, he requested a contribution from him for the first issue, in order to show the public from the beginning the intended literary direction of the newspaper, that is, that it would be solid and conservative rather than wildly avant-garde, as the public might have expected from Bahr. See Donald G. Daviau, "Hermann Bahr to Ferdinand von Saar: Some Unpublished Letters," *Monatshefte*, 53 (November 1961), 285–90.

⁸ *Richard*. Richard Beer-Hofmann (1866–1945), Austrian lyric poet, dramatist, and narrative prose writer. Beer-Hofmann was a leading member of the *Jung-Wien* circle of writers and a lifelong friend of both Schnitzler and Bahr. Schnitzler esteemed Beer-Hofmann extremely highly as a human being and writer and had great confidence in him. In his diary on 4 January 1905 Schnitzler wrote: "Meine Empfindung, daß er [Beer-Hofmann] der bedeutendste von uns allen ist." In his testament Schnitzler designated Beer-Hofmann as the advisor of his son, Heinrich Schnitzler, in questions regarding the literary *Nachlaß*. In 1939 Beer-Hofmann emigrated to the United States, where he died in New York. For the relationship of Beer-Hofmann and Schnitzler see Eugene Weber, "The Correspondence of Arthur Schnitzler and Richard Beer-Hofmann," *Modern Austrian Literature*, 6, 3/4 (1973), 40–51.

⁹ *Glückwünsche*. Bahr was congratulating Schnitzler on the successful premiere in Berlin of *Liebelei: Schauspiel in drei Akten* (Berlin: S. Fischer Verlag, 1896), which was performed on 4 February 1896 in Otto Brahm's Deutsches Theater. In a telegram dated 18 April 1896 the *Regisseur* [i.e., stage manager or artistic director] and the performers congratulated Schnitzler on the 25th performance of *Liebelei*. See *Der Briefwechsel Arthur Schnitzler–Otto Brahm*, ed. Oskar Seidlin (Berlin: Selbstverlag der Gesellschaft für Theatergeschichte, 1953), p. 39.

¹⁰ *Peschkau*. Emil Peschkau (1856–death date not known, but after 1935), narrative prose writer, dramatist, and journalist. Beginning in 1878 he worked as a newspaper editor in Würzburg and continued after 1892 in Berlin as feuilleton editor and theater critic for the *Berliner Neueste Nachrichten*.

¹¹ *Quelle*. Presumably Peschkau's source was Bahr's critical review of *Liebelei*, written on the occasion of the premiere in the Vienna Burgtheater on 9 October 1895. After a succinct but comprehensive description of the plot of the play, Bahr commented: "Das Stück sagt also: 'Seid selber etwas! Seid so viel, daß wenn man euch auch das Amt, die Liebe, alle Beziehungen nimmt, in euch selber immer noch genug bleibt! Lebt, statt euch bloß leben zu lassen!' Das wird von ihm sehr wahr und gerecht, auch mit einer freilich mehr feuilletonistischen als dramatischen Anmuth und nicht ohne einen gewissen Geist gelehrt. Die Führung der Scenen ist oft geschickt, glückliches Detail ergötzt, hübsche Worte fehlen nicht, es ist eine saubere, anständige und brave Arbeit, und so wäre man nicht abgeneigt, von Schnitzler zu sagen was Laube einmal über Bauernfeld schrieb: 'Jedenfalls ist es für die Theaterdirection ein Glück, wenn in ihrer Stadt ein producierendes Talent sich entwickelt, welches in gebildeter Weise und außerhalb der alltäglichen Routine die neuen Lebenselemente der Stadt dramatisiert.' Nur darf man nicht verschweigen, daß er vorderhand noch nicht so weit ist. Er weiß die neuen Elemente unserer Stadt zu fühlen, auch zu schildern; 'dramatisieren' kann er sie noch nicht. Man dramatisiert Zustände, indem man Menschen in sie bringt, die sich ihnen widersetzen; dort, wo sich die Menschen

mit den Dingen entzweien, fängt das Drama erst an. Aber seine Menschen, die nicht wollen, sitzen unbeweglich in ihren Zuständen drin, wie Chamäleons, die immer die Farbe ihrer Umgebung haben; so kann man sie nicht sehen, sie bleiben grau, traurige, aber nicht tragische Personen, und er scheint nicht zu wissen, daß der Mensch erst, wenn er sich aus seinem Boden löst, von den anderen abhebt und seine eigene Farbe annimmt, daß er im Streite und durch die That erst dramatisch wird. Das hat er noch zu lernen." Bahr, *Wiener Theater 1892–1898* (Berlin: S. Fischer Verlag, 1899), pp. 85–86. Despite Bahr's feeling that the play was "schlecht insceniert, sogar schlampert," the premiere was a success. Ibid., p. 86.

   [12] *Märchen*. Schnitzler, *Das Märchen: Schauspiel in drei Aufzügen* (Dresden und Leipzig: E. Pierson, 1894); now in *Die dramatischen Werke*, I (Berlin: S. Fischer Verlag, 1962). Further references to this volume will be cited as DW I. There are three versions of *Das Märchen*, which vary principally in the conclusion. Concerning these variations see Reinhard Urbach, *Schnitzler—Kommentar zu den erzählenden Schriften und dramatischen Werken* (München: Winkler Verlag, 1974), pp. 143–48.

   [13] *Langkammer*. Karl Langkammer (pseud. for Gustav Axleitner, 1854–1936), actor, dramatist, and *Regisseur*. In 1896 he assumed the direction of the Raimundtheater and in 1900 became director of the Theater an der Wien. In 1905 he was named *Oberregisseur* at the Vienna Burgtheater.

   [14] *Urteil*. Bahr informed Schnitzler on 5 February 1895, that Langkammer was very interested in the altered version of *Märchen*. Langkammer was willing to suggest the play to the board of directors for performance at the Raimundtheater but wanted to wait until after a general meeting which involved an attack on Adam Müller-Guttenbrunn. One of the many complaints against Müller-Guttenbrunn was that he included in the repertoire too many plays which had already been performed elsewhere. Adam Müller-Guttenbrunn (1852–1923) was the first managing director of the Raimundtheater in Vienna. On 24–25 February 1896 Müller-Guttenbrunn "durch allerlei unsaubere Manöver in der Generalversammlung" was dismissed, and Langkammer was named to replace him. J. Nagl, J. Zeidler and E. Castle, *Deutsch-Österreichische Literaturgeschichte*, IV (Wien: Karl Fromme, 1937), p. 2027. Even though Langkammer was now the managing director the play was not accepted. *Das Märchen*, which Schnitzler held in high esteem, was never appreciated by theater managers in Germany or in Austria. It did find more success in Russia, where it was performed frequently.

   The premiere of *Märchen* took place on 1 December 1893 in Vienna at the Deutsches Volkstheater. On 2 December the play was performed for a second time and then dropped from the repertoire. See *Arthur Schnitzler— Georg Brandes: Ein Briefwechsel*, ed. Kurt Bergel (Bern: A Francke,1956), pp. 170–71.

   In his review Bahr first praised the play as an artistic work: "Man fühlt in jeder Scene dieses Stückes, daß es immer Kunst aus freien Wallungen der Seele, nirgends Mache, nirgends Geschäft, nirgends Rechnung auf die Laune der Menge ist. Es hat die heitere Unschuld der reinen, durch keinen technischen Zwang verdorbenen Jugend, welche wie im Traume, ihren heimlichen Trieben gehorsam, elementarisch aus sich schafft. Das gibt ihm eine schöne Weise." *Wiener Theater 1892–1898*, p. 242. Nevertheless Bahr criticized the play as too scattered and diffuse to be effective: "Die Bühne braucht deutliche und rasche Fragen. Der Hörer muß gleich in die Dinge gebracht, von ihnen gepackt, durch sie gezwungen werden. Er darf nicht erst suchen und zweifeln. Wenn er schwankt, ist die Wirkung schon gehemmt, weil er dann zaudern, sich besinnen, prüfen kann; es stockt der Fluß gehorsamer Gefühle. Aber wenn er gar sich plötzlich wenden, das erste Thema verlassen, mit einem anderen rechnen soll, ist es aus. Der erste Akt muß im Hörer wecken, was die anderen halten. Die anderen müssen bringen, was der erste verspricht. Sonst kann es nicht treffen. Das ist das ganze Einmaleins der Wirkung. Das fehlt dem 'Märchen', um vom künstlerischen Werthe zur scenischen Kraft zu kommen. Es fehlt, was der gute, dicke Sarcey mit dem deutlichen Gewissen der theatralischen Instincte immer gleich an jedem Stücke fragt: Es hat keine idée maitresse—es hat keinen Kern, der die Gefühle um sich sammeln, fassen, einigen würde. Es schlägt im Hörer ein Stück um das andere an, aber keines wird gehalten. Da ist das Stück von den Gefallenen, mit dem Thema der 'Denise' und der 'Vergini'. Dann das Stück jenes Zwistes von Verstand und Gefühl, das auch ich einmal, im Sturme der ersten Jugend, mit meinen 'neuen Menschen' versuchte. Aber plötzlich ein drittes Stück, wie kleine Nervositäten große Leidenschaften zerstören. Und ein viertes, ob man denn überhaupt, auch wenn sie Tugend hätte, eine Schauspielerin lieben darf, und die kitzliche Ehre des Liebenden sich je in die Sitten dieses Gewerbes schickt. Vier Stücke so in drei Akten, eine in das andere verkapselt, wie im Leben, das auch nirgends ein Thema allein, sondern immer bunte Wechsel verhandelt." Ibid., pp. 246–48. Finally, Bahr acclaimed the drama as a bold experiment that merited the respect of audiences desiring a renewal of the stage: "Es ist ein tapferes Experiment. Wer eine Verjüngerung der Bühne wünscht, muß es dankbar grüßen und seine Fehler sogar lieben, weil sie die Mühe des Nächsten kürzen. Wer freilich an der Schablone klebt und keinen Wechsel der Schönheit duldet, verdient es gar nicht. So scheidet es im Parterre die Böcke von den Schafen." Ibid., p. 251.

Felix Salten's views on why the premiere was greeted in such hostile fashion are also worth noting: "Der Abend, an welchem Schnitzlers erstes Schauspiel 'Das Märchen' seine Premiere am Deutschen Volkstheater erlebte, ist uns allen unvergeßlich geblieben. Es war ein arger Durchfall. Doch er wurde von all den vielen Gehässigen, Neidischen und Bos- haften verursacht, denen sich hier endlich Gelegenheit bot, an dem schönen, etwas hoch- mütigen jungen Dichter ihr Mütchen zu kühlen. Natürlich fehlte es nicht an dem üblen, alten Scherz, nach welchem die Dichter behaupten sollten, Schnitzler sei ein guter Arzt und die Ärzte, Schnitzler sei ein guter Dichter." "Aus den Anfängen," *Jahrbuch der deut- schen Bibliothek und Literaturfreunde* 18–19 (1932), 42.

On 20 September 1907, on the occasion of a tryout of *Märchen* in the Burgtheater, Schnitzler wrote in his diary: "Ich strich viel. Das Stück ist bald 17 Jahre alt; vor bald 14 wurde es im Volkstheater (Sandrock) gegeben, 2mal. Seither ein (oder einigemal in Prag?) in deutscher Sprache. Russisch erhielt es sich auf dem Repertoire.—Ich habe bessere geschrieben, aber keines, wo ich künstlerisch und äusserlich noch so unbekümmert war. —Das einzige meiner (gespielten) Stücke, von dem nur eine 'Fassung' gedichtet wurde.—"

[15] *20. 9. 1896*. This letter has been dated on the basis of internal evidence. In a letter dated September 1896 Bahr indicates that he is sending an issue of a journal that Schnitzler asked to borrow. Further corroboration that Schnitzler's letter is an answer to Bahr's is the information concerning Beer-Hofmann's address, which Bahr had requested. Schnitzler's letter is dated "Sonntag Abend," and, according to the diary, Sunday is 20 September 1896.

[16] *Sendung*. A reference to an issue of *Cosmopolis*, 3/7 (August 1896), 357–73, containing an article on "Current German Literature" by John G. Robertson, who deprecates Schnitz- ler's *Liebelei*, Max Halbe's *Lebenswende*, and Georg Hirschfeld's *Mütter* and states on p. 372: "I can hardly understand anyone who professes to have a catholic literary taste having patience to read them through to the end." The appraisal annoyed Schnitzler, who quoted this line in his diary and added: "Auch erklärt der Herr—warum diese Stücke, auch die Liebelei—durchfallen mußten—was doch schon ein bißchen Fälschung ist" (TB, 20 Sep- tember 1896).

[17] *Richard*. Richard Beer-Hofmann. See n. 8.

[18] *Reicher*. Emanuel Reicher (1849–1924), probably the first naturalistic actor, and the performer whom Otto Brahm called the father of modern acting. After Reicher had per- formed at the Lessingtheater in Berlin for eight years, Brahm brought him in 1894 to the Deutsches Theater, where he became a star member of the ensemble. During the period 1901–1903 Reicher became a member of Max Reinhardt's "Schall und Rauch" theater but subsequently returned to Brahm.

In his autobiography Bahr stated that during his period in Berlin in 1890 Reicher was his best friend. It is evident from the following enthusiastic evaluation of Reicher's influ- ence and importance that Bahr held him in high esteem: "Kein deutscher Schauspieler hat jemals so produktiv gewirkt, weder vorher, noch nachher: wer mit ihm auf der Bühne stand, gab dreimal mehr von sich her als sonst. Von keinem andern deutschen Schau- spieler ging so viel stilbildende Kraft aus. Nicht bloß Rosa Bertens, Rudolf Rittner und

Josef Jarno, seine Kollegen in dem kleinen Residenztheater, können das bestätigen, seine Wirkung griff weit über die Macht unmittelbarer Berührung hinaus, und Brahm wird nicht kleiner durch das Zugeständnis, daß sein Stil, Brahms Ibsenstil, der zehn Jahre lang die deutsche Bühne beherrscht hat, eigentlich in Reicher, in Reichers Persönlichkeit noch mehr als in seinen ungestüm verkündigten Postulaten, wurzelte." Bahr, *Selbstbildnis* (Berlin: S. Fischer Verlag, 1923), p. 266.

When Reicher in March and April 1891 traveled to St. Petersburg in Russia as the participant in a guest performance together with Josef Kainz and Lotte Witt, Bahr, who had resigned from the journal *Freie Bühne*, traveled along with them. On this occasion he "discovered" the later famous actress Eleonora Duse, and through his enthusiastic description of her capabilities he helped to launch her successful career. From St. Petersburg Bahr returned to Vienna, a step which proved to be a turning point in his life. Ibid, pp. 275–76. Bahr described his experiences in Russia in diary form in the volume *Russiche Reise* (Dresden und Leipzig: C. Pierson's Verlag, 1891). This work is dedicated "dem kleinen Fräulein [Lotte Witt]." Lotte Witt (1870–1938) was brought to the Burgtheater by Max Reinhardt. Among other roles she played Cäcilia in Schnitzler's *Zwischenspiel*.

[19] *Die Jugend*. The drama *Jugend* appeared in 1893 and was written by Max Halbe (1865–1944), a German naturalistic dramatist.

[20] *Die Weber*. Gerhart Hauptmann (1862–1946) was the most famous exponent of German naturalism, dramatist, novelist, poet, and one of the most eminent German writers of the twentieth century. The drama *Die Weber*, which was originally written in Silesian dialect as *De Waber*, appeared in 1892. Schnitzler met Hauptmann on 18 October 1896 while he was in Berlin attending the rehearsals of his drama *Freiwild*. In a diary entry for 18 October 1896 Schnitzler briefly described his reaction to Hauptmann, stating that he was "sehr sympathisch und ohne Befangenheit."

[21] *Tschapperl* [sic]. Bahr, *Das Tschaperl: ein Wiener Stück in vier Aufzügen* (Berlin: S. Fischer Verlag, 1898). The first performance in Vienna took place on 27 February 1897 in the Carltheater with Arnold Korff, Franz Ritter von Jauner, and Gisela Pahlen. Schnitzler did not comment on the play, but he did react to Theodor Herzl's review: "Ein Feuilleton vom Herzl über Tschapperl, 'Jung Oesterreich' genannt, ärgerte mich wegen des frechen und beinah perfiden Tones; daher fest überzeugt, er hätte anders geschrieben, wenn ich seine Eitelkeit nicht verletzt" (TB, 7 March 1897). Years later Schnitzler reread the play and commented: "Las in diesen Tagen wieder einmal Bahrs 'Tschapperl' (was für ein Niveau!). . . ." (TB, 30 January 1918).

[22] *Karte*. Bahr sent Schnitzler a ticket to *Das Tschapperl*.

[23] *lese*. In a letter of 22 March 1897 Bahr requested the titles of the works which were to be read so that the program could be printed. Bahr was organizing a reading by his friends for a charity benefit, which was to take place on 28 March 1897 in the Bösendorfersaal. Georg Hirschfeld read his narrative work *Bei Beiden*, Hugo von Hofmannsthal his lyric drama *Der Tor und der Tod*, Schnitzler the first act of his new drama *Freiwild*, and Hermann Bahr a short prose work entitled *Anekdote*.

[24] *fertig wird*. Possibly Schnitzler is referring to the two short novellas *Der Ehrentag* in *Die Romanwelt*, 16 (1897) and *Die Toten schweigen* in *Cosmopolis*, 8 (22 October 1897). Both works are now included in ES I.

[25] *Hirschfeld*. Georg Hirschfeld (1873–1942), naturalistic dramatist and novelist. Hirschfeld was associated with the *Jung-Wien* writers but was not a close friend of either Bahr or Schnitzler.

[26] *Hugo*. Hugo von Hofmannsthal (1874–1929), Austrian poet, dramatist, novelist, essayist, and librettist. Hofmannsthal was a good friend of Bahr and Schnitzler, although from 1905 to approximately 1915 he was estranged from Bahr. For the association of Bahr and Hofmannsthal see *Meister und Meisterbriefe um Hermann Bahr*, pp. 165–86. Judging from Schnitzler's diaries, the relationship of Schnitzler and Hofmannsthal was quite close but much more complex than one might be led to believe from their published correspondence: Hugo von Hofmannsthal and Arthur Schnitzler, *Briefwechsel*, ed. Therese Nickl and Heinrich Schnitzler (Frankfurt am Main: S. Fischer Verlag, 1964). See also Arthur Schnitzler and Hugo von Hofmannsthal, *Charakteristik aus den Tagebüchern*, ed. Bernd Urban with Werner Volke, Freiburg im Breisgau: Deutsches Seminar der Universitäten, 1975.

Concerning the benefit reading (see n. 23), Hofmannsthal in a letter to Schnitzler indicated that he did not want to feel obligated to participate in the reading unless he could find something suitable and new to present. Hofmannsthal and Schnitzler, *Briefwechsel*, p. 79. However, in the end he read his earlier work, *Der Tor und der Tod*.

[27] *Bei Beiden*. Georg Hirschfeld, *Bei Beiden: Novelle*, in *Dämon Kleist: Novellen* (Berlin: S. Fischer Verlag, 1895).

[28] *Plessner*. Elsa Plessner (dates unknown). There is no letter by Plessner mentioned in Gerhard Neumann and Jutta Müller, *Der Nachlaß Arthur Schnitzlers* (München: Wilhelm Fink Verlag, 1965). Hermann Bahr reviewed a play by her entitled *Die Ehrlosen*, which was performed on 16 March 1901 at the Deutsches Volkstheater in Vienna, in *Premièren: Winter 1900 bis Sommer 1901* (München: A. Langen, 1902), pp. 102–5. In his diary entry for 19 September 1896 Schnitzler mentions her as follows: "Elsa Plessner schickte mir neulich ihre Skizze. Schlampert, journalistisch, hie und da origineller Zug.—" Again on 17 January 1916 she is mentioned: "Las Nachmittag ein schlechtes Buch von Fr[äulein] Plessner, Manuscript aus München geschickt, mit eingebildetem Brief.—"

[29] *Novelle*. It is not known to which work this refers.

[30] *zurückkomme*. Schnitzler departed from Vienna on 7 April 1897 and traveled via Munich and Zürich to Paris, where he arrived on 12 April. On 24 May he traveled to London, on 1 June to Hannover, and on 2 June via Prague back to Vienna. See Hofmannsthal and Schnitzler, *Briefwechsel*, p. 346.

[31] *Neumann-Hofer*. Gilbert Otto Neumann-Hofer (pseud. for Otto Gilbert, 1857–1941), editor and theater critic in Berlin for the *Berliner Tageblatt* and *Deutsches Morgenblatt* and director of the Lessingtheater in Berlin from 1897 to 1904 when Otto Brahm replaced him. On 8 July 1897 Bahr discussed with Schnitzler Neumann-Hofer's wish to sign Schnitzler to a contract with the Lessingtheater for three to five years. Schnitzler, however, preferred to remain with Brahm but used the favorable offer by Neumann-Hofer to inform Brahm that there was now another director interested in his plays: "Immerhin möchte ich Ihnen endlich einmal gestehen, daß Ihr Freund Neumann-Hofer dringend was von mir haben möchte, mir Anerbieten in schwindelnder Höhe macht (hier übertreibe ich), daß ich aber das stille Glück an der Seite eines geliebten Brahm den Reichtümern in den Armen Neumann-Hofers vorziehe. Immerhin ist es möglich, daß bei meinem in der letzten Zeit beträchtlichen Fleiße ein Theater nicht alles aufarbeiten kann, was ich 'schaffe'." *Der Briefwechsel Arthur Schnitzler–Otto Brahm*, p. 75.

According to Schnitzler's diary, Neumann-Hofer renewed his efforts at obtaining a contract during a visit to Vienna in November 1897: "Neumann-Hofer und Bahr bei mir; Neumann-Hofer wollte Contract; war ungeheuer liebenswürdig" (TB, 19 November 1897).

[32] *Tschapperl* [sic]. See n. 21. The first Berlin performance took place in the Lessingtheater in September 1897. In a letter to Schnitzler dated 28 September 1897, Bahr expressed his joy over the success of his play in Berlin. In a letter to his father Bahr similarly expressed his satisfaction at having finally found theatrical success in Berlin: "Das 'Tschaperl' hat in Berlin sehr gefallen: abends vom Publikum warm und widerspruchslos aufgenommen, wird es von der Presse unsinnig gelobt, man vergleicht mich mit Anzengruber und Raimund, usw. In demselben Theater, wo meine 'häusliche Frau' ausgezischt wurde, bei denselben Rezensenten, die damals wie die Tiger waren, habe ich mir diesen Triumph mit einem Stück geholt, dessen hiesigen Erfolg man durch die Behauptung verkleinern sollte, es hätte hier nur 'durch die lokalen Anspielungen und persönlichen Beziehungen' so gewirkt. Du kannst Dir denken, daß ich vergnügt bin." Bahr, *Briefwechsel mit seinem Vater*, pp. 410–11.

[33] *Die Totden* [sic] *schweigen*. Arthur Schnitzler, *Die Toten schweigen: Erzählung*, *Cosmopolis*, 8/22 (October 1897), pp. 193–211; now in ES I. On 10 November 1897 Bahr wrote asking Schnitzler for permission to include this story on the program at his next public reading. In his diary that day Schnitzler commented: "Burckhard mit Bahr. Burckhard drängt wegen meines Stücks, möcht es sobald als möglich; Bahr wird 'Todten schweigen' öffentlich lesen.—Wer mir vor 5 Jahren diesen Tag prophezeit hätte—und zugleich, daß ich ihn in tiefster Verstimmung verbringen würde, wegen meines unerträglichen Ohrenklingens" (TB, 10 November 1897).

[34] *Ansicht*. In a letter of 12 November 1897 Bahr conveyed to Schnitzler his views about the rights of a reader to make changes in the material he is using. Although consistency of thought was never Bahr's strong point, his view in this matter is surprising, for at the end of November 1893 he had resigned from the *Deutsche Zeitung* because two of his theater reviews had been changed without his permission. See p. 48, n. 39.

[35] *Fassung*. The *Nachlaß* contains two versions of *Die Toten schweigen*: a fragment with the title "Abschied" from the years 1896–1897 and a long handwritten version (107 pages), which bears the date 22 March 1897.

[36] *Cosmopolis-Heft*. As was customary, Bahr had to submit this issue containing *Die Toten schweigen* to the censor for approval before he could read the work publicly. See n. 33.

[37] *25. 1. 1898*. On 24 January 1898 Bahr invited Schnitzler to take part in a farewell dinner for Max Burckhard, who had resigned under pressure as director of the Burgtheater. There were to be about forty guests at Sacher's, and each individual was to pay his own expenses. Schnitzler was asked to send an affirmative reply as soon as possible, hence the suggested date for this card. In his diary for 2 February 1898 Schnitzler notes: "Burckhard-Bankett bei Sacher."

[38] *Redaktion*. Bahr together with Heinrich Kanner (1864–1930) and Isidor Singer (1867–1927) founded on 1 October 1894 the newspaper *Die Zeit, Wiener Wochenschrift für Politik, Volkswirtschaft, Wissenschaft und Kunst*. Bahr was the editor of the belletristic section. See Ilse Tielsch, "Die Wochenschrift 'Die Zeit' als Spiegel des literarischen und kulturellen Lebens in Wien um die Jahrhundertwende," Diss. Wien, 1952. See also Bahr, *Briefwechsel mit seinem Vater*, pp. 353, 356, 363f., 372, 383, and 407.

The three editors of *Die Zeit* inclined to the left politically, and culturally they were oriented toward the west. Because of personal difficulties with his colleagues (with the exception of Singer) Bahr left *Die Zeit* in 1899. His position was filled by Max Burckhard who assumed responsibility for literary matters and by Richard Muther (1860–1909) who was placed in charge of the visual arts. On 29 October 1904 the paper appeared for the last time. During its decade of publication *Die Zeit* contributed to the cultural life of Vienna.

In *Renaissance*, which contains a collection of his feuilletons from *Die Zeit*, Bahr explained his ambitious, idealistic cultural program in an open letter to Hugo von Hofmannsthal and Leopold von Andrian: "Diese Wochenschrift habe ich ja begründet, damit doch die Fragen der Cultur auch in unserem Lande einen Anwalt haben. Getreu schreibe ich da jede Woche auf, was die Suchenden finden; so nähern wir uns der großen Kunst. Ihr wißt, daß es gewirkt hat; es ist nicht umsonst gewesen. Von allen Seiten sind auf meinen Ruf viele Leute gekommen und wir dürfen glauben, daß aus unserem stillen Kreise mancher Gedanke in die große Welt gedrungen ist." *Renaissance: Neue Studien zur Kritik der Moderne* (Berlin: S. Fischer Verlag, 1897), p. 2.

Bahr submitted a letter of resignation to Singer on 1 July 1899, effective 1 January 1900. However, he asked to be released on 1 October 1899, if possible, and his request was granted. Bahr claimed he was leaving *Die Zeit* because he could no longer cope with the heavy burden of editorial work. At the *Neues Wiener Tagblatt*, to which he was moving, he would only be required to write one feuilleton a week with no additional editing responsibilities.

[39] *Vaters*. Alois Bahr (1834–1898), attorney and Notary Public in Linz, town counselor, elected delegate to the *Landtag*, and leader of the Liberal Party. For the relationship of Bahr and his father see Bahr, *Briefwechsel mit seinem Vater*. From 1883 to 1898 Bahr wrote to his father at least once a week, for during this entire period he was almost continuously dependent financially on his father. These letters provide a detailed and fairly comprehensive view of Bahr's life, activities, and ideas during this period and supplement the account found in Bahr's autobiography, *Selbstbildnis*.

[40] *Telegramm*. Not available.

[41] *Erfolg*. Schnitzler is referring to the success of *Josephine: Ein Spiel in vier Akten* (playscript, München: Rubin-Verlag, 1898; printed version, Berlin: S. Fischer Verlag, 1899), Bahr's Napoleon-comedy that was first performed in Berlin at the Lessingtheater on 12 November 1898. The actual premiere had been held in Vienna at the Deutsches Volks-

theater on 23 December 1897. The play is dedicated: "Meinem lieben Freund, Emmerich von Bukovics" (see n. 85). Schnitzler noted in his diary on 23 December 1897 that he attended the premiere, but he did not add any additional commentary about the quality of the play or the performance. *Josephine* is a revised and expanded version of a one-act play entitled *Bonaparte* that Bahr had written in Linz in 1892 with the title role intended for his friend Josef Kainz, who planned to perform it in Germany and then on tour in the United States. However, none of these plans materialized. See Bahr, *Briefwechsel mit seinem Vater*, pp. 315, 319, 325, 410, and 411. For Kainz's enthusiastic appraisal of *Bonaparte* and his ambitious plans to perform the play see *Meister und Meisterbriefe um Hermann Bahr*, pp. 199–200. *Bonaparte* was published in *Moderner Musen-Almanach*, 2 (1894), 251–65.

⁴² *Glückwünsche*. On 8 December 1898 Bahr sent his congratulations for the successful premiere of *Das Vermächtnis*, which opened on 30 November 1898 in the Deutsches Volkstheater in Vienna.

⁴³ *Kakadu*. Schnitzler, *Der grüne Kakadu: Groteske in einem Akt*. Bahr wanted *Kakadu*, which had been banned by the censor and prohibited from performance in the Burgtheater, for his newspaper *Die Zeit*, but Schnitzler had already sent the play to the *Neue Deutsche Rundschau*, where it appeared in March 1899. It is now in DW I.

Der grüne Kakadu was performed successfully on 1 March 1899 in the Burgtheater with Josef Kainz. However, the play found disfavor with court circles, and Director Paul Schlenther was encouraged to drop it from the repertoire, which he did, despite Schnitzler's written and verbal protests. Schnitzler subsequently obtained the rights to the play back from the Burgtheater and could then offer it to Bukovics at the Deutsches Volkstheater. For a detailed discussion of this incident see "Die Kakadu Affaire," in Renate Wagner and Brigitte Vacha, *Wiener Schnitzler-Aufführungen 1891–1970* (München: Prestel-Verlag, 1971), pp. 31–33. See also Otto P. Schinnerer, "The Suppression of Schnitzler's *Der grüne Kakadu* by the Burgtheater: Unpublished Correspondence," *Germanic Review*, 6 (April 1931) 183–92. In his diary on 4 December 1905 Schnitzler indicated the reason that the play had been rejected: "Heute erfuhr ich, warum Kakadu damals abgesetzt wurde. Erzher[zogin] Gisela war drin und indigniert, weil Haeberle (Michette) sich an den Dessous des Marquis (Mitterwurzer) zu schaffen machte." This unpleasant incident, which was made public by Bahr, created an enmity between Schlenther and Schnitzler that persisted for years and effectively kept his works from being performed in the Burgtheater from 1899 until the production of *Zwischenspiel* in 1905.

⁴⁴ *Rundschau*. *Neue Deutsche Rundschau*, monthly literary journal founded in 1889 by Otto Brahm in conjunction with such literary figures as Hermann Bahr, Otto Julius Bierbaum, Wilhelm Bölsche, Gerhart Hauptmann, Arno Holz, and others. Since the journal originally was published under the title *Freie Bühne für modernes Leben*, Schnitzler in his letter first used its original name. From 1894 to 1903 the journal was called the *Neue Deutsche Rundschau* and after 1903 simply *Neue Rundschau*. Differences of opinion with Brahm caused Bahr to try to assume control of the journal, and when this attempt failed he had no choice but to resign. In his *Selbstbildnis* Bahr commented on this journalistic episode in his life: "So viel berühmte Namen, und noch bevor sie berühmt waren, hat kaum irgendeine andere deutsche Zeitschrift je zu scharen vermocht. Brahms ruhiger Ton einer durch leisen Spott gewürzten Verstandesklarheit behielt die Führung, ich irrwischte dazwischen unter allerhand Decknamen als Karl Linz, B. Schwind, Schnitzel und Globetrotter einher, das Beste schrieb im Grunde Hermann Helferich, der, behutsamer, geduldiger und sachlicher als ich, meinen Glauben an einen Idealismus in der Kunst, an die Notwendigkeit einer 'Synthese von Naturalismus und Romantik' aussprach; wir behielten recht, die Zeit hat es bestätigt, . . . Brahm hatte sehr viel Geduld mit mir, ich gar keine mit ihm, nach kaum einem halben Jahr war's so weit, daß wir uns nicht mehr grüßten und ich, samt dem immer treuen Kameraden Arno Holz, aus der Freien Bühne mit Getöse schied, den wägenden Brahm am ängstlich klopfenden Herzen Fischers zurücklassend." *Selbstbildnis*, pp. 259–60. See also Bahr, *Briefwechsel mit seinem Vater*, pp. 282–83.

Brahm's version of these events is recorded in a card to Ludwig Fulda dated 29 July 1890: "Ich weiß nicht, ob Sie von der großen Palastrevolution in unserer Zeitschrift gehört haben: Bahr-Holz, zwei Verschwörer aus dem *Fiesko*, denen ich nicht genug 'Macht' einräumte, haben einige unschuldige Lämmer angestiftet und sind feierlich abgefallen." *Der Briefwechsel Arthur Schnitzler-Otto Brahm*, p. 85, n. 92. A more detailed version of these events is contained in Felix Mendelssohn, *S. Fischer und sein Verlag* (Frankfurt am Main: S. Fischer Verlag, 1970), pp. 124–28. After several years of estrangement Bahr reestablished an association with Brahm. See Bahr, "Otto Brahm," in *Essays* (Leipzig: Insel Verlag, 1912), pp. 93–104.

⁴⁵ *Recurs*. The same censorship problems developed in Berlin as in Vienna over *Der grüne Kakadu*, which, Schnitzler noted on 26 November 1898, was prohibited from performance. Burckhard, who was an attorney, prepared an appeal to obtain the release of the play by the censor. Eventually the ban was lifted, and *Der grüne Kakadu* was performed together with *Die Gefährtin* and *Paracelsus* in Vienna on 1 March 1899 and in Berlin on 29 April 1899.

⁴⁶ *Bühne*. The Freie Bühne, founded in 1889 in Berlin by Otto Brahm, Maximilian Harden, Paul Schlenther, Theodor Wolff, and the brothers Julius and Heinrich Hart on the model of André Antoine's Théâtre Libre in Paris. The idea of a subscription theater was a means of avoiding censorship. Under the direction of Brahm the Freie Bühne performed pioneer service in the advancement of the theater by making possible the performance of dramatic works by such contemporaries as Hauptmann and Ibsen. Brahm tried to negotiate for the performance of *Der grüne Kakadu* at the Freie Bühne but was not successful. However, the play was performed in any event, as indicated in the previous note. See *Der Briefwechsel Arthur Schnitzler-Otto Brahm*, p. 84, n. 90.

⁴⁷ *hinausgeschoben*. The performance of the three one-act plays *Der grüne Kakadu*, *Paracelsus*, and *Die Gefährtin* took place, according to Schnitzler's diary, on 29 April 1899 at the Deutsches Theater. In *Der Briefwechsel Arthur Schnitzler-Otto Brahm*, p. 86, n. 95, the editor, Oskar Seidlin, places the premiere on 28 April 1899. Schnitzler traveled to Berlin for the premiere on 24 April 1899 and returned to Vienna on 3 May. His appraisal of the premiere was: "Gefährtin anständig, Kakadu stürmisch, Paracelsus mässig (2, 5, 2.)—" (TB, 29 April 1899). The numbers in parenthesis refer to the number of curtain calls after each play.

⁴⁸ *Gefährtin*. Arthur Schnitzler, *Die Gefährtin: Schauspiel in einem Akt* (1899); now in DW I. This is a dramatized version of Schnitzler's narrative work *Der Witwer*, which appeared originally in the *Wiener Allgemeine Zeitung* on 25 December 1894; now in ES I.

⁴⁹ *Honorarforderungen*. In a letter of 8 December 1898, in which he asked for permission to publish *Der grüne Kakadu*, Bahr promised Schnitzler the same honorarium from *Die Zeit* as he usually received from the journal *Cosmopolis*.

⁵⁰ *verkracht*. The International Monthly Review *Cosmopolis* ceased publication in November 1898.

⁵¹ *Volkstheater*. A reference to the forthcoming premiere of Bahr's new play, *Der Star*, that opened on 10 December 1898 at the Vienna Deutsches Volkstheater. In a letter to his mother dated 30 December 1898, shortly after the death of his father, Bahr wrote: "Der Erfolg des 'Star' ist enorm. Bisher sind alle Aufführungen ausverkauft gewesen; die nächste Novität hat bereits zum zweiten Male verschoben werden müssen, es kommt vor dem 21. Januar im Volkstheater kein neues Stück. So habe ich endlich den ganz großen Erfolg auch einmal erreicht—wenn das der Papa noch erlebt hätte!" Bahr, *Briefwechsel mit seinem Vater*, p. 423.

Schnitzler attended the premiere but in his diary noted only: "Star (Bahr) im Volkstheater" (TB, 10 December 1898).

⁵² *Stück*. Bahr, *Der Star: Ein Wiener Stück in vier Akten* (Berlin: S. Fischer Verlag, 1899).

⁵³ *5. 3. 1899*. This date has been given the undated card, for Bahr's letter of 6 March 1899 is clearly a response to Schnitzler's inquiry concerning *Die Gefährtin*.

⁵⁴ *Gratulation*. Bahr's letter is missing, but presumably he would have been congratulating Schnitzler on the premiere (1 March 1899) of his one-act plays *Paracelsus*, *Die Gefährtin*, and *Der grüne Kakadu* in the Burgtheater.

⁵⁵ *Gefährtin*. See n. 47 and n. 48.

⁵⁶ *Sobeide*. Hugo von Hofmannsthal, *Die Hochzeit der Sobeide: dramatisches Gedicht*. For reasons that are not clear Hofmannsthal published this work in the *Wiener Allgemeine*

Montagszeitung (17 July 1899) instead of in *Die Zeit*. Now in *Dramen*, I, ed. Herbert Steiner (Frankfurt am Main: S. Fischer Verlag, 1953).

[57] *Salten*. The reference apparently is to Felix Salten's "Der Hinterbliebene: Monologe," published in *Die Zeit*, in two installments, 4 and 11 May 1899, pp. 143–44 and 158–60, respectively.

[58] *Einakter*. See n. 47.

[59] *einen davon*. On 14 December 1898 Bahr had specifically requested one of the one-act plays for *Die Zeit*.

[60] *nach der Aufführung*. This discussion must have taken place orally.

[61] *Verpflichtungen*. Schnitzler is using here the words that Bahr had written on 6 March 1899.

[62] *Sobeide*. See n. 56.

[63] *stimmt nicht*. On 8 March Bahr responded evasively to Schnitzler's previous letter.

[64] *Geiringer*. Presumably Leo Geiringer (pseud. Leo Gerhard, 1851–1900), *Dramaturg* (play reader) for the Deutsches Volkstheater under the direction of Emmerich von Bukovics (see n. 85).

[65] *Reigen*. Schnitzler, *Reigen: Zehn Dialoge* (privately printed in 200 copies in 1900; first public edition in Wien and Leipzig: Wiener Verlag, 1903; now in DW I).

[66] *"Franzl."* Bahr, *Der Franzl: Fünf Bilder eines guten Mannes* (Wien: Wiener Verlag, 1900). This play, based on the life of the Upper Austrian poet Franz Stelzhammer, is one of the warmest and most sincere of Bahr's plays. Bahr regarded Stelzhammer as being one of the "real" Austrians, as evidenced by his inclusion in Bahr's *Buch der Jugend* (Wien-Leipzig: H. Heller, 1908), a collection of essays about men who could serve as models for young people. See *Buch der Jugend*, pp. 37–44.

[67] *Geschichte*. Schnitzler, *Leutnant Gustl*, *Neue Freie Presse*, 25 December 1900, the Christmas Supplement; now in ES I. The story, originally called by Schnitzler "Lieutenant Gustl" was finished on 19 July 1900 with the diary comment: "Nachm[ittag] 'Ltn. Gustl' vollendet, in der Empfindung, daß es ein Meisterwerk."

[68] *Einverständnis*. On 12 October 1900 Bahr wrote that he was looking forward to this new prose work by Schnitzler. However, on 9 November 1900 he expressed his doubts that he could read this narrative effectively.

[69] *Beatrice*. Schnitzler, *Der Schleier der Beatrice: Schauspiel in fünf Akten* (Berlin: S. Fischer Verlag, 1901); now in DW I.

[70] *Worte*. In his letter of 12 October 1900 Bahr expressed his great admiration for *Beatrice*.

[71] *Novelle*. *Leutnant Gustl*. See n. 67 and n. 68.

[72] *Franzl*. See n. 66.

[73] *Feuilleton*. Bahr, *"Der Schleier der Beatrice,"* in *Premièren*, pp. 260–68. In his extremely flattering review, the most positive critique of any Schnitzler work that he had written to date, Bahr among other things noted the following: "Schnitzler hätte ein Virtuose wienerischer Zierlichkeit und Zärtlichkeit werden können. Es hat ihm nicht genügt. Er hat sich edlerer Aufgaben würdig und fähig gefühlt. Er hat um sie mit reiner Leidenschaft gerungen. Er hat sie endlich in einem Werke erfüllt, das, künstlerisch und menschlich, alles weit übertrifft, was er jemals geschaffen. Und siehe da, auf einmal geht alles gegen ihn los, er sieht sich von Spott und Bosheit umringt, es ist geradezu, als wollte man sich an ihm rächen, als könnte man es um keinen Preis dulden, daß einer unter uns groß wird. Läßt er sich aber ducken, giebt er nach und verzichtet auf sich selbst, dann werden dieselben Leute, die jetzt gegen ihn hetzen, hochmütig bedauern, er habe doch nicht ganz gehalten, was er versprochen, und sei doch zur vollen Entwicklung nicht gekommen. Es ist schon ein Vergnügen, in Österreich ein Dichter zu sein. Ich halte die Beatrice für das reifste und reichste Werk, das Schnitzler noch geschaffen hat, weil es von allen kleinen Neigungen und Launen, die ihn sonst bedrohten, frei und rein ist. Seine anderen Werke scheinen mir eine falsche Perspektive zu haben: sie nehmen die nächsten Beziehungen, von welchen sich ein wohlhabender junger Wiener unserer Zeit umgeben sieht, für wichtiger und ernster, als diese, menschlich genommen, doch wohl eigentlich sind. . . . Es scheint mir nun die eigentliche Bedeutung der Beatrice zu sein, daß Schnitzler hier die

Handlung nicht, wie sonst unsere Autoren thun, aus den Charakteren abzuleiten sucht, aber sie auch nicht dem Zufall überläßt, sondern förmlich als zu den Charakteren gehörig, als ihre Ergänzung in der äußeren Welt, als eine mit ihnen geborene Bestimmung darstellt, die wir zu ihren Eigenschaften hinzurechnen müssen, um erst die Summe ihres Wesens zu erhalten. Wir fragen: Was ist dieser Mensch? Darauf antworten sonst unsere Autoren: er sieht so und so aus, hat den und den Gang, die und die Stimme, denkt so, fühlt so und handelt so. Schnitzler antwortet hier: es ist ein Mensch, der das und das erlebt! Und seine ganz merkwürdige Kunst zeigt sich nun darin, daß uns diese Antwort mehr sagt, als alle Beschreibungen und Erklärungen könnten. Dies ist nicht neu—man denke nur an Shakespeare. Aber die neuen Autoren hatten es verloren. Ich denke: nachdem er es jetzt wiedergefunden hat, wird es bald überall in der Literatur zu spüren sein. . . . Dieser berückende Akt, mit seiner ungeheuren Erhebung des Tones aus dem Traurigen bis zum Tragischen, mit seinem tiefen Grauen vor dem Unbegreiflichen, das uns rings umgiebt, mit seiner frommen Ergebung ins menschliche Geschick, ist weitaus das größte, das Schnitzler noch geschaffen hat, und gehört zum schönsten, das jemals einem Dichter unserer Zeit geschenkt worden ist." *Premièren*, pp. 263, 264, 268.

[74] *Beatrice*. See n. 69.

[75] *Breslau*. The premiere of *Der Schleier der Beatrice* took place on 1 December 1900 in the Lobe-Theater in Breslau. Bahr made the trip in order to attend the premiere. The play had been rejected for the Burgtheater by Paul Schlenther, which caused a vain protest by Schnitzler's supporters, chief among them Bahr. In his diary for 14 September 1900 Schnitzler noted: "Erscheinen des Protestes in nahezu allen Zeitungen, unterschrieben von Bahr, [Julius] Bauer, [Felix] Salten, [Jakob Julius] David, Prof. [Georg] Hirschfeld, [Ludwig] Speidel.—" In the excerpts from Bahr's review, quoted above, his anger over the unfair treatment of Schnitzler can be seen. For a detailed account see Otto P. Schinnerer, "Schnitzler's *Der Schleier der Beatrice*," *Germanic Review*, 7 (July 1932), 263–79, and Wagner and Vacha, *Wiener Schnitzler-Aufführungen 1891–1970*, pp. 33–37.

[76] *"journalistische Pflicht."* After his resignation from *Die Zeit* (30 September 1899) Bahr took a position on 1 October 1899 as theater critic and *Feuilletonist* with the *Neues Wiener Tagblatt*. His first contribution was a feuilleton entitled "Die Entdeckung der Provinz," a subject which reflected his growing antipathy toward Vienna and his rediscovery of the provinces. Like other writers of this time, Bahr in this essay and in subsequent feuilletons and other works of this period contrasted the general healthfulness of the provinces with the decadence of Vienna. Another aspect of his campaign to awaken interest in the provinces was to try to help the discovery of talented young people there. See "Ein Amt der Entdeckung" and other essays concerning the provinces in *Bildung* (Berlin and Leipzig: Insel Verlag, 1900).

[77] *Marionetten*. Schnitzler, *Marionetten*, the title of the first version of *Zum großen Wurstl*. The premiere, which Schnitzler attended, took place on 8 March 1901 in Berlin in Ernst von Wolzogen's Buntes Theater, Überbrettl. The play was first published in *Die Zeit*, 23 April 1905; now in DW I. Bahr read the work in manuscript form and found it highly amusing.

[78] *Der Herzog*. The speech of the "Herzog" to which Schnitzler is referring is probably the following: "Der Herzog: 'Und wenn ich lache, fallen sofort / Die Bilder herunter von jedem Ort.' *Er lacht in zwei kurzen Stößen; die Bilder fallen von den Wänden.* 'Aus jeder Karte schieß' ich das As!' *Der erste stumme Herr geht in die andere Zimmerecke, hält eine Karte in die Luft, der zweite stumme Herr reicht dem Herzog eine Pistole. Der Herzog schießt und trifft das As. Der eine stumme Herr zeigt die Karte dem Helden.* 'Wo ich hintrete, da wächst kein Gras . . .' *Er tritt vor sich hin; die beiden stummen Herren treten in seine Nähe und bestätigen, daß tatsächlich kein Gras dort wächst.* 'Und niemals vergeht ein Tag, daß sich / Nicht irgendein Weiblein tötet für mich.' *Ein Schuß fällt. Ein Herr tritt zum Fenster, winkt hinunter; man reicht ihm ein totes Mädchen zum Fenster herein. Er legt sie auf den Diwan; sie trägt einen Zettel in der Hand; der Herr reicht dem Herzog den Zettel; der Herzog reicht ihn, ohne ihn zu lesen, dem Helden.*" Schnitzler, *Zum großen Wurstl*, DW I, p. 885.

[79] *Gussmann*. Olga Gussmann (1882–1970), studied acting and singing and occasionally gave concerts. On 26 August 1903 she and Arthur Schnitzler were married. They were

divorced in 1921, although, as Schnitzler reported to Georg Brandes, they remained good friends. *Arthur Schnitzler-Georg Brandes: Ein Briefwechsel*, p. 135. Olga Schnitzler's book, *Spiegelbild der Freundschaft* (Salzburg: Residenz Verlag, 1962), contains essays concerning the relationship of Schnitzler to such friends as Hofmannsthal, Herzl, Bahr, and Beer-Hofmann, as well as personal memories of Schnitzler.

[80] *Brief*. On 22 June 1901 Bahr expressed his complete sympathy for Schnitzler in his difficulties with the military authorities because of *Leutnant Gustl*.

[81] *Gustl*. See n. 67. *Leutnant Gustl* (which, as the letter indicates, Schnitzler usually wrote as "Lieutenant Gustl") incensed the military authorities against Schnitzler and led to his discharge from his officer's commission as "Oberarzt." Schnitzler, according to the military viewpoint, was alleged to have insulted the honor of the Austro-Hungarian army in the figure of Gustl. See Otto P. Schinnerer, "Schnitzler and the Military Censorship, Unpublished Correspondence," *Germanic Review*, 5 (July 1939), 238–46. See also "Die Wahrheit über 'Leutnant Gustl,' " *Die Presse* (Wien), 25 December 1969. An anonymous attack on *Leutnant Gustl* appeared in the *Reichswehr* on 28 December 1900, pp. 1–2. The unknown author satirically comments that Schnitzler wrote Gustl to provide an Austrian counterpart to Otto Erich Hartleben's drama *Rosenmontag*, which had recently been performed at the Burgtheater. After a plot summary that emphasizes the defamation of the army, the article concludes: "Das ist das literarische Denkmal des österreichischen Lieutenants, entworfen und ausgeführt von Herrn Schnitzler, im Geiste des 'Simplicissimus' und Otto Erich Hartleben's. Dieses Gemisch von Unflath, niedrigster Gesinnung und Verdorbenheit des Herzens, von Feigheit und Gewissenlosigkeit steckt Herr Schnitzler in eine österreichische Lieutenantsuniform und stellt es im Feuilleton der 'N[euen] Fr[eien] Presse' aus. Vierundzwanzig Spalten unter dem Strich, voller Gedankenstriche und—Strichgedanken, ein Panopticum von literarischen Perversitäten mit dem deutlichen Katalogvermerk: Der österreichische Militarismus in seiner heutigen Gestalt. Bravo, Herr Schnitzler! Nun nur noch rasch ein Drama gemacht aus Lieutenant Gustl's Geschichte und Herrn Schlenther eingereicht! Der wird sich freuen; nennen Sie's 'Rosendienstag'! Die Armee steht hoch über diesen vierundzwanzig Spalten Schimpf und Spott. Die Officiere, die 'nicht ausschließlich zum Militär gegangen sind', um das 'Vaterland zu vertheidigen', gehören ganz Herrn Schnitzler. Es wird sie ihm Niemand streitig machen. In der Armee gibt es solche Officiere nicht, weil man sie eben nicht duldet. Der Schlag hat Ihren 'Bäckermeister' getroffen, Herr Doctor, und nicht—die Armee. Gehen Sie heim nach dem Lande der 'süßen Mädel', lassen Sie sich vom Johann 'kalt abreiben' und bedecken Sie sich und diese literarische Schmutzgeschichte mit dem 'Schleier der Beatrice' "! *Reichswehr*, 28 December 1900, p. 2.

[82] *Reichswehr*. A conservative Viennese newspaper (1866–1904) which was founded as a successor to the *Presse* (1848–1856). The editor and publisher was Gustav Davis, who was later editor of the *Kronenzeitung*. The *Reichswehr*, which was read chiefly in officers' circles, appeared twice daily along with a bi-weekly supplement entitled "Vedetta" ["Sentry"].

In an article entitled "Leutnant Gustl" an anonymous critic wrote the following review of Schnitzler's work: " . . . besehe man sich den Fall Schnitzler doch auch einmal von der anderen Seite, vom Standpunkte des Officiers, der Armee. Da ist es vor Allem ganz gleichgiltig, was Herr Schnitzler literarisch wollte oder nicht wollte, als er den 'Lieutenant Gustl' niederschrieb. Auf die Beurtheilung künstlerischer Intentionen und literarischer Tendenz läßt sich kein Officiers-Ehrenrath ein. Für das Officierscorps und den seinen Ehrschutzes waltenden Ehrenrath kann es nicht von Belang sein, was der Herr Landwehr-Oberarzt in der Evidenz Dr. Arthur Schnitzler als Verfasser der Skizze 'Lieutenant Gustl' gemeint und empfunden hat, sondern einzig und allein, was die Cameraden, was die Armee bei der Lektüre dieser Skizze empfunden und gemeint und was die Oeffentlichkeit dazu gesagt hat. Und darin ist ein Irren unmöglich. Es gibt keinen Officier, der die famose 'Studie' Schnitzler's gelesen hat und der dabei nicht den subjektiven Eindruck einer Verhöhnung jener Ansichten und Satzungen empfangen hätte, die dem Officier nun einmal sacrosankt sind. Wo lebt denn ein so widerlicher Ignorant und Cyniker, ein so jämmerliches, charakterloses Subjekt, wie es dieser 'Lieutenant Gustl' ist? Man nenne ihn, man zeige mit Fingern auf ihn, dann wird es bald zu Ende sein mit seiner Lieutenantsherr-lichkeit. Aber den Kerl nicht nennen, nicht zeigen können, und ihn doch öffentlich in der Uniform eines k. und k. Lieutenants aufführen, das ist eine Insulte, das ist eine Herab-würdigung des Officierstandes. Das ist die Grundempfindung, das ist die spontane Mei-nungsäußerung jedes Officiers, der den 'Lieutenant Gustl' kennen zu lernen das mäßige Vergnügen hatte. Und wie begleitet die Öffentlichkeit diese Meinung? An allen Orten hört man es zischeln oder kichern: Ja, ja, so sind die Herren Officiere, ein Lieutenant Gustl neben dem andern, man kennt das. Da schießt dem Officier das Blut zum Kopf und mit einigem Rechte wirft er die Frage auf, ob er sich das denn gefallen lassen müsse, daß Einer eine Fratze in Officiersrock und Officiersmütze an die Wand malt und die Öffentlichkeit auffordert, recht ungeniert ihre Glossen dazu zu machen? Man sagt ihm, das müsse er sich allerdings gefallen lassen, denn das sei eben die Freiheit des dichterischen Schaffens, daß Einer an Niedertracht der Gesinnung erfinden kann, was ihm beliebt, und es in Waffenrock oder Richtertoga kleiden kann, wie er für gut findet. Und so schweigt der Officier und zuckt die Achseln. Wenn man ihm aber nun auch noch sagt, der Mann, der Dichter, der die Caricatur des 'Lieutenant Gustl' entworfen hat zum innigen Vergnügen Aller, die dem Officierscorps, die der Armee nicht sonderlich wohlgesinnt sind, dieser Mann, dieser Dichter, sei selbst Officier, trage auch das goldene Porte-épée, sei also Einer, von dem die Oeffentlichkeit behaupten kann, er müsse das wissen, er habe sicherlich porträtgetreu gezeichnet—dann hört für ihn denn doch der Spaß auf! Oder soll er auch das ruhig hinnehmen, soll er auch das ganz in der Ordnung finden, daß der Herr Land-wehr-Oberarzt in der Evidenz Dr. Schnitzler bei passender Gelegenheit mit Federhut, Säbel und Porte-épée einherstolzen und bei anderer passender Gelegenheit 'Studien' schreiben dürfe, die, ob nun gewollt oder nicht, den Effect einer Verunglimpfung des Officiersstandes hervorrufen? Das kann Niemand dem Officierscorps zumuthen, Niemand zumindest, dem die Armee wirklich 'die unzerbrechliche Klammer für das Reich' ist. Nein, der Fall Schnitzler ist durchaus nicht geeignet, eine 'große politische Frage' auf-zurollen, wie es die 'Neue Freie Presse' so gerne sähe. Der Fall Schnitzler ist nichts als das typische Beispiel einer Carambolage kleinlicher literarischer und persönlicher Eitelkeit. Der Schriftsteller Dr. Arthur Schnitzler gefiel sich außerordentlich mit Sturmhut und Schleppsäbel und der Oberarzt in der Evidenz der Landwehr Dr. Arthur Schnitzler gefiel sich nicht minder gut im Rüstzeug des liberalen Kämpfen, der den Officiersbegriff auf seine Stahlfeder spießt. Und das ist um eine Eitelkeit zu viel, um die Eitelkeit des Schlepp-säbels und Sturmhutes. Die hat der Officiers-Ehrenrath amputirt." *Reichswehr*, 22 June 1901, pp. 1–2.

[83] *Freunde.* In a letter dated 5 July 1901 Bahr responded in kind to Schnitzler's expres-sion of friendship: they had now established a solid relationship that could no longer be disturbed, even though they might not always agree with each other.

[84] *Feuilleton.* It is not clear to what feuilleton by Bahr Schnitzler is referring.

[85] *Bukovics.* Emmerich Bukovics von Kiss-Alacska (1844–1905), journalist, dramatist, *Regisseur*, and later Managing Director of the Deutsches Volkstheater in Vienna from its opening on 14 September 1889 until his death. Bukovics was a very good friend of Bahr and, according to Karl Kraus, too good a friend. In *Die Fackel* Kraus alleged that Bukovics had given Bahr a piece of property in Ober Sankt Veit, a suburb of Vienna, as compensa-tion for writing favorable reviews of performances at the Volkstheater. He further alleged that Bahr in publishing the book version of his earlier critiques revised them into more favorable terms after Bukovics performed Bahr's plays at the Volkstheater. Finally, Kraus also accused Bukovics of not honoring a contract with a young dramatist named Rudolf Holzer. Bahr and Bukovics brought Kraus to court over these allegations. When Holzer proved to be an unreliable witness, Bukovics won his case. Bahr likewise won his suit when a bill of sale for the property could be produced. It was the first time that Kraus ever lost a case in court, although he steadfastly maintained throughout his lifetime that his charges were accurate. See Karl Kraus, *Die Fackel*, 69 (Ende Februar 1901), 2–16.

[86] *Einakterabend.* The premiere of these one-act plays took place in Brahm's Lessing-theater in Berlin on 4 January 1902. The sequence which Schnitzler had proposed was: *Der Puppenspieler*, *Die Frau mit dem Dolche*, *Lebendige Stunden*, *Literatur*, and *Die letzten Masken*.

Brahm eventually decided to perform only three of the plays to shorten the program, and *Die Frau mit dem Dolche* and *Die letzten Masken* were postponed. See *Der Briefwechsel Arthur Schnitzler-Otto Brahm*, pp. 98–108.

[87] *Literatur*. Schnitzler, *Lebendige Stunden: Vier Einakter: Lebendige Stunden, Die Frau mit dem Dolche, Die letzten Masken, Literatur* (Berlin: S. Fischer Verlag, 1902); now in DW I.

[88] *Phantastisch*. The play to which Schnitzler refers is *Die Frau mit dem Dolche: Schauspiel in einem Akt*; now in DW I.

[89] *dritten*. Presumably *Lebendige Stunden*. See n. 86.

[90] *Marionetten*. See n. 77.

[91] *Kakadu. Der grüne Kakadu*. See n. 43.

[92] *Fastnacht*. Richard Jaffé, *Fastnacht: Schauspiel in zwei Akten* (Berlin: Felix Blochs Erben, 1900), based on a novel by Rudolph Stratz. Richard Jaffé (1861–1920) was a lawyer and part-time author in Berlin.

[93] *Einakter*. Bahr answered briefly on 12 September 1901, but his few comments were of enthusiastic praise. He promised to comment more fully on these works the next time he and Schnitzler met.

[94] *Kürze des Abends*. In order to make a full evening in the theater Schnitzler wrote five one-act plays, but only three were performed. See n. 86.

[95] *Einakter*. Possibly *Der Puppenspieler*, *Neue Freie Presse*, 31 May 1903 (Pfingstbeilage); now in DW I.

[96] *Kadelburgs*. Gustav Kadelburg (1850–1925), Austrian actor and author of comedies and farces. Coauthor with Oskar Blumenthal (1852–1917) of the well-known operetta *Zum weissen Rössl* (1898). Kadelburg was secretary and *Regisseur* at the Deutsches Volkstheater in Vienna.

[97] *Einakter*. See n. 95.

[98] *fünfter*. Probably *Die letzten Masken*. See n. 86 and n. 87. See also *Der Briefwechsel Arthur Schnitzler-Otto Brahm*, p. 103.

[99] *Einakter. Der Puppenspieler*. See n. 95. In his diary for 16 September 1901 Schnitzler records that he is writing *Der Puppenspieler* and *Die letzten Masken*.

[100] *Mitterwurzer*. Friedrich Mitterwurzer (1844–1898), actor from 1875 to 1880 in Graz and Leipzig and from 1894 to 1897 at the Burgtheater in Vienna. He was greatly admired by Bahr, Schnitzler, and Hofmannsthal. A representative comment by Bahr concerning Mitterwurzer is the following: "So ein großer wahrer Meister seiner Kunst, den Edelsten der guten Zeiten gleich, ist unser Mitterwurzer gewesen. Drastischer, furchtbarer hat uns niemand auf der Bühne das Elend unserer armen Existenz fühlen lassen,—von seinem Coupeau [in Emile Zola's *L'Assommoir*] bis zu seinem Philipp [in Friedrich Schiller's *Don Carlos*], welch ein Weg aus der dumpfen Schmach kleiner Leute bis zur glänzenden Noth der Mächtigen! . . . Sollen wir aber schon ein Beiwort für ihn suchen, so wollen wir ihn den classischen Schauspieler unserer Zeit nennen. Classisch nennen wir ja, was uns die großen Griechen hinterlassen haben. Classisch heißt uns jene lächelnde Form der Kunst, die das Leben zu bändigen weiß. Das hat er können. Wenn er auf die Bühne kam, dann wußten wir, daß unser Schicksal, wie tückisch es sich oft geberden mag, doch bloß ein heiteres Spiel mit uns ist. Dies, was wir bei Shakespeare, Goethe und Mozart fühlen, diesen heiligen Scherz des Lebens hat er uns fühlen lassen; so sind wir durch ihn gut geworden." Bahr, *Wiener Theater 1892–1898*, pp. 141–43. In his autobiography, Bahr describes the tremendous impact upon him, when he first saw Mitterwurzer perform. He concludes: "Es gehört zum Stärksten, was ich jemals erlebt." *Selbstbildnis*, p. 131.

[101] *fünften*. See n. 98.

[102] "*Literat*." A deprecatory term used to describe literary dilettantes who possess limited talent but who write without inner necessity. The five one-act plays of Schnitzler treat the theme of the *Literat* from different perspectives. For Schnitzler the three criteria of a work of literature are: "Einheitlichkeit, Intensität, Kontinuität." See *Buch der Sprüche und Bedenken* in *Aphorismen und Betrachtungen*, p. 96. In the diagram accompanying Schnitzler's collection of aphorisms, *Der Geist im Wort und der Geist in der Tat* (ibid., last page, unnumbered), the *Literat* is the negative pole opposite the poet. Bahr also treated the difference between the poet and the *Literat*, particularly in *Dialog vom Marsyas* (Berlin: Bard-Marquadt,

1905; new edition, Leipzig: Insel, 1912), one of his most successful works. See Donald G. Daviau, *"Dialog vom Marsyas*: Hermann Bahr's Affirmation of Life over Art," *Modern Language Quarterly*, 20 (December 1959), 360–70.

[103] *Puppenspieler*. See n. 86 and n. 95. On 18 October 1901 Schnitzler noted in his diary: "Las dem Gustav [Schwarzkopf] *Der Puppenspieler* vor und entschloß mich, ihn aus dem Cyclus zu streichen."

[104] *Einakter*. See n. 86.

[105] *bearbeiten*. Schnitzler apparently did not carry out this plan until 1903. In his diary for 18 and 19 May 1903 he mentioned that he was revising *Der Puppenspieler* for publication in the *Neue Freie Presse*. The premiere was held at the Deutsches Theater in Berlin on 12 September 1903.

[106] *Stücke*. Presumably *Der Puppenspieler* and *Die letzten Masken*. Bahr was apparently serving as an intermediary with Bukovics.

[107] *Direktor*. Bukovics. See n. 85. On 22 October Schnitzler met with Bukovics about performing the one-act plays in the Volkstheater.

[108] *Buch*. Bahr, *Wirkung in die Ferne und Anderes: Acht Skizzen und eine Pantomime* (Wien: Wiener Verlag, 1902; new edition, Wien: H. Bauer Verlag, 1947).

[109] *Thema*. In both cases there is a murder on a train which is apparently caused by the suggestive willpower of the perpetrator.

[110] *Augustin*. "Der liebe Augustin" was the name of a cabaret in Vienna, founded on 16 November 1901 on the model of the "Überbrettl" in Berlin and the "Elf Scharfrichter" in Munich. Bahr reviewed the opening night performance which included among other features a presentation by Frank Wedekind. Bahr, "Jung-Wiener Theater zum lieben Augustin," *Rezensionen: Wiener Theater 1901–1903* (Berlin: S. Fischer Verlag, 1905), pp. 191–94. On 16 November Bahr also wrote a pantomime with the title *Der liebe Augustin* (playscript, Berlin: Ahn & Simrock, 1901). The only extant version, however, is that published in the *Neue Deutsche Rundschau*, 13 (1902), 169–80. There was also a short-lived journal in Vienna called *Der liebe Augustin*, ed. Adam Müller-Guttenbrunn (1904).

[111] *Pantomime*. Bahr, *Die Pantomime vom braven Manne*, in *Wirkung in die Ferne und Anderes*, pp. 87–97. This pantomime is an attempt to replace words by musical motifs.

[112] *componieren*. According to letter 126, *Die Pantomime vom braven Manne* was set to music by a young composer named Arthur Johannes Scholz, but to my knowledge this version was never published.

[113] *Brief*. This letter of Bahr's is missing.

[114] *Berger*. Alfred Freiherr von Berger (1853–1912), professor of aesthetics of the University of Vienna (from 1894), managing director of the Deutsches Schauspielhaus in Hamburg from 1900 to 1910, and from then until his death Head of the Vienna Burgtheater. See Bahr, "Alfred Freiherr von Berger," *Wiener Theater 1892–1898*, pp. 452–59.

[115] *Stücke*. Baron Berger visited Schnitzler on 30 October 1901 to discuss the one-act plays, as his diary for that date notes: " 'Letzte Masken' und 'Literatur' hält er resp[ektiv] nennt er 'Meisterwerke.' 'Dolch' fürchtet er scenisch.—"

[116] *Dolchdame*. *Die Frau mit dem Dolche*. See n. 88. Actually the problems with the staging were resolved, but Brahm nevertheless advised Schnitzler to withdraw the play, for "wir alle, [sind] an der Möglichkeit, die *Frau mit dem Dolche* auch nur vor einer argen Ablehnung zu bewahren (an Erfolg denkt niemand!), immer mehr verzweifelt. Hierbei spielen die technischen Fragen gar keine Rolle, dies ist alles geordnet, eine ganze Bildergalerie ist vorbereitet etc. Aber das Paradoxe und für mein Gefühl—Sie verzeihen!—Verschrobene der Idee macht mir immer mehr Bedenken, um nicht zu sagen Bangen." *Der Briefwechsel Arthur Schnitzler-Otto Brahm*, p. 106.

[117] *Aufführung*. The cycle *Lebendige Stunden* (*Lebendige Stunden*, *Die Frau mit dem Dolche*, *Die letzten Masken*, and *Literatur*), was performed on 6 May 1902 in the Carltheater in Vienna during a guest performance by Brahm's ensemble from the Berlin Deutsches Theater. After he summarized the plot of the four one-act plays, Bahr concluded his review as follows: "Aber nun kommt das Publikum und verlangt, daß wir ihm sagen sollen, was der Dichter denn mit diesen Stücken sagen will. Darauf ist zu antworten: Wenn wir es könnten, wäre er keiner. Sein Amt ist es eben, uns durch seine Worte mehr fühlen zu lassen, als

mit Worten ausgesprochen werden kann. Jeder Gedanke wird, wenn er ausgesprochen wird, eigentlich schon deformiert, weil das Wort ihn abschließt und begrenzt. 'Sobald man spricht, beginnt man schon zu irren', heißt es. Und das ist es gerade, was der Dichter vermeidet, indem es ihm gegeben ist, seine Gefühle zugleich höchst bestimmt und doch höchst fragwürdig darzustellen. Die vier Stücke regen tausend Gedanken und Gefühle in uns auf, aber so, daß jeder und jedes sogleich vom nächsten gelindert und verwandelt wird. Ist nicht abscheulich, was die Künstler tun? Sie treten nackt vor das Publikum hin! Statt zu leiden und sich zu freuen, horchen sie sich aus und machen darüber ein Stück, ein Bild! Ist das Leben nicht mehr, als jemals ein Werk sein kann? Eine lebendige Stunde nicht mehr als alle Gedichte und alle Gemälde der Welt? Ja, aber wer lebt sie denn je, die lebendigen Stunden? Werden sie nicht immer erst in der Erinnerung lebendig? Sind sie es, im Gedichte, im Gemälde ausgedrückt, nicht mehr, als sie es, erlebt, jemals sein können? Leben wir nicht vielleicht überhaupt nur, wenn wir schaffen? Welch ein Leben aber, das so viel zerstört? Und was heißt Leben endlich, was heißen alle Gewalten des Lebens, Liebe, Haß, Neid, die uns treiben und doch in nichts zerfallen, wenn uns der Tod antritt! Wie verblaßt da jeder Schein, der uns gelockt oder gequält hat, in der Stunde des Todes! Ist das nicht vielleicht die einzige wahrhaft lebendige Stunde? 'Und so lang' Du das nicht hast, dieses: Stirb und werde!, bist Du nur ein trüber Gast auf der dunklen Erde. . . . [Goethe, *Selige Sehnsucht*] 'Der Erfolg war sehr lebhaft und laut, am lautesten natürlich nach der heiteren 'Literatur'. Der Dichter wurde stürmisch immer wieder und wieder gerufen." Bahr, *Rezensionen*, pp. 267–68.

On 14 March 1903 these four one-act plays were performed for the first time at the Deutsches Volkstheater in Vienna. On this occasion Bahr added to his review a general discussion of Schnitzler's development as a dramatist: "Vom 'Anatol' zum 'Schleier der Beatrice', welch ein Weg! Wie muß dieser Dichter mit sich gerungen, wie vielem muß er entsagt, wie unablässig muß er sich ausgebildet haben! Man sollte wirklich meinen: schon aus Respekt vor dieser hohen Arbeit allein, aus Verehrung einer so reinen künstlerischen Gesinnung hätte man ihm dankbar zujauchzen müssen. Doch sind die Menschen bei uns ein wunderlich Geschlecht und ganz den alten Ephesiern gleich, die Hermodoros, ihren wackersten Mann, aus der Stadt jagten, mit den Worten: 'Von uns soll keiner der wackerste sein oder, wenn schon, dann anderswo und bei anderen.' Dies erzählt uns Heraklit und fügt, der Grobian, hinzu: Recht täten darum die Ephesier, wenn sie sich alle, Mann für Mann, aufhängen und den Unmündigen ihre Stadt hinterlassen würden." Ibid., p. 392.

Finally Bahr discussed the individual plays, especially *Die Frau mit dem Dolche*: "Die 'Lebendigen Stunden' kennt man ja von der angenehmen Aufführung her, die Brahm voriges Jahr im Carl-Theater gegeben hat. Von den vier in der Stimmung, im Tone so wechselnden und doch geistig so fest zusammengehaltenen Akten wird der letzte dem Publikum immer am besten gefallen; wie da Weltmann, Literat und Dilettanten sich heiter durcheinander schlingen und ironisch umeinander wiegen, das ist in der Tat charmant, mag dabei die Gerechtigkeit auch ein bißchen verschoben sein, da doch im Leben, seien wir nur aufrichtig, meistens der verbummelte Skribent immer noch erträglicher ist als ein alberner Aristokrat, was der Dichter selbst wohl auch ganz gut weiß. Der stärkste ist der dritte, die 'Letzten Masken', wo die innere Verwilderung eines *raté* so grausam neben die innere Erstarrung eines Günstlings gestellt wird, daß wir uns am Ende ganz entsetzt sagen: Verunglücken oder reussieren, es wird einem die Wahl schwer, das eine bringt den Menschen ebenso herab als das andere! Der liebste ist mir die 'Frau mit dem Dolch', Ich habe auch den ersten sehr gern, die 'Lebendigen Stunden', um ihrer herbstlichen Wehmut und Stille willen, wenn sie auch freilich auf lyrischen Füßen leichter gehen als es im Theater, will man wirken, erlaubt ist. Aber die 'Frau mit dem Dolche' ziehe ich noch vor, weil sie an unsere tiefsten Stimmungen rührt. Freilich fragt das Publikum am Ende, was sie denn eigentlich 'bedeuten', was das Ganze heißen soll, und es will, daß wir ihm den Sinn bei Heller und Pfennig vorrechnen und herausbezahlen sollen. Worauf ich schon voriges Jahr geantwortet habe: Wenn ich das könnte, wäre es kein Dichter und es wäre kein Gedicht. . . . Die 'Frau mit dem Dolche' schlägt manches an, was wohl jeder einmal gespürt hat, wenn man sich sonst auch gern geeilt, von solchen unheimlichen Stimmungen loszukommen. Wir tun oft, was für uns gar keinen Sinn hat, was uns auch nicht einmal

Freude macht, was wir eigentlich gar nicht wollen, wovon wir uns geheimnisvoll gewarnt fühlen, wovor wir eher zurückschauern. Aber es reizt uns. Der Verstand zählt uns die Folgen vor. Wir sehen ein, er hat Recht; wir beschließen, ihm zu gehorchen. Es hilft aber alles nichts; wir tun es doch, oder eigentlich müßte man fast sagen: es wird doch mit uns getan. Es ist stärker als wir: es reizt uns." Ibid., pp. 392–94.

In his diary on 15 March 1903 Schnitzler wrote: "Kritik auffallend gut. Ein Feuilleton von Bahr ergriff mich geradezu." For *Lebendige Stunden* Schnitzler was awarded the Bauernfeldpreis on 17 March 1903.

[118] *Literatur*. See n. 87. In a letter to Brahm Schnitzler commented: "Die Einmütigkeit mit der das innerlich reichste der Stücke, die *Lebendigen Stunden* verurteilt, überschätzt werden sollte, hab ich nicht vorausahnen können." *Der Briefwechsel Arthur Schnitzler-Otto Brahm*, p. 109.

[119] *Kainz*. Josef Kainz (1858–1910), at first actor in Munich and later a representative of the modern style of acting at Brahm's Deutsches Theater in Berlin. In 1899 he went to the Burgtheater, where he became a star performer. One of his particularly outstanding roles was the character of Amadeus in Schnitzler's comedy *Zwischenspiel*. See Bahr, *Josef Kainz* (Wien: Wiener Verlag, 1906); "Kainz (zum fünfzigsten Geburtstag 2. Januar 1908)" in Bahr, *Buch der Jugend*, pp. 72–84; *Briefe von Josef Kainz*, ed. Hermann Bahr (Wien: Rikola, 1921); and *Meister und Meisterbriefe um Hermann Bahr*, pp. 199–202.

[120] *Gustl*. Arthur Schnitzler, *Leutnant Gustl*. See n. 67 and n. 81.

[121] *Guttmann*. Albert Guttmann (dates not known), "Konzertunternehmer und Musikalienhändler." The "k. u. k. Hofmusikalienhandlung" of Guttmann was located in the building of the Hofoper, and adjacent was his concert agency which had a monopoly on the Bösendorfersaal, the concert hall in the Herrengasse. On 29 October 1901 Bahr wrote to Schnitzler commenting sarcastically about the behavior of Guttmann in this matter. Apparently Guttmann was intimidated by the hostile reaction of the military authorities and hence refused to permit the use of the Bösendorfersaal for a reading of *Leutnant Gustl*.

[122] *Sache*. This concerned the performance at the Deutsches Volkstheater of Schnitzler's cycle of one-act plays. On 28 November 1901 Schnitzler noted in his diary "Vormittag bei Bukovics. Über die Besetzung meines Stücks. Ich merke deutlich, daß man weiß, das Burgtheater ist mir verschlossen." On 6 December 1901 he commented: "Vormittag Bukovics. Der Kontrakt ohne die geforderte Garantie.—Ich refüsierte.—Bei Bahr: 'Es wird sich keiner Deiner annehmen; alle werden sich freuen—den hätten wir los.'" On 10 December 1901 Schnitzler mentioned that Bukovics returned his plays with a letter. That was the day before the letter to Bahr contained here. The plays were finally performed in the Volkstheater on 14 March 1903. See n. 117.

[123] *gesprochen*. On 30 December 1901 Bahr asked Schnitzler to intercede with Brahm (who was in Vienna, see n. 117) on his behalf, explaining that he would like to have a better understanding with Brahm. Bahr considered it important to have his works represented in the Deutsches Theater, which was recognized as one of the preeminent stages in Germany. Brahm had rejected the *Krampus*, and it seemed unlikely that he would attend the premiere in Hamburg.

[124] *Crampus*. Hermann Bahr, *Der Krampus: Lustspiel in drei Aufzügen* (München: A. Langen, 1902); one of Bahr's most durable comedies which until recently was still performed occasionally. Brahm was perhaps right in his feeling that Berlin was not the proper place for this genuinely Viennese play. In any event he rejected it. Brahm, who had had his difficulties with Bahr during the period of their collaboration on the journal *Freie Bühne für modernes Leben* (see n. 44), did not highly esteem Bahr. However, in later years he accepted several of Bahr's plays including *Das Konzert* (1909) for performance.

[125] *Aufführung*. The premiere of Bahr's *Krampus* took place on 23 November 1901 at the Linzer Theater. The date of the performance in Hamburg is unknown.

[126] *Stempel*. Bahr himself used the term "literarischer Stempel" in his letter of 30 December 1901 to Schnitzler in his attempt to enlist Schnitzler's aid in persuading Brahm to be more helpful and cooperative towards Bahr.

[127] *Harden*. Maximilian Harden (1861–1927), journalist, author, and editor of the journal *Die Zukunft*. Harden was a pioneering journalist, who because of his editorial direction

and his ornate style which Karl Kraus called "Desperanto," became a favorite target for Kraus's attacks in his journal *Die Fackel*. See Harry F. Young, *Maximilian Harden: Censor Germaniae* (The Hague: Martinus Nijhoff, 1959), especially pp. 144–48.

[128] *Kraus*. Karl Kraus (1874–1936), lyric poet, dramatist, satirist, and editor of the journal *Die Fackel* (1899–1936), which from 1911 on he wrote single-handedly. Throughout his life Kraus fought against corruption of all kinds: political, social, literary, and above all linguistic. He was an active enemy of Bahr (see n. 85), Schnitzler, Hofmannsthal, and in fact most of the *Jung-Wien* group. For Schnitzler's comments about Kraus see *Aphorismen und Betrachtungen*, pp. 372 and 475 f. and also Reinhard Urbach, "Karl Kraus und Arthur Schnitzler: Eine Dokumentation," *Literatur und Kritik*, 49 (October 1970), 513–30. In his diaries Schnitzler like others in Viennese literary circles at this time always referred to Kraus deprecatingly as "der kleine Kraus."

On 14 October 1918 Schnitzler appraised Kraus in his diary: "Las Nm. [Nachmittag] die neue Fackelnummer. Bei aller Begabung bleibt Karl Kraus eine durchaus widerliche Erscheinung. Trotzdem er in vielem was er sagt, recht hat, ein Verleumder schon dadurch, daß er so vieles verschweigt—was er weiß."

Bahr, like most of the opponents of Kraus, preferred to use the expedient of "Totschweigen," and he never mentioned Kraus's name in any of his writings. By contrast Kraus wrote constantly about Bahr, and his polemic against Bahr is one of the longest of the many polemics which Kraus carried on in *Die Fackel*.

[129] *Blatt*. Karl Kraus, *Die Fackel*.

[130] *Kritik*. In *Die Fackel*, 82 (Anfang Oktober 1901), 19–20, Kraus wrote a retort to Bahr's review (*Rezensionen*, pp. 296–304) of *La veine*, the play by the French dramatist Alfred Capus (1858–1922) which, in a German version by Theodor Wolff entitled *Das Glück*, was performed in the Volkstheater in Vienna on 28 September 1901. Kraus states: "Herr Bahr . . . berichtet, daß in dem neuen Stücke von Capus ein 'mit zwei Strichen wunderbar bezeichneter' Journalist vorkomme, der sich nicht verkauft, weil 'ihm das nie so viel tragen kann wie seine Unbestechlichkeit'. Man versichert mir—ich kann die Mitteilung nicht überprüfen—, daß diese Stelle, die Herr Bahr mit so munterem Behagen citiert, nachträglich in die Übersetzung der französischen Comödie hineingeflickt worden sei und daß Herr Bahr sich selbst citiere. Es handle sich um einen kurzen Racheact, um den die vier Akte des Herrn Capus im Volkstheater vermehrt worden seien und um dessen Abfassung sich meine beiden Processgegner, der Direktor und der von ihm mit Tantièmen gefütterte Kritiker, schwitzend bemüht hätten. Ich zögere, Herrn Bahr diese Geschmacklosigkeit, die zugleich die größte Unaufrichtigkeit wäre, zuzutrauen." *Die Fackel*, 82, p. 19. Even though this allegation by Kraus was based on hearsay and not fact and proved to be untrue, he did not print a retraction.

[131] *veine. La veine* (1902), Capus's comedy.

[132] *Lebendige Stunden*. See n. 86 and n. 117. The premiere of this cycle of one-act plays in Berlin took place on 4 January 1902 in the Lessingtheater.

[133] *Bassermann*. Albert Bassermann (1867–1952), was brought by Brahm in 1900 to the Deutsches Theater, where he became a star member of the company and one of the great actors of the period. One of his most successful roles was that of von Sala in Schnitzler's *Der einsame Weg*. From 1901 to 1914 Bassermann was a member of Reinhardt's company. Later he appeared only in guest performances and in films. After the death of Josef Kainz, Bassermann was regarded as the leading actor of Germany. In 1934 he moved to Hollywood and worked successfully there until 1946. At the age of 80 he returned to Germany.

[134] *Hjalmar*. Hjalmar Ekdal is the major character in Henrik Ibsen's drama *The Wild Duck* (1888). See Bahr's critique "'Hjalmar' (zur ersten Aufführung der *Wildente* von Ibsen im Burgtheater am 16 Jänner 1897)," *Die Zeit*, 23 January 1897, pp. 60–61; reprinted in Gotthard Wunberg, *Das junge Wien*, II (Tübingen: Max Niemeyer Verlag, 1976), pp. 673–76.

[135] *Sauer*. Oskar Sauer (1856–1918) was one of the most eminent actors at Brahm's Deutsches Theater from 1897 until his death.

[136] *Werle*. Gregers Werle, figure in Ibsen's *The Wild Duck* and one of Sauer's best roles.

[137] *Triesch*. Irene Triesch (1877–1965) was an actress first with Reinhardt's company

then at the Deutsches Staatstheater. She played classical roles as well as the leads in Ibsen's plays *Nora* and *Hedda Gabler*.

[138] *gesagt*. This article could not be located, and there is no mention of it in Schnitzler's diary.

[139] *Preis*. Schnitzler did not receive the Grillparzer prize at this time, perhaps because of the machinations of Paul Schlenther, but he was awarded it on 15 January 1908 for his comedy *Zwischenspiel*. See Wagner and Vacha, *Wiener Schnitzler-Aufführungen 1891–1970*, p. 39.

[140] *Skizzen*. Not identified. In his diary for 8 April 1902 Schnitzler noted: "Herr Richard Drucker ließ unerträgliche Manuskripte da." Whether these are the same sketches is not clear. Schnitzler and Bahr were frequently asked to read manuscripts by aspiring writers.

[141] *Urteil*. On 1 April 1902 Bahr replied to Schnitzler's request for an evaluation with a negative opinion of the sketches.

[142] *Kraftprobe*. Björnstjerne Björnson's (1832–1910) drama *Über die Kraft* (1886) opened at the Deutsches Volkstheater in Vienna on 4 April 1902.

[143] *Goth*. Ernst Goth. Evidently a journalist, about whom no further information could be found.

[144] *Pester Lloyd*. The largest German daily newspaper (liberal) in Hungary from 1854 to 1945.

[145] *kämen*. Bahr sent flowers to Schnitzler on 15 May 1902 in honor of his fortieth birthday. In his accompanying letter Bahr expressed his friendship for Schnitzler in an exceedingly friendly, warm, almost sentimental manner. See introduction, p. 27.

[146] *Mutter*. Minna (Wilhelmine) Weidlich (1836–1902). In a card (20 May 1902) Bahr thanked Schnitzler for his expression of sympathy and wrote that there were times when even Salzburg failed to provide consolation. Actually Bahr and his mother did not get along very well, although they were deeply attached: "Wir haben einander mit erfinderischem Hasse geliebt und hätten uns eher die Zunge durchbissen, als uns ein gutes Wort zu geben; es war aber auch wirklich nicht nötig, wir blieben so verwachsen, als wäre sie nie ganz von mir entbunden worden." Bahr, *Selbstbildnis*, p. 15.

[147] *Verpflichtung*. Schnitzler had received a questionnaire from the tax office asking for information about Bahr's income. On 10 June Bahr wrote to Schnitzler and suggested an answer which Schnitzler used in his reply. In the previous year a similar questionnaire had been sent to other friends. Perhaps this interest in Bahr's income was a consequence of his lawsuit against Karl Kraus. In order to make the situation easier for Schnitzler and to reassure him about the accuracy of his statements, Bahr provided a detailed accounting of his earnings for the past year.

[148] *verpflichten*. It is not clear what individual is to be supported by these contributions. There is no response from Bahr that would help to clarify the matter, nor is there any indication in Schnitzler's diary. However, in a letter to Hofmannsthal Schnitzler states "Mein lieber Hugo, Ihren Brief habe ich mit einer Antwort zugleich an Bahr geschickt; habe mich gleichfalls gegen monatliche Verpflichtungen gewehrt, mich aber zu gelegentlichen die Monatsrate übersteigenden Beiträgen bereit erklärt. Ich fand den Brief der Frau D. von einer bemerkenswerten Taktlosigkeit." Hofmannsthal and Schnitzler, *Briefwechsel*, p. 160. The recipient is not identified here either, and there is no answer from Bahr to Schnitzler's letter to provide any information.

[149] *sorgen haben*. Schnitzler's son, Heinrich Schnitzler, was born on 9 August 1902. He began his career as an actor and performed from 1924 to 1932 at the Deutsches Volkstheater in Vienna and at the Staatstheater in Berlin. He came to the United States in 1938, and from 1938 to 1942 he served as director of plays at various universities and summer theaters as well as on Broadway. From 1942 to 1948 he was Professor of Theater Arts and Director of plays at the University of California at Berkeley and subsequently held the same titles from 1948 to 1956 at the University of California at Los Angeles. In 1956 he returned to Europe and directed plays at various major theaters, until in 1959 he was appointed Director and Deputy Producer at the Theater in der Josefstadt in Vienna. He currently lives in Vienna and until recently served as guest director at theaters throughout Europe.

[150] *Glückwunsch*. Schnitzler was congratulating Bahr on the performance of his play *Wienerinnen: Lustspiel in drei Akten* (playscript, Berlin: Ahn & Simrock, 1900; book edition, Bonn: Albert Ahn, 1900). The premiere was held at the Deutsches Volkstheater on 3 October 1900. According to a review of the play, Dr. Mohn, one of the main characters, was supposed to have worn a mask that looked like Schnitzler, but Bahr in a reply written the same day as Schnitzler's letter stated that this claim was false.

[151] *interessiert*. Either Bahr mentioned this interest orally or his letter is missing. Schnitzler's card was not dated, but on 22 December 1902 he noted in his diary that he was reading the Zelter-Goethe *Briefwechsel*.

[152] *Berlin*. Schnitzler was in Berlin from 22 February until 9 March 1903 to attend the rehearsals and the premiere of *Der Schleier der Beatrice* at the Deutsches Theater (7 March 1903). See *Der Briefwechsel Arthur Schnitzler-Otto Brahm*, pp. 123–25. In his diary (7 March 1903) Schnitzler commented: "Stimmung eines gelinden Durchfalls auf der Bühne"; but the next day he noted that the reviews were mixed and that some of them were quite good.

[153] *widmen*. Bahr dedicated the third volume of his collected theater reviews, *Rezensionen*, to Schnitzler. In a letter of 4 April 1903 Bahr had asked Schnitzler whether he would agree to accept the dedication.

[154] *Widmung*. The dedication of *Rezensionen* reads: "Meinem lieben Arthur Schnitzler nach zwölf Jahren. Sankt Veit. Ostern 1903."

[155] *Nachricht*. On 4 April 1903 Bahr worte that he had read a report about Schnitzler's marriage in the *Neues Wiener Journal*. Bahr's ambivalent reaction to this news resulted from his own first marriage which was not successful and ended in a divorce. Schnitzler married Olga Gussmann on 26 August 1903. See n. 79.

[156] *Erholungspläne*. Bahr became seriously ill in 1903, and on 15 March 1903 he lamented to Schnitzler about his poor health. In a subsequent letter written at the end of March 1903 Bahr described the condition of his health in detail.

[157] *Reigen*. In a letter at the end of March 1903 Bahr offered to review *Reigen*. However, he did not carry out his offer for reasons that are not clear, although Schnitzler's letter makes it appear that Bahr was having difficulty with his editors, as was Salten. See n. 161.

[158] *Salten*. Felix Salten (pseud. for Sigmund Salzmann) (1869–1947), journalist, theater critic, narrative prose writer, and dramatist. President of the Austrian P. E. N. Club until 1933. Salten emigrated to Switzerland in 1938. He is best known for his animal stories, particularly *Bambi* (1927). Salten belonged to the inner circle of *Jung-Wien* writers, comprised of Schnitzler, Bahr, Hofmannsthal, and Beer-Hofmann. Schnitzler's relationship with Salten was ambivalent, alternating between close friendship and admiration and feelings of anger and annoyance. In his diaries he described on a number of occasions his reservations about Salten and expressed his criticism, but in later years he came to accept Salten as he was. A representative commentary in Schnitzler's diary on 2 August 1904 gives an excellent idea of his relationship with Salten: "Über Salten.—Unsere Entfremdung, je weiter wir kommen. Zu erklären durch seine Empfindung, mindestens ebensoviel, vielleicht mehr zu sein als ich und durch mißliche Verhältnisse an der vollen Entfaltung seines Talents gehindert zu sein. Sein Wissen, daß er jedenfalls weniger gilt als ich—und in der tiefsten Tiefe sein Wissen darum, dass er eben wirklich—vielleicht nicht weniger—aber jemand auf einem andern Niveau—das Wort könnte mißverstanden werden—innerhalb eines andern Zirkels ist. Als Persönlichkeit etwas interessantes, als journalistisches Talent im besten Sinne vielleicht bedeutend—als Künstler ohne Eigenart. Sein Talent also beträchtlich, seine Energie (bis zur Verbissenheit) so heftig, daß ihm mögerlicherweise auch besseres gelingen wird als mir. Und doch, irgend etwas letztes—das geheimnisvolle, das einen Organismus durchdringen muß, um den wirklichen Künstler zu ermöglichen—fehlt. Alle einzelnen Fähigkeiten sind vorhanden: Individuen zu sehen, Stimmungen zu empfinden, eine Handlung episch oder dramatisch zu componiren,—und auch der Löffel ist da, all diese Fähigkeiten und anderes durcheinander zu rühren—aber im letzten Moment fehlt der Hand mit dem Löffel die Kraft.—Im Bewußtsein dieser Thatsache ist er immer auf dem Qui vive; aber nicht das allein ist der Anlaß seiner immer wachen krankhaften Empfindlichkeit besonders mir gegenüber. Dinge, die er sich vor 12 Jahren zu

Schulden kommen ließ, die ich sozusagen längst vergaß, kann er nicht vergessen; vielleicht auch trägt er mir nach (das möcht ich nicht beschwören) daß ich ihm in finanziellen Calamitäten nicht immer, und nicht immer so rasch beigestanden bin als er (nicht ganz mit Recht) glaubte verlangen zu dürfen. Oft auch fühlt er sich (das nicht mit Unrecht aber nicht ohne Schuld seinerseits) von mir vernachlässigt,—und hat sich (auch mit Worten) über meinen Egoismus beklagt, der sich ihm gegenüber in einer Nachlässigkeit meiner Beziehung zu ihm aussprach. (Bemerkungen Olgas, die seine Frau mißverstand, trugen dazu bei,—ganz harmlose, wie: 'Arthur hat gesagt, er wird sich jetzt Salten zu (irgend einem Spiel) abrichten'. . . . In dem 'bekannten' Reigenfeuilleton sprach sich nun endlich seine langgehegte Gereiztheit öffentlich—und doch für die andern unmerklich aus. Er wußte, wo ich am verletzlichsten bin—besser vielleicht als die meisten andern. Als vor ein paar Jahren ein Artikel von Brandes über mich erschien, sagte ich zu Salten: Was mich an diesem Artikel am meisten freut, ist, daß Br[andes] im Gegensatz zu den inländischen Kritikern, welche mich immer beinahe als den süssen Mädel Dichter einkasteln, von meiner 'Vielseitigkeit und meiner Erfindungsgabe' spricht. Darauf Salten. 'Natürlich, diese Schlagworte (süsses Mädel etc.) haben nur ihren Klang und ihre Verbreitung dort wo man eben zu Hause ist und schafft—im Ausland kümmert sich niemand drum—' Und siehe— das Feuilleton (er las es vorher allen möglichen Leuten, aber nicht mir 'es soll Sie überraschen' vor) war durchaus auf dieses Schlagwort hin geschrieben—und endete—8 Jahre nachdem ich den Reigen geschrieben mit den Worten: 'So darf er nur nicht wiederkommen . . .' Ich schrieb ihm darauf einen Brief, in dem das Wort Perfidie nicht vorkam, aus dem er es aber wohl herauslesen konnte; er erwiderte geschickt, ich versöhnlich, und so wohnte er schon ein paar Tage später der Vorlesung des E[insamen] Wegs bei. Und, auch das muß ja gesagt werden so oft ich mit ihm zusammen bin, gewinnt mich der Charme seiner Persönlichkeit und oft tut es mir geradezu leid, daß wir uns verloren haben. Denn ich glaube, ein anderes Wort gibt es hier nicht mehr. Bei jeder Zusammenkunft muss erst eine leichte Befangenheit überwunden werden, und nichts ermüdet mehr zwischen Menschen, die einmal beinahe Freunde waren."

[159] *feuilleton.* Salten was finally able to publish his review of *Reigen* in November. See n. 182.

[160] *Schwager.* Albert Steinrück (1872–1929), actor and husband of Elisabeth Gussmann (1885–1920), actress in Berlin and the sister of Olga Schnitzler. Heinz Kindermann in a discussion of Bahr's staging of his own comedy *Ringelspiel* characterized Steinrück as "einer der verwandlungsfähigen Charakterdarsteller dieser Zeit, einer der überlegenen frühen Cäsar-Darsteller in Shaw's *Cäsar und Cleopatra*." *Hermann Bahr* (Graz-Köln: Verlag Hermann Böhlaus Nachfolger, 1954), p. 232.

[161] *Singer.* Isidor Singer, editor and co-publisher of *Die Zeit*. See n. 38. In his letter at the end of March 1903 Bahr had explained to Schnitzler that there was a plot against him (Bahr) by the editorial staff of the *Neues Wiener Tagblatt*, with the exception of Singer and Epstein. As far as the feuilleton concerning *Reigen* was concerned, the difficulties were directed against Bahr and not against Schnitzler.

[162] *Aufruf.* Not available. Bahr replied on 21 May 1903 that he did not understand the problem.

[163] *Epstein.* Stefan Epstein, literary advisor for Antoine's theater, in charge of foreign plays. Together with Hermann Lutz, Epstein translated Hofmannsthal's *Elektra* into French. In a letter to Brandes Schnitzler asked for his intercession with A.-L. Antoine to initiate a translation of *Der grüne Kakadu*, and Brandes complied with his wish. See *Arthur Schnitzler-Georg Brandes: Ein Briefwechsel*, pp. 77 f. and 186. Epstein and Lutz translated Schnitzler's *Der grüne Kakadu* into French, and this translation, although never published, exists in typewritten form in the *Nachlaß*. Under the title *Le peroquet vert* the translation by M. E. Lutz was performed at the Théâtre Antoine on 7 November 1903. Concerning Epstein, to whom Schnitzler gave full power of attorney on 21 April 1904, Schnitzler commented: "Nachm[ittag] Dr. St. Epstein, Paris, früher Assistent von Dubois, polyhist., jetzt Dramaturg bei Antoine, dessen Vielgereistheit, Vielseitigkeit und Tiefe mir imponiert. Es ist doch recht wahrscheinlich daß ich mehr bin—und doch fühl ich mich gerade solchen Geschäftigen gegenüber oft als der Geringere—" (TB, 20 April 1904).

¹⁶⁴ *Lutz*. M. E. Lutz. No information available. See n. 163.

¹⁶⁵ *Antoine*. André-Leonhard Antoine (1858–1943), actor and founder of the Théâtre Libre (1887–1894) in Paris. As theater director he introduced new, particularly naturalistic theater techniques and influenced the modern theater throughout Europe, especially Brahm's Freie Bühne in Berlin, J. T. Green's Independent Theatre in London, the Abbey Theatre in Dublin, and Stanislavsky's Theater in Moscow. From 1897 to 1906 he directed the Théâre Antoine and from 1906 to 1914 the Théâtre de l'Odéon in Paris. See André-Leonhard Antoine, *Mes souvenirs sur le Théâtre Libre* (Paris: A. Fayard, 1921); *Mes souvenirs sur le Théâtre Antoine et sur l'Odéon* (Paris: B. Grasset, 1928); and Samuel M. Waxman, *Antoine and the Théâtre Libre* (New York: Benjamin Blom Inc., 1925).

¹⁶⁶ *Apostel*. Bahr, *Der Apostel: Schauspiel in drei Aufzügen* (München: A. Langen, 1901). The premiere was held in the Burgtheater on 8 November 1901. I have not been able to verify any French translation.

¹⁶⁷ *Bruder*. Julius Schnitzler (1865–1939), surgeon, professor of surgery, and physician at the Wiedner Krankenhaus. He served his older brother Arthur Schnitzler and also Bahr as a physician when necessary. In general Arthur Schnitzler did not see his brother often; in his diary he noted his regret that they did not associate more: "Es gibt übrigens kaum einen Menschen, vor dem ich mehr Respekt habe. Einer von uns wird es einmal sehr beklagen, daß er vom andern so wenig gehabt hat—" (TB, 7 August 1905).

¹⁶⁸ *Kovacs*. Dr. Kovacs, physician; no other information available.

¹⁶⁹ *vorzulesen*. According to Bahr's letter of 8 October 1903, the reading was arranged for 8 November, but when he indicated that date, he had not yet presented the play to the censor. Bahr was not granted permission by the censor and thus enlisted Burckhard's help in preparing a statement to bring the matter to the public (see n. 179). All of his efforts were in vain, as we are given to understand from Bahr's later letter of 9 February 1922. Here Bahr notes that he was the first one who wanted to give a public reading of *Reigen*, and to make this possible he brought the matter personally to the attention of Prime Minister Ernst Körber, but still without success. Ernst von Körber (1850–1919), Austrian politician who served as *Ministerpräsident* from 1900 to 1904, generally favored reform of the censorship laws. See J. Nagl, J. Zeidler, E. Castle, *Deutsch-Österreichische Literaturgeschichte*, IV, 1998.

¹⁷⁰ *Dialog*. Bahr, *Dialog vom Tragischen*, Neue Rundschau, 14 (1903), 716–36; book edition, Berlin: S. Fischer Verlag, 1904.

¹⁷¹ *Reigen*. See n. 65.

¹⁷² *zu schreiben*. There is no reply from Bahr to this query, but Bahr did not review *Reigen*, although he did try to give a public reading. See nn. 157 and 169.

¹⁷³ *Rittner*. Rudolf Rittner (1869–1943), one of the most important actors in the Brahm ensemble. He was especially famous for his character roles in Hauptmann's works, for example, the role of Moritz Jäger in *Die Weber*, and the title role in *Florian Geyer*. In 1907, at the height of his career, Rittner retired from the stage because of a quarrel with Brahm. He occasionally took part in Hauptmann festivals and was later active in films. He played the title role in Bahr's *Der Meister*.

¹⁷⁴ *Stück*. Bahr, *Der Meister: Komödie in drei Akten* (playscript, Berlin: Ahn & Simrock, 1903; book edition, Berlin: S. Fischer Verlag, 1904). The premiere took place on 12 December 1903 at the Deutsches Theater in Berlin.

¹⁷⁵ *St. Veit*. Bahr's home in Ober Sankt Veit, a residential suburb of Vienna, was designed and built by his good friend, the architect Joseph Olbrich (1867–1908) on the property that Bahr had acquired from Bukovics. This had placed Bahr in the apparent conflict of interest which Kraus attacked and which caused Bahr to bring suit against the satirist (see n. 85). Bahr's great esteem for Olbrich is reflected in the following diary entry for 10 August 1908: "Es gibt kaum drei oder vier Männer in Europa, die ich so geliebt habe, wie ihn. Keinen mehr." Quoted in Erich Widder, *Hermann Bahr–Sein Weg zum Glauben: Ein Beitrag zur Biographie* (Linz: Oberösterreichischer Landesverlag, 1963), p. 105. See also Bahr, "Joseph Olbrich" *Buch der Jugend*, pp. 70–76. The Villa Bahr no longer stands. For a brief description and picture taken in 1899 with Bahr in the foreground see Peter Vergo, *Art in Vienna: 1898–1918* (New York: Praeger Publishing, Inc., 1975), pp. 125–26.

¹⁷⁶ *Hugo's*. Hugo von Hofmannsthal and his wife Gerty, born Schlesinger (1880–1960).

¹⁷⁷ *Exc[entrik]*. Arthur Schnitzler, *Excentrik*, *Jugend* 2, 30 (1902); now in ES I. Bahr read this short sketch on 8 October 1903 in the Bösendorfersaal, as he reported in his letter of 9 November 1903.

¹⁷⁸ *Olga*. Olga Schnitzler. See n. 79.

¹⁷⁹ *Recurs*. According to a letter of 9 November 1903, Bahr had consulted Max Burckhard about the situation concerning *Reigen*, and the latter, who was an attorney, wrote the appeal, although he did not want to be named as the author. Bahr and Burckhard had collaborated similarly earlier in preparing a statement for the release of *Der grüne Kakadu*, but the play was released by the censor without any need to use their petition (see n. 45). Bahr was not successful in publishing the statement in any Viennese newspaper, although it was later printed in abridged form in Berlin. See n. 189 and letter 124. No copy of this statement is available in the *Nachlaß*.

¹⁸⁰ *Lamprecht*. Apparently Schnitzler is referring to a review of Karl Lamprecht's book, *Zur jüngsten deutschen Vergangenheit*: *Deutsche Geschichte*, II (Freiburg im Breisgau: Hegfelder, 1904). The review by Wilhelm Goldbaum is entitled: "Ein neuer Band von Lamprecht," *Neue Freie Presse*, 8 November 1903, pp. 31–33. It is not evident why this review interested Schnitzler so much.

¹⁸¹ *Salten*. See n. 158. In his letter of 9 November 1903 Bahr defended Salten and asked Schnitzler to remember the unpleasant circumstances under which Salten wrote his feuilleton. Presumably Bahr meant the negative attitude of the publishers of *Die Zeit* toward *Reigen*.

¹⁸² *verwehren*. In his feuilleton, "Arthur Schnitzler und sein *Reigen*," *Die Zeit*, 7 November 1903, pp. 1–2, Salten wrote a sympathetic and sensitive review about the literary value of *Reigen*: "Von den Büchern, die Arthur Schnitzler geschrieben hat, ist dem *Reigen* der größte äußere Erfolg zuteil geworden. Der *Reigen* wird am meisten gelesen. Vom *Reigen* wird am meisten gesprochen. In acht Monaten hat diese Dialogreihe zehn Auflagen erlebt. Man streitet über dieses Werk, was zur Folge hat, daß immer mehr und mehr Leute danach greifen. Die Behörden beschäftigen sich damit, und es kann der Oeffentlichkeit nicht vorenthalten, nicht verheimlicht werden. Es ist unter allen Büchern Schnitzlers nicht das beste; aber wenn der *Leutnant Gustl* sein kühnstes, so darf der *Reigen* sein frechstes Buch genannt werden. Vielleicht ist es sogar eines der frechsten Bücher überhaupt, die in deutscher Sprache geschrieben wurden. Deshalb braucht man aber nicht sprachlos zu bleiben. Wie sich heute Klatsch und Schwatz mit diesem Werk beschäftigen, wie die breitesten Kreise diese sonderbare Dichtergabe diskutieren und umstreiten, so wird der Literarhistoriker auch, der einmal Schnitzlers Wirken überschaut und wägt, am *Reigen* nicht vorüber können. Denn dieser *Reigen* gehört nun einmal zur eigensten Eigenart Arthur Schnitzlers, bezeichnet einen wichtigen Punkt in seinem Entwicklungsgang, und man darf sagen, es ist nicht bloß das frechste, es ist auch das entscheidendste Buch, das wir von Schnitzler haben. Es bedeutet einen Abschluß, und es bedeutet, vielleicht, auch einen Anfang. Es ist ein Buch, das harmlose Illusionen zerstört und den Zauber unserer glücklichsten Stunden entlarvt. Es ist ein Buch, das wie ein Scherz zu wirken vermag, das aber mit zu viel virtuoser Kunst, mit zu viel sinnreicher Komposition gearbeitet, das überhaupt zu sehr gearbeitet ist, um nichts weiter als ein Scherz zu sein. . . . Und weil so viel lebensstarker Humor darinnen ist, darf man den *Reigen* für ein Kunstwerk nehmen. Mir erscheint die freie Heiterkeit seines Geistes liebenswürdig, seine verwegene Bravour ergötzlich und seine frech-gesunde Anmut an manchen Stellen hinreißend. Freilich fänden primitivere Naturen, und Leute, die zu einer einfachen Gemütsart neigen, die zeitlebens im Herzen naiv geblieben sind, nur wenig Erquickung daran. Es muß sie abstoßen oder verführen, dieses schonungslose Buch. Denn auch die Nüchternheit des *Reigens* muß betrachtet werden, seine unbedenkliche Brutalität, die in zehn schleierlosen Gesprächen zehnmal nur die gierige, listig-verlogene, ihren Trieben unterworfene Kreatur zeigt, und uns zehnmal erschreckt. Schnitzler hat oft die gefährliche Neigung verraten, Spielereien wichtig zu nehmen. Jetzt übt er das bessere Können: Wichtigkeiten spielend zu behandeln. Darin liegt vieles; unter anderem innere Ruhe, Gleichgewicht, Weltanschauung, Verve—kurz: Reife."

Schnitzler was especially piqued by Salten's suggestion that with *Reigen* Schnitzler should put an end to the Anatol-phase of his writing: "Es ist notwendig, diese beiden Bücher so eng nebeneinander zu halten. Sie zeigen Anfang und Ende einer Entwicklung. Beim *Anatol* beginnt der dichterische Aufruhr, im *Reigen* folgt nach manchen Entladungen die Reaktion. *Anatol* ist der Rausch und *Reigen* ist die Ernüchterung. *Anatol* ist der Lebensdurst und *Reigen* ist die Sattheit. Der Rundgang durch die heiteren, oft tragikomischen, oft wehmütig überwölkten, immer aber doch vergnüglichen Gefilde der Verliebten, der im *Anatol* begonnen ward, ist hier vollendet. Ein lächelnder Jüngling, hat Schnitzler diesen Garten der Liebe betreten, hat manche Früchte darin gepflückt, und als ein lachender Mann erscheint er wieder an der Schwelle, beladen mit Erfahrungen, die nicht für Jeden taugen, und die man nicht allzu leichten Sinnes hinnehmen soll, weil sie fröhlich dargeboten werden. Immerhin, es ist ein Abschluß. Was Schnitzler in jenen Bezirken nur suchen konnte, hat er gefunden. Diese Felder sind abgemäht, diese Ernte ist eingebracht. Der Becher ist geleert—nichts mehr davon! Nun der erste Jugendrausch verflogen, haben wir den Mann in einem nüchternen Augenblick sprechen gehört. Nun muß ein anderer Rausch den Künstler umfangen, andere Saat auf anderem Acker muß ihm aufkeimen. Sonst wäre alles Folgende Nachlese, Kreislauf, Wiederholung, und . . . 'als ich wiederkam'. Er aber darf nicht wiederkommen. So nicht. 'Man soll nichts wieder erleben wollen' ist ein Wort des feinen Anatol. Daran halten wir fest und sind neugierig auf den neuen Arthur Schnitzler.''

In his diary for 7 November 1903 Schnitzler vented his annoyance over Salten's review: "In der 'Zeit' Feuilleton von Salten . . . das mich, wegen wie mir schien nicht ganz unperfiden Bemerkungen über 'süßes Mädel' und 'Kleinkunst' trotz hohen Lobes erregte und zu einem heftigen-höflichen Brief an Salten veranlaßte.—''

It is possible that Schnitzler, who was justifiably sensitive about the attempts to limit his artistic scope, may have overreacted to Salten's review and misunderstood his intention, which seems to be that Schnitzler should explore new areas instead of repeating himself. Salten cannot be accused of moral prudishness, for he is considered to be the author of *Josefine Mutzenbacher* (1903), one of the pornographic novels of the time. Yet at the same time it should be noted that there is obvious malice in Salten's review, and it is this spirit to which Schnitzler is reacting.

[183] *Mäxen*. Anatol and Max are the two male protagonists in Schnitzler's early comedy *Anatol* (1893) and became literary prototypes of the Viennese "Lebemann." "Das süße Mädel" is also a type which Schnitzler made prominent in literature.

[184] *Julius*. The brother of Schnitzler. See n. 167.

[185] *Titelsache*. In a letter of 10 November 1903 Bahr asked whether the title *Primarius* was common in southern Germany and what word would be used in north Germany. *Primarius* is an Austrian medical term for a chief physician, who is head of a department or wing of a hospital. The German equivalent is *Primärarzt*.

[186] *Stückes*. Schnitzler, *Der einsame Weg: Schauspiel in fünf Akten* (Berlin: S. Fischer Verlag, 1904); now in DW I. The premiere was held in Berlin on 13 February 1904 and in Vienna in May 1904 during a guest performance by Brahm's ensemble at the Carltheater. See *Der Briefwechsel Arthur Schnitzler-Otto Brahm*, pp. 134–35.

[187] *Fulda*. In his letter of 8 November 1903 Brahm mentioned "Ich denke unter dem Vorwand des neuen Fulda *Novella d'Andrea* nach Wien zu kommen." Ibid., p. 133. Ludwig Fulda (1862–1939) published *Novella d'Andrea* in 1903.

[188] *drankommen*. Bahr's *Der Meister* (see n. 174) was performed for the first time in Berlin at the Deutsches Theater on 12 December 1903. In May 1904 the Viennese premiere took place during a guest performance of Brahm's company. Bahr received the Bauernfeld prize for this drama. Schnitzler, who had been away most of May on a trip through Italy capped by a stay at Taormina, Sicily, saw the final performance of *Der Meister* on 31 May 1904.

[189] *Recurs*. See n. 179. Bahr answered on 1 November 1903 that even the Berlin *Börsen Courier* refused to print the appeal to the "Stadthalterei" for the release of *Reigen*. He had little hope that he would be able to get the petition published. However, on 16 December

1903 he reported that two days earlier the Berlin *Tageblatt* had printed a small excerpt from the *Recurs*.

¹⁹⁰ *glückwunsch*. Schnitzler was congratulating Bahr on the premiere of his latest play *Der Meister*. See n. 188.

¹⁹¹ *Frau*. The wife of Stefan Epstein. See n. 163.

¹⁹² *Sezession*. This organization of Viennese painters was founded in 1898. See Robert Waissenberger, *Die Wiener Secession* (Wien-München: Jugend und Volk-Verlagsgesellschaft, 1971). Bahr was a good friend of Joseph Olbrich (see n. 175), who built the attractive Sezession building in Vienna, which is inscribed with the motto by Ludwig Hevesi (1843–1910): "Der Zeit ihre Kunst, der Kunst ihre Freiheit." Bahr was also a friend and ardent defender of the painter Gustav Klimt (1867–1918), who was the first leader of the group. Through his articles discussing the Secessionist painters and their aims Bahr performed pioneering service on behalf of this art movement. He was also one of the founders and editors of the journal *Ver Sacrum* (1898–1900). See Bahr, *Secession* (Wiener Verlag: L. Rosner, 1900); *Rede über Klimt* (Wien: Wiener Verlag, 1901); *Gegen Klimt*, preface by Hermann Bahr (Wien: Eisenstein, 1903); "Klimt," *Bilderbuch* (Wien: Wiener Literarische Anstalt, 1921), pp. 52–58. Klimt painted Bahr's favorite picture, the "Nuda Veritas," which he inscribed with a quotation from Schiller: "Kannst du nicht Allen gefallen durch deine That und dein Kunstwerk, mach es Wenigen recht. Vielen gefallen ist schlimm." The painting is now included among the Bahr possessions in the "Hermann-Bahr-Zimmer," a permanent collection of Bahr memorabilia in the Hofburg in Vienna. A picture is included in Peter Vergo, *Art in Vienna: 1898–1918*, p. 46.

¹⁹³ *Hoetger*. Bernhard Hoetger, (1874–1949), German sculptor, architect, painter, and graphic artist.

¹⁹⁴ *Journal*. Not located.

¹⁹⁵ *Weg*. Schnitzler, *Der einsame Weg*. See n. 186. On 29 January 1904 Bahr wrote a long letter in which he described his first impressions about this play. On 15 February 1904 Bahr mentioned again how much the play meant to him. During a visit with Bahr at Ober Sankt Veit Schnitzler discussed *Der einsame Weg*, and in his diary he noted: "Über den Eins[amen] Weg. Bahr, der ihn künstlerisch sehr schätzt findet bedenklich meine Ungerechtigkeit gegen die Literaten, und meine Neigung zum Moralisieren.—Meine Entgegnung—" (TB, 2 June 1904).

In his *Dialog von Marsyas* (pp. 51, 54–55) Bahr praised this drama: "'Du könntest dich,' sagte der Meister, 'auch auf unseren Arthur berufen, dem man auch immer mehr den Ekel vor allen Leuten der Kunst anmerkt. Zog er schon in der 'Literatur' einen albernen Grafen dem Literaten sichtlich vor, so läßt er uns gar im 'Einsamen Weg' doch keinen Zweifel mehr, daß ihm ein unbegabter, aber anständiger Mensch lieber ist.' 'Er hat recht,' sagte der Künstler. 'Anständige Menschen haben es eben nicht nötig, begabt zu sein. Sie brauchen die Kunst nicht, denn sie haben das Leben; darin zeigen sie sich. Vielleicht ist dieselbe Kraft in allen Menschen, nur daß die einen sie auf das Leben verteilen, die anderen aber geben sie an ihre Werke ab. Wem sich jenes ergibt und wen er erfüllt, der wird höchstens einmal durch den Wunsch, sich schön zu erinnern, zur Kunst geführt. Nur wer sich vom Leben ausgestoßen fühlt, wen es ängstigt, wer keine Macht hat, es unmittelbar zu gestalten, der versteckt sich vor ihm in der Kunst. Nur wer das Leben entbehrt, schafft sich durch Kunst seinen Schein. Wer aber das Leben entbehrt, ist schlecht. . . . Diese ist es auch, die mir den 'Einsamen Weg' so wert macht, daß er es in seiner wunderbar hellen und harten Technik verschmäht, an allen Nerven zu zerren, und das Espressivo, wie die Musikanten es nennen, worin die Aufregung des Darstellers den Wert der Darstellung übertreiben soll, überall zu dämpfen weiß, vielleicht doch auch, weil es dem Dichter wichtig geworden ist, sich zu schonen, weil er jetzt den Stolz hat, sich zu verwahren, weil er sich nicht mehr in einer einzigen Wirkung verknattern und verpuffen will. Ist es aber vielleicht nur ein Zufall, wenn Hauptmann und Schnitzler jetzt die stimulierende Kunst der Konvulsionen verlassen, so hat Nietzsche dies bewußt verlangt."

In his diary Schnitzler noted his reaction to the *Dialog vom Marsyas*: "Den Marsyas (Correctur, von Bahr geschickt) zu Ende gelesen, und anschließend daran Notizen geschrieben, eine graphische Erklärung den Unterschied zwischen Künstler und Literaten betreffend, gefunden, die mich sehr beruhigte.—Bahr Abend da, lang mit ihm und Olga auf dem Balkon, dann Türkenschanzpark.—Über den Marsyas; Literaten, Künstler; er fand, daß nach meiner Definition Hugo [von Hofmannsthal] der typische 'Literat' sei, ich konnte aus meiner Graphik das Gegentheil beweisen—" (TB, 7 August 1904).

[196] *Fischer.* Samuel Fischer (1859–1934), founder of the S. Fischer Verlag in Berlin in 1886. He fostered the naturalistic writers and also the young Viennese authors. The Austrian journalist and author, Raoul Auernheimer (1876–1948), once quipped that the only thing the *Jung-Wien* authors actually had in common was their publisher S. Fischer in Berlin. See Peter de Mendelssohn, *S. Fischer und sein Verlag* (Frankfurt am Main: S. Fischer, 1970), p. 733. S. Fischer played an important role in the literary development of both Germany and Austria, as Mendelssohn has indicated: "So wurde der Verlag S. Fischer neben allem, was er für deutsche Dichter aus dem Reich geleistet hat und noch leistet, der erste große deutsche Verlag, der zugleich ein großer Verlag österreichischer Dichtung ist. Er ist nicht wegzudenken aus der jüngsten Geschichte österreichischer Literatur. Bahr selbst, Schnitzler, Hofmannsthal und viele um sie hat S. Fischer zu allgemeinen Schriftstellern erhoben, ihnen erspart, bloß für Vertreter eines abgelegenen Winkels deutscher Kultur zu gelten." Ibid., p. 192.

[197] *Taormina.* Bahr, in a letter of 29 January 1904, had mentioned a vacation in Taormina. Schnitzler visited there several times, including 19–24 May 1904.

[198] *Erfolg.* In a letter of 8 November 1903 Brahm had expressed his reservations about the play. See *Der Briefwechsel Arthur Schnitzler-Otto Brahm*, p. 132 f. Nevertheless, according to the editor of the *Briefwechsel*, Oskar Seidlin, Brahm's production of *Der einsame Weg* was "'eine Meistervorstellung' vor allem dank Bassermanns unvergleichlicher Darstellung des Stephan von Sala." Ibid., p. 134.

[199] *Richard's.* Richard Beer-Hofmann and his wife Paula, born Lissy (1879–1938). See n. 8.

[200] *Karg.* Edgar Karg von Bebenburg (1872–1905), naval officer and good friend of Hofmannsthal. See Hugo von Hofmannsthal and Edgar Karg von Bebenburg, *Briefwechsel*, ed. Mary E. Gilbert (Frankfurt am Main: S. Fischer Verlag, 1966).

[201] *befindest.* Bahr was very ill during the years 1903 and 1904, and his letters from these days often contain comments about his bad health. For a time he believed he was going to die. After he overcame this crisis in his health, his attitude toward life changed significantly, and he became less oriented toward art and much more toward life. On 9 January 1904 Schnitzler noted in his diary: "Über Bahrs Krankheit. Er ist, mit ungünstiger Diagnose, nach Marienbad geschickt worden."

[202] *Kritik.* In his diary on 14 February 1902 Schnitzler stated: "Die Kritiker constatieren größtenteils einen schwachen oder Mißerfolg, sind aber z[um] Th[eil] höchst ehrenvoll."

[203] *Goldmann'sche.* Paul Goldmann (1865–1935), journalist, critic, and long-time friend of Schnitzler. In a sense Goldmann was the discoverer of Schnitzler, for as editor of the Viennese journal *An der schönen blauen Donau* he published Schnitzler's first poems written under the pseudonym "Anatol." From 1890 Goldmann worked for the *Neue Freie Presse*, first as the Berlin theater critic and then as Paris correspondent. In his diary Schnitzler praised Goldmann: "mit dem mich durch viele Jahre eine der stärksten Beziehungen meines Lebens verbunden hat . . . " Schnitzler, *Jugend in Wien* (Wien: Verlag Fritz Molden, 1968), p. 320. After 1900 the two friends went in different directions, and Schnitzler attributed the change in Goldmann's attitude toward him to his jealousy over Schnitzler's success. Goldmann wrote some of the sharpest criticisms of Schnitzler's plays of any reviewer. In his diary on 23 January 1903 Schnitzler noted: "Beinahe daemonisch hat er sich in seinem Referat über die 'letzten Masken' verraten.—Seine Lebenslüge: Wenn ich Zeit hätte, wär ich ein großer Dichter—." On 11 March 1903 Schnitzler further commented on Goldmann: "Las Nachm[ittag] die Briefe P[aul] Goldmanns über Bea. [*Der Schleier der Beatrice*] aus dem Jahr 1900, die sehr entzückt lauten. Ärgere mich nun doch ein wenig, daß er aus Motiven, die ihm selbst nicht bewußt sind, alles von mir ablehnt—sobald er daran ist, sich öffentlich darüber auszusprechen."

On 17 December 1904 Schnitzler recorded that his correspondence with Goldmann had been ended for some time: "Im wesentlichen sind wir wohl fertig miteinander und könnten auf dieser Basis wieder einmal in ein anständiges Verhältnis kommen." However, Schnitzler's hope for a renewed friendship did not materialize. Schnitzler was possibly disturbed by Goldmann's negative reactions to his works not only because he was supposed to be a friend but also because he realized that Goldmann's views were influential in determining whether a play would be brought to Vienna after its premiere in Berlin. See Adam Wandruska, *Geschichte einer Zeitung* (Wien: Neue Wiener Presse, 1958), p. 134.

[204] *Telegramm*. Paul Goldmann, "'Der einsame Weg' von Arthur Schnitzler," *Neue Freie Presse*, 23 February 1904, pp. 1–3. Although he conceded Schnitzler's dramatic ability, Goldmann judged this drama to have failed and to be without moral value: " . . . Das ist schön ausgedacht. Ein ergreifender Konflikt mit einer traurigen, einer originellen Lösung, die ein feiner Kenner des Menschenherzens gefunden hat. Nur daß man von diesem ergreifenden Konflikt in dem Stück sehr wenig ergriffen wird, weil dem Autor die Kraft gefehlt hat, um aus dem Stoff, den er mit richtigem dramatischen Instinkt gewählt hat, die Wirkungen herauszuarbeiten, die dieser Stoff für die Bühnendichtung zu ergeben vermag. Man erwartet, den Kampf eines Vaters um seinen Sohn zu sehen—ein tragisches Ringen. Aber gerungen wird nicht. Eine Hand streckt sich mit müder Geste aus und sinkt, kaum erhoben, wieder zurück. Statt Kampf und Sturm, statt aller dramatischen Ungewitter— eine lange, lange Melancholie. Statt der Handlung—Reflexion. Das Stück ist voll von Aussprüchen über Welt und Menschen. Noch in keinem seiner Werke hat Schnitzler so viel Geistvolles und Tiefes gesagt. Aber mit dem Geist auf dem Theater ist es eine eigene Sache. Er muß, um zu wirken, eine Aeußerung der dramatischen Kraft sein. Geist allein, Geist ohne dramatische Kraft verfehlt auf der Bühne in der Regel seinen Zweck; erst wenn das große dramatische Triebrad im Schwung ist, sprüht er seine Funken. Und vor allen Dingen: Geist kann dramatische Kraft niemals ersetzen. . . . So kommt es, daß die wertvollen geistigen Gaben, die das Schnitzlersche Schauspiel bringt, auf der Bühne fast völlig verloren gehen. Um sich an diesen zu erfreuen, muß man es lesen. Das Buch bekundet, fast auf jeder Seite, daß dieses Stück, das im Theater versagt hat und versagen mußte, ein Dichter geschrieben hat. Darum hat wohl derjenige Berliner Kritiker am richtigsten geurteilt, der gemeint hat, Schnitzler hätte sich gleich an den Leser wenden sollen, statt an das Theaterpublikum, und hätte statt des Dramas eine Novelle schreiben sollen. Es ist seltsam, daß Schnitzler aus diesem eminent dramatischen Stoffe, dem Kampfe des Vaters um den Sohn, so wenig zu machen gewußt hat. In den ganzen fünf Akten hat er ihm nur zwei große Szenen abgewonnen. Das 'groß' gilt von der Ausdehnung; die innere Größe fehlt auch diesen Szenen, und im Tone sind sie matt genug. Nachdem er diese zwei Szenen geschrieben, läßt der Autor sich den Stoff aus den Händen gleiten, zumeist ohne ersichtliche Notwendigkeit, mit anderen Stoffen verkoppelt. Zum mindesten zwei Handlungen laufen neben der eigentlichen Handlung her, so daß man nicht ein Drama, sondern deren drei zu sehen bekommt. Ein Vater sucht seinen Sohn; ferner finden ein Liebhaber und eine Geliebte sich nach Jahren wieder, um sich dann abermals zu trennen; außerdem verführt ein gealterter Don Juan ein junges Mädchen. Drei Dramen, wie gesagt. Ein dramatischer Ueberfluß, dessen Grund freilich immer wieder derselbe innere Mangel ist. Der eine, der eigentliche Stoff, der Kampf des Vaters um den Sohn, ist Drama genug, wenn es gelingt, seinen Gehalt zu erschöpfen. Das hat der Autor offenbar nicht vermocht; und weil er das Drama nicht zu stande gebracht hat, das er schreiben wollte und sollte, hat er drei Dramen geschrieben. So entsteht ein Allerlei von Personen und Vorgängen, das nicht als Fülle wirkt, sondern nur Verwirrung hervorruft. Die Haupthandlung gerät in ein Durcheinander von Nebenhandlungen, die manchmal so überwuchern, daß man nicht mehr weiß, was Hauptsache und was Nebensache ist. Gewiß, der Autor läßt auch die Nemesis sehen, die den Egoisten trifft. Er zeigt, wie der, der nie das Wohl und Wehe eines Menschen berücksichtigt hat, im Alter vereinsamt. Er zeigt, wie der Vater vergebens den Sohn zu gewinnen sich bemüht, um den er sich zwanzig Jahre lang nicht gekümmert hat. Doch diese Nemesis läßt kühl, und man hat lediglich den Eindruck, daß dem, den sie trifft, ganz recht geschieht. Reue, Entrüstung würden erschüttern; aber an beiden fehlt es in dem Stücke. Es scheint im Gegenteil, als sei der Autor mit den Egoisten, die er auf die Bühne bringt, ebenso zufrieden, wie diese es mit sich selbst sind. Kaum trifft sie ein

Vorwurf, kaum regt sich in ihnen ein Gewissen. Allerdings tun sie wenigstens eines: sie decken rückhaltlos ihr Inneres auf; sie schildern sich selbst, ohne jeden Versuch einer Beschönigung. Aber auch diese Selbstkenntnisse sind keine Gewissensregungen. Auch aus ihnen klingt es heraus: 'Wir sind halt so.' Darum haben sie keinen moralischen Wert, so groß auch ihr literarischer ist. Und der Egoismus betätigt sich nur wieder von neuem, wenn er sich damit begnügt, das Unrecht, das er begangen hat, psychologisch zu ergründen, statt es zu sühnen." Reprinted in Paul Goldmann, *Aus dem dramatischen Irrgarten: Polemische Aufsätze über Berliner Theateraufführungen* (Frankfurt am Main: Literarische Anstalt Rütten und Loening, 1905), pp. 185–95.

[205] *Eysoldt*. Gertrud Eysoldt (1870–1950), actress at the Deutsches Theater in Berlin beginning in 1905.

[206] *Weihnachtsausflug*. On 4 November 1904 Bahr invited Schnitzler to spend Christmas with him and Max Burckhard in Lueg on the Wolfgangsee.

[207] *Puppenspieler*. See n. 95. On 4 November 1904 Bahr had asked to borrow a copy of the *Puppenspieler* in order to write a critique about the Schnitzler evening that was being held in Vienna on 12 December 1904 in the Carltheater. The program consisted of the three one-act plays, *Der Puppenspieler*, *Literatur*, and *Die letzten Masken*. Schnitzler attended the performance, about which he commented in his diary on 12 December 1904: "Abend Carlth[eater]. 'A[rthur] S[chnitzler] Abend' was überall (trotz meiner Gegenbitte) groß angeschlagen stand. Solche Dinge machen mich innerlich schamroth.—Letzte Masken machte wie ich fand weniger Wirkung als in der früheren Darstellung;—sie war auch (trotz und mit [Albert] Heine) mäßig.—Puppenspieler anständig von [Josef] Jarno, [Hans] Claar, [Frieda] Wagen; schien zu fesseln, am Schluß, besser, nach dem Schluß zu enttäuschen.—Literatur war gleichfalls meiner Empfindung nach die bisher schlechteste Aufführung; die [Rosa Albach-] Retty war höchst anmutig. [Otto] Tressler komisch, aber nach anderer Richtung als das Stück.—Ich spürte wieder so genau, wo meine Kunst versagte—merkte schlampige Übergänge, Grobheiten—etwa wie ein Kratzen auf dem Teller. Kam wieder zur Überzeugung, daß es die andern Momente sind, die bei eventueller Wirkung meiner dramat[ischen] Sachen maßgebend sind, mehr als künstlerische.—Gut sind *Die letzten Masken* vom Eintreten des Weihgast an.—" Weihgast is one of the main characters in *Die letzten Masken*.

[208] *sagst*. In his review of *Der Puppenspieler* Bahr first related the plot and then addressed Schnitzler directly in a kind of open letter: "Ich glaube nicht mehr, Arthur, daß Entsagung Reife ist. Ich glaube, sie ist nur innere Schwäche. (Furcht von Menschen, die sich bewahren wollen, weil sie noch nicht wissen, daß dies der Sinn des Lebens ist: sich zu zerstören, damit Höheres lebendig werde). Ich glaube, daß dies weite Leben, das da draußen winkt, ungeheuer reich an wilder Schönheit und verruchtem Glück ist: es wartet nur auf einen großen Räuber, der es zwingen wird. Ich glaube nicht mehr an die kleinen Tugenden des gelassen zuschauenden Geistes. Ich glaube nur noch an die große Kraft ungestüm verlangender Leidenschaft. Und ich glaube, daß einer von uns, gerade einer von uns, dies machen muß, dies Werk, das die letzte Nacht einer alten Zeit enthalten wird, aus der schon in der Ferne, blutig froh, die Sonne der neuen bricht. Mach' du's!" Bahr, *Glossen zum Wiener Theater 1903–1906* (Berlin: S. Fischer Verlag, 1907), p. 448.

[209] *fremd ist*. In a letter of 14 December 1904 Bahr answered Schnitzler's objections to his critique of *Der Puppenspieler*, and he promised to discuss the whole problem with him in greater detail orally.

[210] *Streitmann*. The wife of Karl Streitmann (1853–1937), operetta tenor, is supposed to have once said: "Man muß brav genug sein, um alles zu dürfen." According to Professor Heinrich Schnitzler, it was Streitmann's mother who made the remark in Jewish dialect as follows: "As mer brav ist derf mer alles" ("wenn man brav ist, darf man alles").

[211] *Brust*. This line is taken from an often quoted speech of Rustan in Franz Grillparzer's *Der Traum ein Leben* (1834): "Breit es aus mit deinen Strahlen, / Senk es tief in jede Brust: / Eines nur ist Glück hienieden, / Eins, des Innern stiller Frieden, / Und die schuldbefreite Brust. / Und die Größe ist gefährlich, / Und der Ruhm ein leeres Spiel. / Was er gibt sind nichtge Schatten, / Was er nimmt, es ist so viel." Franz Grillparzer, *Der Traum ein*

Leben, in Sämtliche Werke, V/i, ed. August Sauer and cont. by Reinhold Backmann (Wien: Verlag Anton Schroll, 1936), pp. 135–36.

212 *Mahler*. Gustav Mahler (1860–1911), composer, conductor, and starting in 1897 director of the Vienna opera. In his diary on 3 January 1905 Schnitzler wrote: "Halte Mahler für den größten jetzt lebenden Componisten." See also Olga Schnitzler, *Spiegelbild der Freundschaft*, pp. 112–13, and Bahr, "Mahler und das deutsche Theater" in *Gustav Mahler: Ein Bild seiner Persönlichkeit in Widmungen*, ed. Paul Stefan Gruenfeldt (München: R. Piper und Co., 1910), pp. 17–21. For Bahr's view of Mahler see *Bilderbuch* (Wien: Wiener Literarische Anstalt, 1921), pp. 55–69.

213 *pneumatisch*. This term refers to a fast method of sending messages.

214 *Lueg*. Resort next to Sankt Gilgen on the Wolfgangsee in the Salzkammergut, approximately twenty miles east of Salzburg.

215 *Lektüre*. Bahr wrote to Schnitzler on 21 January 1905 to ask whether he had a new prose story that he could include in his reading program.

216 *Ajaccio*. Schnitzler left Vienna on 3 March 1905 for a trip through Italy and Corsica, Genoa, Monaco, Monte Carlo, Naples, Pompeii, Palermo, Messina, Corfu, Cattaro, Ragusa (where he met Hofmannsthal and Burckhard briefly at the Hotel Imperial), Spalato, Abazzia and Fiume. He arrived back in Vienna on 18 March 1905.

217 *Semmering*. Schnitzler traveled to Semmering with Olga on the afternoon of 30 April 1905, returning to Vienna on 6 May 1905.

218 *Sanna*. Bahr, *Sanna: Schauspiel in fünf Akten* (Berlin: S. Fischer Verlag, 1905); dedicated to "M. Burckhard zum 50. Geburtstag: 14. Juli 1904." The premiere took place on 10 March 1905 under Max Reinhardt's direction in the Kleines Theater in Berlin and the first performance in Vienna on 5 June 1905 as part of a Reinhardt guest presentation. In his diary Schnitzler noted: "Glänzende Aufführung, die Höflich erster Rang." *Sanna* was one of three of his works which Bahr considered "von bleibendem inneren Wert: den 'Franzl', der in Linz, zweimal in Wien und gelegentlich später auch noch in Salzburg aufgeführt wurde, dann 'Sanna', von Reinhardt ein paarmal gespielt, und 'Die Stimme', die in Darmstadt und in Wien ausgehöhnt worden ist. Bloß auf diese drei Stücke könnt ich vielleicht eine leise Hoffnung, zur literarischen 'Unsterblichkeit' eingelassen zu werden, setzen." Bahr, *Selbstbildnis*, p. 288.

219 *Höflich*. Lucie Höflich (1883–1956), one of the leading actresses of the day, who acted in Max Reinhardt's company in Berlin beginning in 1903.

220 *Sorma*. Agnes Sorma (1865–1927), eminent actress in Berlin, first in Brahm's company and later under Reinhardt.

221 *Stück*. Bahr, *Die Andere: Schauspiel in fünf Akten* (Berlin: S. Fischer Verlag, 1906). The premiere took place on 4 November 1905 in the Schauspielhaus in Munich; the first performance in Vienna followed on 25 November 1905 in the Deutsches Volkstheater. Schnitzler did not attend the performance, for he was in Berlin for the opening of *Zwischenspiel* on the same date. However, in his diary on 28 November 1905 he noted: "'Die Andere' von Bahr war ein Theaterskandal." See Willi Handl, "Bahrs *Andere*," *Die Weltbühne* 1/14 (7 December 1905), pp. 394–96. Apart from its artistic quality *Die Andere* represents an extremely important stage in the development of Bahr's thinking.

222 *Besenius*. Besenius of *Die Andere* is an eccentric former university professor, who has abandoned society for a harmonious life of nature. He believes that people have been overly educated and sophisticated and need to deemphasize intellectuality. Among other things he distrusts language. In Besenius the various themes of the play come together: the dual nature of man, transformation of the individual through love, and the need to destroy the old generation so that a new one can arise to advance humanity.

223 *Flinte*. "Die bekannte ungeladene Flinte" is an anecdote, concerning a young author who is reading a play to Dumas. At the beginning of the play a young man enters and leans a gun against the wall. Dumas interrupts with the question: "What will happen with this gun later?" The author replies in astonishment: "Nothing." Dumas: "Then the play is not good, for everything, even the slightest incidental action, must stand in relationship to the center of the play." In his letter of 5 August 1905 Bahr answered Schnitzler's

comments, acknowledging that Schnitzler was right in his criticism of the play except for his opinion about Besenius. Bahr stated that the play should actually be called *Besenius* and explained the reasons for his viewpoint.

[224] *Zwischenspiel*. Schnitzler, *Zwischenspiel: Komödie in drei Akten* (Berlin: S. Fischer Verlag, 1906); now in DW I. The premiere took place on 12 October 1905 in the Burgtheater. Bahr's review stated in part: "Wir haben solche Zeiten, in welchen uns nötig wird, uns einzuziehen, ja, am besten: von uns einmal abzusehen. Wir brauchen Pausen, welche vielleicht für die geheime Kraft in uns gar keine sind, die vielleicht unbelauscht schaffend bleibt, während wir zu spielen glauben. Ich verstehe das; und noch mehr: es scheint mir für unser Theater ganz gut, wenn dieser oder jener manchmal in seiner eigentlichen Produktion anhält, um daneben, dazwischen in einer leichteren, ihm selber unwichtigen, etwa sogar nicht ganz echten, losen, lustigen Art wieder einmal bloß zu spielen, einfach Theater zu spielen. Es ist nämlich sonst Gefahr, daß wir uns, nur unserer Eigenheit zugewendet, indem wir uns erfüllen und vollenden, zu sehr vom Publikum entfernen, welches, unfähig, uns nachzukommen, ratlos an die gemeinen Macher ausgeliefert wurde. Weshalb es ihm zu gönnen ist, wenn manchmal ein Künstler sich zwischen seinen ernsten Dingen herabläßt, den strengen Ton etwas zu mildern, um in einer Pause mit ihm ein bisschen zu spielen . . . . Ich habe hier manches gefunden, das mir nachgegangen ist. Dieses: man lebt mit einer Frau, hat sie gern und weiß doch eigentlich nichts von ihr, sie kann morgen eine andere sein, über Nacht. Und dieses: wir sehen die Menschen nur so, wie wir für sie fühlen. Seitdem Amadeus seine Frau sinnlich gleichgültig geworden ist, glaubt er sie gleichgültig, sinnlich kalt. Worin vielleicht, noch ein ganz anderes Stück steckt. Und dieses: wir glauben unser Schicksal zu regieren, aber es spielt mit uns und unser eigenes Leben lebt über uns hinweg; was ich im 'Meister' so sehr empfunden habe. Nicht angenehm ist mir der Ton, in welchem Amadeus mit seinem Freunde verkehrt: Griensteidl 1890. Und gar nicht mag ich den Fürsten. Dies mag meine Schuld sein. Jeder kann nur nach seinen Erfahrungen denken. Dieser junge Fürst beträgt sich edler als alle andern in der Komödie. Nach meinen Erfahrungen ist in seinen Kreisen sittlicher Takt und Menschlichkeit der Empfindungen unbekannt. Wenn ich die Kapellmeister nehme, die ich kenne, und mit den Baronen, Grafen oder Fürsten vergleiche, über welche mir ein Urteil zusteht, so ist jeder von jenen menschlich mehr wert als diese. Ich weiß nicht, woher Schnitzler andere Erfahrungen haben kann. Und es stört mich sehr, woran Schnitzler gewiß gar nicht gedacht hat, wie dieser Fürst im Burgtheater wirken muß: als ein Kompliment vor den Komtessen! Es ist für mich, weil ich Schnitzler sehr gern habe, ein peinliches Gefühl, mir zu denken, daß eine der Damen, die damals den Kakadu vertrieben haben, jetzt vielleicht befriedigt ruft: Bravo, hat sich gebessert! Und ich darf nicht aufstehen und darf nicht schreien: Nein, es ist nicht wahr, er hat sich nicht gebessert, er wird es nie!" Bahr, *Glossen zum Wiener Theater 1903–1906*, pp. 84–86, 91–92.

[225] *Der Ruf des Lebens*. Schnitzler, *Der Ruf des Lebens: Schauspiel in drei Akten* (Berlin: S. Fischer Verlag, 1906); now in DW I. The premiere was held on 24 February 1906 at the Lessingtheater in Berlin. Schnitzler was in Berlin from 18 to 27 February to attend the rehearsals and the premiere, which was not successful. In his diary on the following day, 25 February, he wrote: "Kritiken recht schlecht; von unerwartet arger Verständnislosigkeit." Schnitzler returned to Vienna disappointed and depressed by the experience.

[226] *Widmung*. In a letter of 17 September 1905 Bahr accepted gratefully the dedication of *Der Ruf des Lebens*. This is one of the few instances where Schnitzler dedicated a work to anyone. The dedication was carried in all editions up to 1928.

[227] *aussprachst*. See n. 208.

[228] *Brief*. In his letter of 17 September 1905 Bahr spoke in detail about *Der Ruf des Lebens*.

[229] *zugegeben*. In a letter dated 20 September 1905 Bahr wrote about *Zwischenspiel*.

[230] *Caecilie*. This and all other names in this letter refer to characters in *Zwischenspiel*.

[231] *Proben*. The rehearsals of *Zwischenspiel*, which had its premiere on 12 October 1905 in the Burgtheater.

[232] *Theater hast*. At this time Bahr was still theater critic for the *Neues Wiener Tagblatt*.

[233] *Erlöser*. Hermann Bahr, *Grotesken*: *Der Klub der Erlöser*, *Der Faun*, *Die tiefe Natur*

(Wien: S. Konegen, 1907). In a letter of 17 September 1905 Bahr pointed out that *Der Klub der Erlöser* was a parallel to his earlier play *Unter sich: Ein Arme-Leut'-Stück in vier Szenen* (Wien: Wiener Verlag, 1904). Because of censorship difficulties Bahr's *Grotesken* was performed only once before an invited public at the "Elf Scharfrichter" in Munich. See Heinz Kindermann, *Hermann Bahr*, p. 323.

²³⁴ *Narr*. Bahr, *Der arme Narr: Lustspiel in einem Akt* (Wien: C. Konegen, 1906). The premiere took place on 29 November 1906 in the Burgtheater.

²³⁵ *Volkszeitung*. Presumably Schnitzler was referring to Bahr's review of *Zwischenspiel*. See n. 224.

²³⁶ *Stück*. In a letter of 29 January 1906 Bahr explained his problem with the *Intendant* in Munich, and how Schnitzler's play *Der Ruf des Lebens*, which Bahr had accepted for performance, was being used as a pawn in an intrigue against him (Bahr).

²³⁷ *Cabinetsfrage*. At the beginning of 1906 Bahr found his situation in Vienna no longer favorable, and he felt that the time had come to make a new beginning elsewhere. The Munich Hoftheater hired Bahr as *Oberregisseur*, but the ensuing controversy caused the contract to be withdrawn, leaving Bahr without a job, since his position on the *Neues Wiener Tagblatt* was filled. To help him out of this dilemma Reinhardt employed Bahr in the fall of 1906 as *Regisseur* at the Deutsches Theater in Berlin.

²³⁸ *bestimmen könnte*. Bahr was not able to give any precise answer to this question in his reply of 4 February 1906.

²³⁹ *Einakter*. Bahr, *Der Faun*. See n. 233.

²⁴⁰ *Lessing*. Emil Lessing (1857–1921), *Regisseur* beginning in 1895 and *Oberregisseur* starting in 1898 with Otto Brahm. Schnitzler considered him to be of limited talent.

²⁴¹ *Stückchen*. On 21 June 1906 Bahr had asked for Schnitzler's frank opinion concerning his one-act drama *Der Faun*. On 4 July 1905 Bahr replied that he enjoyed Schnitzler's letter and intended to expand the play as suggested. However, Bahr never carried out this idea.

²⁴² *Marienlyst*. Resort area on the coast north of Copenhagen. On 28 June 1906 Schnitzler noted: "Kopenhagen. Gleich weiter Marienlyst. Kurhotel, schöne Zimmer. Meer. Balkone. Abendspaziergang."

²⁴³ *Akt*. Bahr, *Die tiefe Natur*. See n. 233.

²⁴⁴ *Abschiedssouper*. The fifth scene in Schnitzler's first published comedy *Anatol*.

²⁴⁵ *widmen willst*. On 16 October 1906 Bahr explained the reasons why he wished to dedicate his one-act play *Die tiefe Natur* to Schnitzler.

²⁴⁶ *Reinhardt*. Max Reinhardt (pseud. for Max Goldmann, 1873–1943), actor at the Deutsches Theater in Berlin from 1894 to 1902, director of the theater "Schall und Rauch" (1901–1906), and from 1906 director of the Deutsches Theater in Berlin. In 1924 he became managing director of the Theater in der Josefstadt, while at the same time continuing to direct plays. In 1938 he emigrated to the United States. Reinhardt was one of the leading directors of his time, and among other accomplishments he was one of the founders of the Salzburger Festspiele.

After Bahr's position in Munich was withdrawn, Reinhardt engaged him in 1906 as *Regisseur*, but Bahr's activity in this capacity lasted only two seasons. Among other problems, he could not stand the hectic way in which Reinhardt worked. See *Meister und Meisterbriefe um Hermann Bahr*, pp. 187–98. For the relationship of Schnitzler and Reinhardt see *Der Briefwechsel Arthur Schnitzler mit Max Reinhardt und dessen Mitarbeitern*, ed. Renate Wagner (Salzburg: Otto Müller Verlag, 1971).

²⁴⁷ *Liebelei*. See n. 9 and n. 11. On 12 February 1907 Bahr expressed his hope that he could influence Reinhardt to produce *Liebelei*. The production took place on 19 September 1907 in the Kammerspiele in Berlin with Hans Pagay as Weiring, Lucie Höflich as Christine, and Albert Steinrück as "Ein Herr."

²⁴⁸ *Pagay*. Hans Pagay (1848–1915), actor in the Berlin Residenztheater beginning in 1887 and later a member of the Reinhardt ensemble.

²⁴⁹ *Alten*. Schnitzler is referring to the role of old Weiring, the father of Christine, in *Liebelei*.

²⁵⁰ *Valentin*. Richard Vallentin (1874–1908) worked from 1896 with Otto Brahm as

Regisseur and in 1900 moved to the Lessingtheater. He also belonged to Reinhardt's "Schall und Rauch" ensemble, both as *Regisseur* and actor until 1908, when he was engaged by the Deutsches Volkstheater in Vienna. His first production in Vienna was Schnitzler's *Der grüne Kakadu* on 14 October 1905. In his review of this production Bahr reported: ". . . und in die ganze Vorstellung bringt Herr Vallentin, der neue *Regisseur*, ein Tempo und einen Zug, die man sonst in diesem Theater nicht kannte. Man spürt seine starke Hand auch im 'Kakadu', der, von den Damen Lißl und Rischer, den Herren [Leopold] Kramer, [Eugen] Jensen und Birron vortrefflich dargestellt, das Publikum in einen Taumel und Tumult riß, wie man hier lange, lange keinen vernommen hat." Bahr, *Glossen zum Wiener Theater*, p. 228.

[251] *Bea*. Schnitzler, *Der Schleier der Beatrice*. See n. 69 and n. 73.

[252] *Grillparzer*. Bahr, "Franz Grillparzer," *Die Schaubühne*, 3/7 (14 February 1907), 163–70. Bahr wrote another essay on Grillparzer to be found in *Österreichischer Genius: Grillparzer-Stifter-Feuchtersleben, Drei Essays* (Wien: Bellaria, 1947), pp. 7–14.

[253] *Berlin*. Bahr's first assignment during his period with Reinhardt in Berlin was to produce his own comedy *Ringelspiel* (premiere at the Deutsches Theater on 18 December 1906), which he followed with Ibsen's *Hedda Gabler* in March 1907. Bahr also directed a production of Ibsen's *Komödie der Liebe*. See Heinz Kindermann, *Hermann Bahr*, pp. 63, 229–30. See also *Meister und Meisterbriefe um Hermann Bahr*, pp. 187–98.

[254] *bedeuten*. Schnitzler's specific meaning is unclear, and there is no diary entry or any reply from Bahr which would help to clarify the situation. On 13 February 1907 in the *Neue Freie Presse* (p. 11) there is a notice concerning the forthcoming production of Bahr's *Der arme Narr* at the Burgtheater. Possibly Schnitzler was inferring that this acceptance of a work by Bahr would indicate that his standing in Vienna had improved sufficiently for him to return again. Schnitzler knew that Bahr was going to leave Reinhardt, and he was inquiring about his possible future plans.

[255] *Kammerliebelei*. See note 247. On 16 March 1907 Bahr explained the reasons why the performance of *Liebelei* had to be postponed.

[256] *Märchen*. Arthur Schnitzler, *Das Märchen*, see n. 12 and n. 14. Bahr indicated that he would try to interest Reinhardt in producing *Das Märchen*, but as it turned out his efforts were unsuccessful.

[257] *Deutschland*. In 1894 Brahm had returned the manuscript of *Das Märchen* to Schnitzler with the following commentary: "Für die Bühne hat es meines Erachtens zuviel Psychologie und zu wenig Anschauung, zuviel Tendenz und zu wenig Gestalt." *Der Briefwechsel Arthur Schnitzler-Otto Brahm*, p. 35. The first performance of *Das Märchen* in Berlin took place on 15 March 1925 in the Lessingtheater.

[258] *Kammerspiele*. Kleines Haus der Kammerspiele is a small theater in Berlin which Reinhardt often used.

[259] *Friedensfest*. Gerhart Hauptmann, *Das Friedensfest* (1890), naturalistic prose drama in three acts.

[260] *Wien*. On 16 March 1907 Bahr wrote that he was coming to Vienna at the beginning of April and would have a great deal to tell Schnitzler about happenings in Berlin.

[261] *Band I*. Alfred E. Brehm, *Tierleben: Allgemeine Kunde des Tierreichs*, 10 vols. (Leipzig: Verlag des Bibliographischen Instituts, 1886–1887). On 26 April 1907 Bahr asked for the second volume.

[262] *wichtiges*. In his answer of 19 May 1907 to Schnitzler's previous letter, Bahr asked him to postpone his intended visit unless it was important, for he was in the middle of a project and did not want to have his train of thought disturbed.

[263] *Brühl*. A popular summer resort approximately twenty miles south of Vienna.

[264] *Wisch*. A questionnaire from the tax authorities, presumably concerning Bahr's income.

[265] *Tour*. Arthur Schnitzler traveled with his wife Olga on 26 June 1907 to Carinthia, and from there they continued on to the Dolomites. From 4 July to 26 August they stayed in Welsberg/Pustertal (now called Monguelf and Val Pusteria respectively). They returned to Vienna via Bozen, Meran, Innsbruck, and Salzburg and arrived on 13 September.

[266] *Hugo*. Hugo von Hofmannsthal. See n. 26.

²⁶⁷ *Stück*. Bahr, *Die gelbe Nachtigall: Komödie in drei Akten* (Berlin: S. Fischer Verlag, 1907). This play was dedicated to "Meinem lieben Freunde Max Reinhardt in herzlicher Bewunderung und Verehrung." In his diary on 7 October 1907 Schnitzler commented: "Las Bahrs 'gelbe Nachtigall.' Angeschwollene Anekdote, mit einigen lustigen, in der Charakteristik einer Kainzfigur auch bedeutungsvollen Einzelheiten; im ganzen wirr.— Glaube, daß mir das Stück mein Schauspielerstück unmöglich macht."

²⁶⁸ *Kadlbürgerlich*. An allusion to the dramatic technique of Gustav Kadelburg, see n. 96.

²⁶⁹ *Erfolg*. The premiere of *Die gelbe Nachtigall* took place on 10 December 1907 in the Lessingtheater in Berlin.

²⁷⁰ *Hebbeltheater*. Theater in Berlin that was to open in October 1907. In his diary on 29 October 1906 Schnitzler noted: "Nachm[ittag] Dr. Eugen Robert, Direktor des Berliner Hebbeltheaters, das nächsten October eröffnet wird. Möchte die 'Beatrice' spielen; (Auch Kakadu und Neues). Verpflichte mich noch nicht wegen Überlegung, daß Reinhardt sie spielen könnte (Höflich) worüber ich neulich mit Bahr gesprochen." In a letter of 18 December Bahr answered Schnitzler's questions frankly and advised him to accept the offer of the Hebbeltheater. See also Schnitzler's candid letter to Reinhardt on 24 December 1909 concerning *Der Schleier der Beatrice*, among other works, in *Der Briefwechsel Arthur Schnitzlers mit Max Reinhardt und dessen Mitarbeitern*, pp. 73–79.

²⁷¹ *Mildenburg*. Anna Mildenburg (1872–1947) was one of the leading Wagnerian altos and Richard Strauss interpreters of her time. She married Bahr on 24 August 1909 after his marriage to his first wife, the minor actress Rosa Joël (Rosalie Jokl), was dissolved on 14 May 1909. Bahr had married his first wife in May 1895 against the wishes of his family, which never accepted her either because she was an actress or because she was Jewish or both. In an emotional letter to his father Bahr described his bride and the irresistible attraction she exerted on him: "Ich muß Dir heute endlich etwas sagen, was ich Dir schon seit Wochen schreiben will, aber immer wieder verschob. Ich will nämlich heiraten, und zwar bald, da ich Unangenehmes rasch zu erledigen pflege, und bitte Dich um Deine Zustimmung. Die Unglückliche, wie Mama sagen wird, ist Schauspielerin am Deutschen Volkstheater, ziemlich unbegabt, nur durch ihre wirkliche klassische Schönheit berühmt, 23 Jahre alt, Jüdin, Tochter eines Wiener Kautschuckstempelfabrikanten, heißt beim Theater Rosa Joël, bürgerlich Jokl, wird das Theater Ende April verlassen, und Anfang Mai wollen wir heiraten. Ich weiß alles, was gegen eine Ehe überhaupt, gegen eine Ehe mit einer Schauspielerin im besonderen, gegen die Ehe eines Menschen von meinem Naturell spricht. Aber es ist eben stärker als ich, wie es stärker als sie ist, die es ja auch jetzt besser hat, als sie es als bescheidene Frau eines wenig verdienenden Journalisten haben wird. In diesen Dingen scheint der Verstand ohnmächtig und, wenn man sich fast ein halbes Jahr gegen sein Gefühl gewehrt hat, gibt man es auf und sagt sich, daß, was später auch kommen mag, ein Jahr Glück mit nichts zu teuer bezahlt wird. Du wirst mir allerhand Einwendungen machen, die das nicht entkräften und denen ich doch nicht nachgeben kann. Auch bitte ich Dich vorderhand um größte Diskretion. Ich bin sehr bekannt, sie ist sehr bekannt, und mich macht das Gerede der Leute nervös. Ich bin in aller Stille konfessionslos geworden, mein Freund Müller arrangiert die Heirat für die erste Maiwoche in Brünn, und erst einen Tag später mögen es die Leute hören." *Herman Bahr–Briefwechsel mit seinem Vater*, pp. 364–65. Schnitzler's comments make it clear that he did not hold Rosa Joël in very high esteem: "Sprach mit der Joël, die tief ordinär zu sein scheint" (TB, 30 July 1895). Later on 9 August 1895 he added: "Die Joël ist ordinär und dumm."

In his *Selbstbildnis*, which is dedicated to Anna Bahr-Mildenburg, Bahr does not mention his first marriage at all. In his letters to Schnitzler Bahr reveals how he was swept off his feet by Mildenburg and her music. In his diary for 2 January 1907 Bahr described her as follows: "Meine Frau versucht die Klytemnästra zum ersten Mal allein, ohne Richard Strauß. Sie kann's wagen, weil sie Musik ja selber mitbringt; sie gehört zu den Menschen, die, wie's im Kaufmann von Venedig heißt, Musik haben in sich selbst." Bahr, *1917* (Innsbruck-Wien-München: Verlags-Anstalt Tyrolia, 1918), p. 46. Bahr's second marriage seemed very happy, and he willingly helped his wife's career. After her husband's death in 1934, Bahr-Mildenburg made every effort to preserve his *Nachlaß* and establish a fitting memorial for him. See Donald G. Daviau, "Hermann Bahr's *Nachlaß,*" *Journal of the International Arthur Schnitzler Research Association,* 2 (Autumn 1963), 4–27.

[272] *Ritscher*. Helene Ritscher (dates unknown), actress in Munich.

[273] *annehmen*. From Bahr's letter of 23 December 1907 it seems that he and his wife were using their influence to have Schnitzler's play *Der Schleier der Beatrice* performed at the Hebbeltheater with Ritscher in a leading role. Whether this performance took place has not been determined.

[274] *Bub*. Heinrich Schnitzler. See n. 149.

[275] *Großmama*. Schnitzler's mother was Luise (Markbreiter) Schnitzler (1840–1911).

[276] *Abreise*. Bahr wrote on 23 December 1907 that he hoped to remain in Vienna for several weeks more before returning to Berlin.

[277] *Hebbeltheater*. See n. 270 and n. 273.

[278] *Ungünstiges*. Schnitzler was correct in his appraisal of Vallentin's health, for he died during 1908. See n. 250.

[279] *Glückwunsch*. Bahr's letter is missing, but presumably he congratulated Schnitzler on receiving the Grillparzer prize for *Zwischenspiel* on 15 January 1908. Schnitzler was surprised to be awarded the prize, partly because he felt that *Zwischenspiel* did not merit it. On 12 October 1905 he had commented in his diary: "Es ist im Ganzen doch ein schwaches Theaterstück, man hört das Knarren der Maschine beinahe immer." He still felt the play undeserving on the day of the award, but on 16 January 1908 he expressed his satisfaction with the distinction: "Es freut mich, daß ich den Preis erhielt, trotz aller [word missing] stellung; trotz der Kakadusache, der Beatrice Affaire, des Lnt. Gustl; des Reigen. Die Blätter sind im ganzen freundlich, die antisemitischen pfauchen."

[280] *Erinnerung an 1894*. According to Schnitzler's diary, Bahr met him on 5 June 1894 in Munich and stayed until 7 June. Schnitzler does not give an explanation in his diary why this particular meeting in Munich made such a strong impression on him. However, it was approximately at this time (31 December 1893) that they began to address each other on a first name basis.

[281] *Moppchen*. Bahr, "Moppchen," *Neue Freie Presse,* 4 July 1908, pp. 1–5, a review of the book *Briefe von Otto Erich Hartleben an seine Frau* (Berlin: S. Fischer Verlag, 1908). Hartleben's wife was called Moppchen.

[282] *in der Ferne*. Bahr was in Berlin at this time.

[283] *Tagebuch*. Bahr, *Tagebuch* (Berlin: P. Cassirer, 1909). Bahr's diary contains his personal observations about current events from 1 September 1905 to 17 June 1906 and summer and fall of 1908. It also contains his impressions about Germany gained on a trip during December 1908. In his first entry Bahr explained the reasons why he had decided to address the public in this form: "In jeder großen Stadt gibt es diese zehntausend Menschen, was aber sonst niemanden stört: die Nation lebt ungehindert fort. Nur bei uns weicht die Nation vor den Zehntausenden zurück. Oder es scheint doch so. Die Nation lebt nur insgeheim. Man spürt es nicht. Man spürt die wirklichen Menschen nicht. Und oft habe ich schon gedacht, ob nicht dies eigentlich das österreichische Problem ist: was zu geschehen hat, um in unserem öffentlichen Leben die wirklichen Menschen zu spüren, um zu verhindern, daß sich die wirklichen Menschen bei uns verbannt und wie verboten fühlen, um die wirklichen Menschen aufzufinden? Sie sind ja da. . . . Diese Einsamen, die, tief, unter dem lauten Schein der Öffentlichkeit, im Verborgenen wirklich sind, zu sammeln! Wenn das möglich wäre! Das ist nicht bloß die letzte Frage dieses ganzen Landes, es ist noch viel mehr, was der Dünkel der Artisten immer vergißt, unsere Frage, der Künstler und der Kunst. Denn daran verkommen wir, daß unser Werk, immer nur gleich vor die Zehntausend geschleppt, gar niemals zu den Wirklichen gelangt, in welchen und durch welche doch allein es erst leben könnte, leben! Ja, da bin ich wohl dabei, diesen 'Weg' zu gehen. Aber ich habe den Herren auch gleich gesagt: dann nur mit der höchsten Aufrichtigkeit. . . . Jeder kann jetzt nur durch Aufrichtigkeit wirken, indem er sagt, wie ihm ist, damit es die anderen hören und auch Mut bekommen. Und es kommt jetzt hier gar nicht mehr darauf an, mit welchen Worten etwas gesagt wird und ob sie glänzen und ob einer mit ihnen spielen kann, was gemein geworden ist, sondern nur darauf kommt es jetzt hier an, was einer, was, zu sagen hat und welcher Mensch dahinter steht. Wenn sie

dazu bereit sind, ja. Wenn man ihrer Stimme die Not anhören wird, die Not unserer entsetzlichen Einsamkeit, dann dringt sie durch, über alles, was nur Schein ist, zu den Wirklichen hin." *Tagebuch*, pp. 2–4. Bahr kept a second set of personal diaries, but these have not yet been published.

   284 *Drut*. Bahr, *Drut: Roman* (Berlin: S. Fischer Verlag, 1909); a new edition under the title *Die Hexe Drut* published in Berlin: Sieben Stäbe-Verlag, 1929; a final edition published in Vienna: H.Bauer Verlag, 1946. Bahr had planned a series of twelve novels, which were intended to present a survey of the social, political, religious, and artistic conditions in Vienna. He completed only seven of the projected novels: *Die Rahl* (1908), *Drut* (1909), *O Mensch* (1910), *Himmelfahrt* (1916), *Die Rotte Korahs* (1919), *Der inwendige Garten* (1927), and *Österreich in Ewigkeit* (1929).

   285 *St. Gilgen*. Summer resort on the Wolfgangsee in the Salzkammergut about twenty miles east of Salzburg.

   286 *Schade*. Bahr answered on 28 June 1909 that he agreed with Schnitzler's views and signed his letter with a cordial expression of his genuine friendship.

   287 *Edlach*. Schnitzler and his wife traveled to Edlach on 30 June 1909 and returned to Vienna on 5 July 1909 after a stop in Reichenau. He kept his promise to Bahr and read *Drut* in Edlach but made no comment in his diary about his opinions of the work.

   288 *Pötzel*. Eduard Pötzl (pseud. "Kleinpetz," 1851–1914), from 1874 journalist and later influential editor for the *Neues Wiener Tagblatt*.

   289 *Lili*. Lili Schnitzler, daughter of Olga and Arthur Schnitzler, was born on 13 September 1909. On 30 June 1927 she married the Italian officer Arnoldo Cappellini and settled with him in Venice. From 12 to 30 April 1928 Schnitzler traveled with his daughter and his son-in-law from Trieste through Dalmatia to Corfu, Athens, Constantinople, and Rhodes and then back to Venice. On 3 May Schnitzler returned to Vienna. On 26 July 1928 his daughter took her own life in Venice. See Hofmannsthal and Schnitzler, *Briefwechsel*, p. 397.

   290 *Halle*. Bahr, who was on a lecture tour, wrote on 2 December 1909 describing a "Schnitzler Abend" at the Goethebund in Königsberg. He suggested that since Schnitzler would be traveling to Berlin to attend a performance of *Anatol*, he should travel via Halle and attend one of the readings.

   291 *Oberingenieur*. In a letter of 11 December 1909 Bahr mentioned an *Oberingenieur* who was greatly interested in hearing from Schnitzler and would give Bahr a cure for gout if Schnitzler would write to him.

   292 *Novelle*. On 11 December Bahr asked Schnitzler, as he had done many times in the past, for a short humorous work suitable for reading.

   293 *Vorspiel*. Schnitzler, *Der junge Medardus*: *Dramatische Historie in einem Vorspiel und fünf Akten*. (Berlin: S. Fischer Verlag, 1910); now in DW II. The premiere was held at the Burgtheater in Vienna on 24 November 1910.

   294 *Schlenther*. Paul Schlenther (1854–1916), theater critic for the *Vossische Zeitung* in Berlin, who on 1 February 1898 was named Max Burckhard's successor as director of the Burgtheater in Vienna. He served in this capacity until 21 January 1910. Like Burckhard Schlenther had little practical theater experience. He had been a theater critic, editor, and *Feuilletonist* for the *Berliner Tageblatt*. Schnitzler had difficulties with Schlenther concerning the acceptance of *Der Schleier der Beatrice* and *Der junge Medardus* and also over *Der grüne Kakadu* (see n. 43). Schnitzler continued to have difficulties with Schlenther to the end of his tenure as director. In his diary for 4 September 1909 Schnitzler recorded: "In den Abendblättern Art Programm Schlenthers, die Novitäten bis Weihnachten—kein Wort von mir. Im ganzen ist es doch das empörendste seit Beginn meiner Theatercarrière. Und man ist total wehrlos." *Medardus* was not accepted by Schlenther, but was by his successor Baron Alfred Berger. For Bahr's views of Schlenther see Hermann Bahr, "Paul Schlenther," *Wiener Theater 1892–1898*, pp. 195–201.

   295 *Mizzi*. Schnitzler, *Komtesse Mizzi oder der Familientag*: *Komödie in einem Akt* (Berlin: S. Fischer Verlag, 1909); now in DW I. The premiere was held in the Deutsches Volkstheater in Vienna on 5 January 1909, together with *Liebelei*. In his diary on 5 January Schnitzler stated: "Comtesse Mizzi, die Leute lachten viel, anfangs sah's nach einem großen Erfolg

aus, der durch Längen am Schluß und den schlecht spielenden Klitsch (Windhofer) ein wenig herabgesetzt wurde." On 6 January he reported: "Kritiken beinah durchwegs gut, auch glänzend."

[296] *Konzert.* Bahr, *Das Konzert: Lustspiel in drei Akten* (Berlin: E. Reiss, 1909). This play is dedicated to "Richard Strauss in herzlicher Bewunderung und Verehrung." Bahr felt very strongly attracted to the music of Strauss, and *Das Konzert* is the result of Bahr's unsuccessful efforts to write a libretto for him. See *Meister und Meisterbriefe um Hermann Bahr*, pp. 49–144.

[297] *Brahm.* On 16 December 1909 Brahm wrote to Schnitzler: "Zunächst danke ich Ihnen für Ihr schnelles Entgegenkommen in der Mizzi-Frage. Am Schluß des Abends hätte sie, wie uns immer klarer wurde, nicht gepaßt; für den Anfang sind Sie nicht (und es wäre wohl auch schade drum, das vielgeprüfte Fräulein hier hinzustellen), so lassen wir also Bahr (*Das Konzert*) allein reisen." *Der Briefwechsel Arthur Schnitzler-Otto Brahm*, p. 223. Schnitzler must have been relieved, for in his diary (16 July 1909) he mentioned his reservations about Brahm's idea of performing the two plays together: "Bahrs *Konzert* das mir Brahm gesandt; es soll ev[entuell] zu Comtesse Mizzi gegeben werden. Ich schwanke; ein furchtbarer Schmarrn. Werde aber wohl doch—wegen persönl[ichem] Verhältnis zu Bahr einverstanden sein—." The premiere of *Das Konzert* took place on 23 December 1909 in the Lessingtheater in Berlin. On 28 December 1909 Schnitzler noted in his diary: "Vormittag in St. Veit bei Bahr. Gratulation zum großen Erfolg des 'Konzert'."

[298] *Speidel.* Albert Freiherr von Speidel (1858–1912), *Generalintendant* of the Hoftheater in Munich beginning in 1905.

[299] *Dienstag.* On 24 December 1909 Bahr invited Schnitzler for a visit.

[300] *aufgeführt werden.* The premiere of *Der junge Medardus* took place on 24 November 1910 in the Burgtheater. Bahr offered on 26 September 1910 to write a review of the play for the *Neues Wiener Journal,* but he did not carry out his plan; for he was in London at the time of the premiere, and after reading the play he found he could not relate to it. On 27 March 1914 Schnitzler received for *Medardus* the Raimund prize which had not been awarded since 1908.

[301] *London.* On 26 September 1910 Bahr expressed his intention of traveling to London for four weeks. On his return to Germany he would begin a lecture tour on 17 November 1910.

[302] *Roman.* Bahr, *O Mensch: Roman* (Berlin: S. Fischer Verlag, 1910). See n. 284. Schnitzler read the novel on 27 and 28 September and noted in his diary: "Las 'O Mensch' zu Ende; ein recht abgeschmacktes, gräßlich geschriebenes, greisenhaft geschwätziges Buch."

[303] *Neue Freie Presse.* A reference to the fact that *O Mensch* was published in 81 installments in the *Neue Freie Presse* from 31 May to 4 September 1910.

[304] *Levi.* Dr. Cesare Levi (1874–death date unknown). No Italian translation of *Das Konzert* has been located Schnitzler's *Der grüne Kakadu* was translated into Italian by Bruno Moffi in 1899 under the title *Il Pappagallo verde.* See Cesare Levi, "Arthur Schnitzler," *Nuova Antologia,* 1 May 1910, pp. 47–55.

[305] *schreiben wirst.* On 15 November 1919 Bahr wrote from London that he had given up the idea of writing a review of *Der junge Medardus.*

[306] *Klähr.* Eschbacher, Etzelt, and Frau Klähr are central characters in *Der junge Medardus.*

[307] *Oswald.* Oswald Alving is the artist son of Mrs. Alving in Ibsen's *Ghosts* (1881).

[308] *Homburg.* Heinrich von Kleist, *Prinz Friedrich von Homburg* (1809–1811).

[309] *Tasso.* Goethe, *Torquato Tasso* (1790).

[310] *Moissi.* Alexander Moissi (1879–1935), one of the most famous actors in the Reinhardt ensemble. He was the first actor to interpret the main role in Hofmannsthal's *Jedermann.* He also played Orestes in Hofmannsthal's *Elektra.* On his performance see Bahr, "Elektra" in *Glossen zum Wiener Theater 1903–1906,* p. 277.

[311] *Bleibtreu.* Hedwig Bleibtreu (1868–1968), one of the most eminent actresses of the Burgtheater beginning in 1893.

[312] *Balaithy.* Robert Balajthy (1860–1925), an Austrian actor who began his career with

the Meining company and subsequently performed at the Raimundtheater before finally joining the Burgtheater.

³¹³ *Tressler*. Otto Tressler (1871–1965), an actor at the Burgtheater starting in 1896.

³¹⁴ *Korff*. Arnold Korff (actually Kirsch, 1868–1938), actor at the Carltheater from 1897 to 1899 and at the Burgtheater from 1899 to 1913.

³¹⁵ *Hartmann*. Ernst Hartmann (1844–1911), actor at the Burgtheater in Vienna from 1864 to 1911.

³¹⁶ *Heine*. Albert Heine (1867–1949), actor and *Regisseur* at the Burgtheater, who became managing director of the Burgtheater from 1918 to 1921, reilacing the "Dreierkolleg" consisting of Hermann Bahr, Robert Michel, and Max Devrient.

³¹⁷ *Medelsky*. Lotte Medelsky (1880–1960), an actress whom Max Burckhard brought in 1896 to the Burgtheater, where she remained until 1947.

³¹⁸ *Wohlgemuth*. Else Wohlgemuth (1881–1972), actress at the Burgtheater from 1910 to 1938.

³¹⁹ *Reimers*. Georg Reimers (1860–1936), actor at the Burgtheater from 1885 to 1936.

³²⁰ *Strassny*. Fritz Strassny (1868–1938), actor at the Theater an der Josefstadt beginning in 1894 and at the Burgtheater from 1909 to 1938.

³²¹ *Heller*. Eduard Heller (1854–death date unknown), actor at the Burgtheater from 1907 to 1928.

³²² *Vortragsreise*. In a letter from London dated 26 September 1910 Bahr wrote that he was planning a lecture tour in the Rhine region. He repeated this intention in a second letter from London dated 22 October 1910.

³²³ *Vorlesung*. Schnitzler traveled to Munich on 8 December where at the Hotel Vier Jahreszeiten he read the second scene of the prologue to *Der junge Medardus*, *Leutnant Gustl* and *Weihnachtseinkäufe* from *Anatol*. Schnitzler was well satisfied with his readings and noted in his diary on 9 December 1910: "Starker Vorleseerfolg, besonders mit Gustl. Las besser als je." On 13 December he returned to Vienna.

³²⁴ *Schwägerin*. Elisabeth Steinrück, born Gussmann (1885–1920), the sister of Schnitzler's wife Olga and the wife of the prominent actor Albert Steinrück.

³²⁵ *Abschrift*. Schnitzler usually dictated his letters to his secretary, who typed them with carbon copies. It is to such preserved copies that we owe the survival of many of the letters in this correspondence with Bahr, for the originals that he received are not in the *Nachlaß* and may be presumed lost.

³²⁶ *Gerasch*. Alfred Gerasch (1877–1955), actor at the Burgtheater from 1907 to 1920.

³²⁷ *Bayreuth-Buch*. Bahr and Anna Bahr-Mildenburg, *Bayreuth: Neun Aufsätze* (Leipzig: E. Rohwolt, 1912). The first three essays are by Anna Bahr-Mildenburg and the last six by Bahr.

³²⁸ *Bild*. In his diary on 23 May 1912 Schnitzler, who received more than 450 letters and telegrams plus many gifts for his fiftieth birthday, merely notes that he received a picture from Bahr.

³²⁹ *Buch*. Probably Bahr, *Inventur* (Berlin: S. Fischer Verlag, 1912). These essays about contemporary questions and problems represent an attempt by Bahr to confront the most important social, philosophical, and artistic problems of his time.

³³⁰ *Peter Altenberg*. Peter Altenberg (pseud. for Richard Engländer, 1859–1919), Austrian prose writer closely associated with the *Jung-Wien* group. Altenberg led a Bohemian, impressionistic existence, which often caused him to suffer from poor health, mainly from alcoholism. For many years he was financially dependent on his friends. See Bahr, *1919* (Wien: E. P. Tal & Co.), pp. 40–42. On 7 December 1912 Bahr made clear his position with respect to supporting Altenberg, namely, that there were others more deserving.

³³¹ *Salzburg*. Bahr moved to Salzburg at the end of 1912 because he had become increasingly disenchanted with his status in Vienna. As he later wrote, no one at that time made an effort to hold him in Vienna. In Salzburg Bahr resided in Schloß Arenberg. In 1922 his wife accepted a position at the Academy of Arts in Munich, where they remained until Bahr's death in 1934. Bahr had many ties with Salzburg, which he regarded as the most beautiful Austrian city. See Bahr, *Salzburg* (Berlin: J. Bard, 1914; new edition, Wien: Agathon, 1947).

[332] *Brief.* On 16 April Bahr reported to Schnitzler about a letter he had received from Altenberg, pleading to be rescued from Steinhof, a psychiatric clinic and sanitarium in Vienna. He was obviously touched by Altenberg's letter and asked Schnitzler to intercede, proclaiming himself ready to help in any way.

[333] *Bruder.* Georg Engländer (1862–1927), the brother of Peter Altenberg.

[334] *verlängern.* Bahr replied on 23 April 1913, offering several observations about Altenberg and changing his mind about contributing to his support.

[335] *Hansy.* A reference to Dr. Hansy, a physician at the Kurhaus in Semmering.

[336] *Brief.* In his letter of 23 April 1913 Bahr invited Schnitzler to visit him in Salzburg.

[337] *20. 7. [1913].* This telegram is without year, but presumably it was sent in 1913 on the occasion of Bahr's fiftieth birthday, 19 July 1913. Since Bahr moved to Salzburg in late 1912, it could not have been sent earlier than 1913, and the wording suggests that the message was appropriate to the fiftieth birthday.

[338] *Buch.* Bahr, *Erinnerung an Burckhard* (Berlin: S. Fischer Verlag, 1913). In his diary on 9 October 1913 Schnitzler observed: "Das Bahrsche Burckhardbüchel. Eine mir unbekannte Jugendphotographie Burckhards. Ergriffenheit." Bahr had also written on Burckhard, one of the "real" people, in *Buch der Jugend*, pp. 64–69.

[339] *mißglückt war.* Bahr was on a trip at the time of Schnitzler's unexpected arrival and thus missed his visit.

[340] *Gurrelieder.* Arnold Schoenberg (1874–1951) began the composition of *Gurrelieder*, a cantata for solo voices, chorus, and orchestra based on poems of Jens Peter Jacobsen, in 1900. The text was completed in 1901, the orchestration in 1911, and the first performance was held in 1913.

[341] *veröffentlicht werden.* The first public German edition of *Reigen* appeared in Berlin: Benjamin Harz, 1914. Contrary to Schnitzler's expectations the edition was not confiscated.

[342] *Liszt.* Presumably Franz von Liszt (1851–1919), professor of criminal law in Berlin.

[343] *Lilienthal.* Presumably a jurist from Heidelberg.

[344] *Eulenberg.* Herbert Eulenberg (1876–1949), doctor of law, dramatist, critic, and essayist.

[345] *Simmel.* Georg Simmel (1858–1918), German philosopher and sociologist.

[346] *Liebermann.* Max Liebermann (1847–1935), German painter and graphic artist. One of the foremost representatives of German Impressionism and one of the founders of the Sezession in Munich in 1898.

[347] *Fulda.* Ludwig Fulda (1862–1929), dramatist (principally comedies) and translator. Fulda participated as an expert witness in the later trial (1921) over Schnitzler's *Reigen*. See *Der Kampf um den Reigen*, ed. Wolfgang Heine (Berlin: E. Rowohlt, 1922), pp. 202–08, 268–72.

[348] *Rekurs.* Bahr answered on 14 July 1914 that he could not locate his copy of the *Rekurs*.

[349] *Heller.* Hugo Heller (1870–1923), Viennese book and art dealer as well as concert agent. His store at Wien 1, Bauernmarkt 3 existed from 1907 to 1925. In 1913 Heller, a well-known Viennese personality, supported Schnitzler when he had problems with the censor over the performance of *Professor Bernhardi*. See R. Wagner and B. Vacha, *Wiener Schnitzler-Aufführungen 1891–1970*, p. 107. See also Bahr, "Die Bücher zum wirklichen Leben (Brief an den Büchhändler Hugo Heller)," *Buch der Jugend*, pp. 144–150.

[350] *Zeit.* In his answer on 10 February 1915 Bahr expressed his views about contemporary circumstances.

[351] *Musikdirektor.* Arthur Johannes Scholz.

[352] *Mann.* Bahr's "Die Pantomime vom braven Manne." See n. 111 and n. 112.

[353] *Thayer.* Scofield Thayer (dates unknown), editor with Dr. James S. Watson Jr. of the American journal *The Dial* from 1919 to 1929. Thayer traveled in Europe from July 1921 until August 1923, spending considerable time in Vienna, where he visited prominent literary figures and solicited contributions for *The Dial*. See Nicholas Joost, *Scofield Thayer and the Dial* (Carbondale: Southern Illinois University Press, 1964). Although "Essays" by Hermann Bahr were announced for a forthcoming issue of the journal, no contribution by Bahr was ever published. Of Schnitzler's work there appeared translations by Pierre

Loving of *Crumbled Blossoms* (June 1920), *The Greek Dancer* (September 1921), and *Doctor Graesler* (July 1922 and continuing in five installments until November 1922). In September 1922 Richard Specht's essay "Arthur Schnitzler" appeared in Kenneth Burke's translation. Thayer considered Schnitzler to be among the two or three greatest writers then living. In November 1923 *The Dial* published Schnitzler's *The Baron of Leisenbogh* translated by Kenneth Burke. The advance publicity heralded this story as "Dr. Schnitzler's acknowledged short story masterpiece. Those who have read in *The Dial* previous stories by the great Viennese writer will appreciate the full importance of this announcement." *The Dial*, 75/4 (November 1923), p. 194. "Lieutenant Gustl" appeared in August 1925 and "The New Song" in November 1925. Cuthbert Wright reviewed Schnitzler's story "The Shepherd's Pipe" in December 1923 and "Dr. Graesler" in July 1925.

  354 *Dial*. The *jdial*, an American literary periodical whose name refers back to a religiously oriented journal which was founded in 1849. The history of this journal is to be found in Nicholas Joost, *The Dial—Years of Transition 1912–1920* (Barre, Mass.: Barre Publishers, 1967).

  355 *Popper-Lynkeus*. Josef Popper-Lynkeus (1838–1921), Austrian technologist and social reformer.

  356 *Ausgabe*. Josef Popper-Lynkeus, *Krieg, Wehrpflicht und Staatsverfassung* (Wien: Rikola-Verlag, 1921).

  357 *schreiben wolltest*. Bahr complied with Schnitzler's request and devoted his diary entry on 20 February 1921 to Lynkeus: "Heute wird der edle Josef Popper dreiundachtzig; über den Abgrund von Widersprüchen zwischen uns hinweg sucht ihn mit guten Wünschen mein dankbarer Gruß! Daß ein Mann von diesem ungewöhnlichen Verstand, mit der Menschenart aus eigener Erfahrung und durch Geschichtskenntnis vertraut, in seinen Jahren noch immer an die Menschheit glaubt und ihr wohl will, das macht ihn mir so rührend. Bewußt, daß sie nichts taugt, aus eigener Kraft taugen kann, daß ihr irdisch nicht zu helfen ist, daß, wie man sie legen mag, in ihr das Schlechte stets obenauf sein wird, sie dennoch zu behandeln, als ob ihr geholfen werden könnte, wäre heroischer, doch gerade daß sein klarer Blick es über sich bringt, blind für sie zu bleiben, ermöglicht diesem Gottlosen eine Frömmigkeit, die, wenn auch weltlicher Art, doch in ihrer subjektiven Echtheit zuweilen der wahren ähnlich sieht. Vor Jahren war ich einmal bei ihm, und wenn ich an ihn denke, sitzt er noch immer vor mir wie damals, in seinem stillen, gleichsam von ihm selbst durchsonnten Heim in der Woltergasse zu Hietzing: ein Weiser aus Güte, dem irgendwo der weiße Schnurrbart was Martialisches gibt; ein bißchen wie le vieux commandant eines französischen Romans sieht er aus. . . . Als österreichischer Verschwender hat er seinen Geist ausgestreut. Wär's jetzt nicht endlich Zeit für eine so willkommene Gesamtausgabe seiner Werke? Jeder lyrische Naseweis sorgt doch heute dafür, gleich komplett aufzumarschieren." Bahr, *Liebe der Lebenden*, I (Hildesheim: Franz Borgmeyer, 1921), pp. 80–81.

  358 *Tagebuch*. From 1906 on Bahr published his diary in the *Neues Wiener Journal* and then subsequently in book form. See n. 283. The diaries which appeared in book form are the following: *Tagebuch* (Berlin: P. Cassirer, 1909); *1917* [5 December 1916–21 December 1917] (Innsbruck: Tyrolia, 1918); *1918* [22 December 1917–2 December 1918] (Innsbruck: Tyrolia, 1919); *1919* [3 December 1918–1 November 1919] (Leipzig: E. P. Tal, 1920); *Kritik der Gegenwart* [16 November 1919–14 December 1920] (Augsburg: Haas und Grabherr, 1922); *Liebe der Lebenden*, 3 vols. [15 December 1920–23 December 1923] (Hildesheim: F. Borgmeyer, 1924); *Der Zauberstab* [1924–1926] (Hildesheim: F. Borgmeyer, 1926); *Tagebuch 1928* (Hildesheim: F. Borgmeyer, 1928) [confiscated: no copy to be found]; *Tagebuch 1929* (Hildesheim: F. Borgmeyer, 1929) [confiscated: no copy to be found]. The diaries for 1928 to 1933, when Bahr ceased publishing them, are available only in the Sunday issues of the *Neues Wiener Journal*. See Hilde Hirsch, "Hermann Bahrs Tagebücher aus den Jahren 1927–1931," Diss. Vienna, 1945. To date it has not been possible to establish why the published volumes for 1928 and 1929 were confiscated.

  Concerning the purpose for publishing his diaries, Bahr commented: "Ich war immer in Angst, bloß literarisch zu wirken; meine Sehnsucht ist, menschlich zu wirken. Selsam, daß gerade das Tagebuch solcher menschlicher Wirkung teilhaft wird, mehr als alle meine

Werke. Ich bin ihm oft fast neidisch, wenn ich immer wieder gewahren muß, daß es, vor mich hin geschrieben wie die Laune des Augenblicks es mir eingibt, oft geradezu künstlerisch gewissenlos, sozusagen im Schlafrock, eine Macht über Menschen hat, die meinem Lebenswerk: den Romanen bisher durchaus versagt geblieben ist. Ich muß daraus schließen, daß meine natürliche Mitgift, sozusagen der Rohstoff in mir stärker ist als die bildende Kraft. Das ist ungefähr das Ärgste, was man einem Schriftsteller nachsagen kann. Meine Kraft bewährt sich am besten unter vier Augen; ein Gespräch mit mir hat manchem auf Jahre geholfen. Und dieses Tagebuch scheint nun immer mehr gewissermaßen ein öffentliches Gespräch unter vier Augen zu werden." *Liebe der Lebenden*, III, pp. 182–83.

359 *Zeitungen*. There is no newspaper report by Bahr to be found at this time. Bahr also did not write any entry in his diary about Schnitzler regarding his birthday. However, he did contribute a greeting along with those of other writers in the *Neue Rundschau*, 33 (1922), 499–501.

360 *Geburtstag*. Schnitzler celebrated his sixtieth birthday on 15 May 1922. In a letter of 9 June 1922 Bahr reiterated his personal feelings of friendship for Schnitzler.

361 *Nobelpreis*. I have not been able to determine where Bahr's recommendation of the Nobel prize for Schnitzler was published. In his diary in the *Neues Wiener Journal* for 7 September 1930, pp. 16–17, Bahr wrote: " . . . daß seit Peter Rosegger in 1913 bisher noch kein anderer österreichischer Dichter für den Nobelpreis auch nur in Frage gezogen wurde. Uns zu bewerben sind wir zu stolz: weder Hofmannsthal noch Schnitzler, noch Beer-Hofmann haben jeweils ihre Bedeutung affichiert . . . Ehren kann den Künstler ja kein Preis, er braucht keinen, er hat genug an seinen Werken."

On 1 February 1931 after the Nobel prize had been given to Sinclair Lewis, Bahr added: "Soviel ich weiß, hat man dabei bisher Österreich immer übergangen, vor Jahren kam Rosegger in Frage, doch vergebens. War Hofmannsthal so hoher Auszeichnung nicht würdig, ist es Arthur Schnitzler, ist es Stefan Zweig nicht? Es sind unter uns offenbar zu viele, denen der Nobelpreis gehört, und man zieht in diesem *embarras de richesse* vielleicht um keinen zu kränken lieber Amerikaner vor, dort fällt die Wahl nicht so schwer." *Neues Wiener Journal*, 1 February 1931, p. 16.

Bahr replied to Schnitzler's letter on 18 February 1930.

362 *Hugo*. Neither Hugo von Hofmannsthal nor any other Austrian writer has ever been awarded the Nobel prize.

363 *Grillparzerpreis*. See n. 139.

364 *Tagebuch*. See n. 358.

365 *Bücher*. Schnitzler, *Der Geist im Wort und der Geist in der Tat* (Berlin: S. Fischer, 1927) and *Buch der Sprüche und Bedenken: Aphorismen und Fragmente* (Wien: Phaidon, 1927); now in *Gesammelte Werke: Aphorismen und Betrachtungen*. On 18 February 1930 Bahr sent his affirmative reaction to these two volumes.

366 *Heimweh*. On 18 February 1930 Bahr spoke about his homesickness for Vienna.

367 *Burgtheater*. In 1918 Bahr was appointed director of the Burgtheater, that is, as the head of a three-man board (*Dreierkolleg*) on which he served together with the Burgtheater actor Max Devrient (1857–1929), and Major Robert Michel, free lance writer and dramatist (1876–1957). The official appointment reads as follows: "Ich [Leopold von Andrian] finde mit der Wahrnehmung der Geschäfte der Direktion des Hofburgtheaters im geschäftsführendes Collegium, bestehend aus dem ersten Dramaturgen, einem Vertreter der Generalintendanz der Hoftheater und einem Regisseur des Hofburgtheaters, zu betrauen. Als erster Dramaturg hat der Schriftsteller Hermann Bahr, als Vertreter der Generalintendanz der Hoftheater bis auf weiteres der Major des Ruhestandes Robert Michel, als Regisseur vorläufig der rangälteste Regisseur Hofschauspieler Max Devrient zu fungieren. Der erste Dramaturg Hermann Bahr führt den Vorsitz bei den Sitzungen des Collegiums und vertritt die Direktion gegenüber den Mitgliedern und Bediensteten des Hofburgtheaters und nach außen. Die mit dem hierämtlichen Erlasse vom 17. Juli angeordnete Betrauung des Regie-Collegiums mit der Besorgung der Direktionsgeschäfte tritt mit Ende dieses Monats außer Kraft. Sämtlich Regisseure sind von dieser Verfügung zu verständigen." Quoted in Fred Hennings, *Heimat Burgtheater: Wie ich ans Burgtheater kam 1906–1923* (Wien-München: Verlag Herold, 1972), p. 73. Bahr did not remain at the Burgtheater long and really was

effective only from 1 September to 31 October 1918. Difficulties with Leopold von Andrian, the *Generalintendant*, and the fact that he did not have a free hand prevented Bahr from carrying out his plans and caused him to leave abruptly. See Donald G. Daviau, "Hermann Bahr as Director of the Burgtheater," *The German Quarterly*, 32 (January 1959), 11–21.

   [368] *aufführst*. On 14 September 1918 Schnitzler brought Bahr in his capacity as director of the Burgtheater the manuscript of his latest play, *Die Schwestern oder Casanova in Spa: Ein Lustspiel in Versen, drei Akte in Einem*; first published in *Deutsche Rundschau*, 46, 181 (October 1919), 1–66; now in DW II. On 15 September Schnitzler described his conversation with Bahr concerning his play: "N[ach]m[ittag] erscheint, tel[efonisch] angesagt, Bahr, begleitet von Prof[essor] Joseph Redlich [1869–1936; Minister of Finance] und Sohn (Heinis [Heinrich Schnitzler's] College). Redlich zum ersten Mal bei mir. Bahr seit 1913 nicht gesehen. Sieht nicht übel aus, weniger lieber Gott—menschlicher.—Zuerst allgemeines Gespräch, dann sitze ich mit ihm allein auf dem Balkon, in der Herbstsonne. Vorher schon sprach er davon, daß wir in Hinsicht der Ohren gleiches Schicksal hätten; auch er Ohrensausen und wechselnde Schwerhörigkeit (viel weniger fortgeschritten als bei mir). Nun über seine neue Stellung. 'Dramaturg'—eigentlich Director.—Die Intendanturbeamten ([Viktor] Horsetzky [*Kanzleidirektor der Generalintendanz* from 1903 to 1918] etc.) angeblich obstiniren gegenüber Andrian.—Die von Max von Millenk[ovich] [1866–1945; head of the Burgtheater from 1917 to 1918] angenommenen Stücke, die er zum größten Theil nicht spielen will. Erzählt mir von [Joseph August] Lux, einem dieser Autoren;—statt geradeaus seinen Entschluß mitzutheilen, daß er das Stück nicht spielen will—lavirt B[ahr], läßt ihm hinhaltend schreiben.— Ich verhehle ihm mein Erstaunen darüber nicht.—Noch allerlei amtliches u.a. dann: 'Also dein Stück hab ich gleich gelesen. . . . Ich will dir nichts darüber sagen, ehe es der Poldi [Leopold von Andrian] gelesen hat, dem ichs gleich schicken ließ . . . (Dann, zögernd.) Ganz unter uns . . . Es war ein ausdrücklicher Wunsch des Cardinals [Ignaz] Seipel, daß ich in die Leitung des Burgtheaters eintrete . . . Poldi Andrian hat nicht die Absicht, ein—katholisches Theater zu machen;—aber ich will nichts spielen, das hat er dem Cardinal Seipel in einem Brief geschrieben, was dem katholischen Empfinden widerspricht . . . (oder geeignet wäre, das Gefühl der Katholiken zu verletzen—'). Wie er mir das in Salzburg gesagt hat, ist natürlich zuerst dein Name gefallen. Ich sagte zu ihm: 'Wie werden Sie sich verhalten, wenn Ihnen der Arthur sein neues Stück gibt'—Darauf—ist er im Zimmer hin und herge-gangen—du kennst ja diese Manier von ihm, und hat geantwortet . . . 'Selbstverständlich werde ich's spielen, wenn's mir gefällt—und nicht spielen, wenn's mir nicht gefällt . . . ' Der Ansicht bin ich auch . . . —Als ich daraufhin über das voraussichtliche Schicksal meiner früheren Stücke interpelliere, versichert mich B[ahr], daß gegen keines (vom Car-dinal Seipel) Einwand erhoben wurde—wie überhaupt nur der Weibsteufel eliminirt wurde.—Wir verblieben, da wir, sobald Andrian die 'Schwestern' gelesen, zusammen kommen würden;—wo—? bei der Hofrätin! [Bertha Zuckerkandl]—O du mein Österreich. —Mir ist die Sache nicht unlieb. Er verkehrt sich am bequemsten mit Leuten, die ein schlechtes Gewissen gegenüber einem haben."

   Bahr rejected the play despite his protestations of friendship, and it was not performed in the Burgtheater until 26 March 1920 under Bahr's successor, the actor Albert Heine (1867–1949), who served as Managing Director from 1918 to 1921. Bahr's decision came as no surprise to Schnitzler, who recorded the painful conversation in detail in his diary on 20 September 1918: "Nachmittag zur Hofrätin [Bertha Zuckerkandl]; Bahr kam wie verab-redet, die Hofrätin ging ins auswärtige Amt. Ich blieb mit Bahr allein (bei vorzüglichem Milchcaffee.)—Er war sichtlich befangen;—ich von einer angenehmen Überlegenheit, da ich das zu erwartende Gespräch voraussehen konnte, ja—es inhaltlich der Hofrätin schon vor Bahrs Kommen geschildert hatte.—Nach Klagen über sein nun gehetztes Leben ('Wer hats dir geschafft'? fragte ich. Er, halb scherzend,—: 'Gott, durch Poldis [Leopold von Andrian] Mund.)'—begann er. . . . Sonderbar—unser erstes amtliches Gespräch . . . merkwürdiger 'Dein Stück gleich gelesen . . . ich hab kein Verhältnis dazu gefunden . . . diese Weiber ja sie stehen da, aber ich kann nichts mit ihnen anfangen. Schon ähnlich ergings mir mit deim Weiten Land [Schnitzler, *Das Weite Land*, 1910]—wo ich deine Kunst bewundert, aber mich fragte. Ich könnt's mit solchen Menschen—wie du sie schilderst, keine fünf Minuten aushalten.' Er: 'Das ist allerdings wahr.' [Hier folgt eine durchgestrichene Stelle.] 'Nun hab ich das Stück dem Poldi gegeben—er sagt mir—Ja—Ihnen gefallen ja so unsittliche Stücke—ich bin nämlich für Thaddäus Rittners [1873–1921] *Unterwegs* [drama, 1909] eingetreten . . . das er nicht mochte . . . ,u.s.w. u.s.w . . . Endlich mußte ich ihm zugestehen, daß ich zu deinem Stück kein Verhältnis habe und es nicht aufführen möchte.'—Ich: 'Und Poldi war erlöst.' Was Bahr bestritt.—Ich: 'Daß ich dies erwartete—hast du schon aus meinem Brief entnommen;—ich verstehe deinen Standpunkt vollkommen;—ich möchte nur meinen darlegen: ich liebe dieses Stück ganz besonders . . . u.s.w.—habe auch wegen der Besetzung Bedenken gehabt etc.' Er: 'Ja—artistisch außerordentlich.'—Ich: 'Nicht nur artistisch—auch seelenhaft . . . ' 'Was würdest du an meiner Stelle thun?' Ich: 'Wenn mir als Direktor A[rthur] S[chnitzler] ein ausgezeichnetes Stück überreicht—natürlich aufführen!—aber, da ich Dramatiker bin, versetze ich mich völlig in dich, und verstehe, ja sah mit Sicherheit voraus, daß Ihr es nicht spielen werdet;—glaube aber verpflichtet zu sein—bei meiner Beziehung zum Burgtheater—und meiner alten Freundschaft zu dir und Poldi es euch wenigstens vorzulegen.—' Er: 'Du darfst nicht glauben—daß ich, weil ich jetzt fromm bin, andre Ansichten über 'Sittlichkeit'—oder erotische Fragen überhaupt habe—etc.'—Ich: 'Es bleibt doch bestehn, da du das Stück nicht magst, und nicht spielst, weil es sich mit deiner 'Weltanschauung' nicht verträgt; denn du wirst ein Dutzend viel schlechtere spielen! . . . '—Dann er: 'Wie gegen außen . . . ?' Ich: 'Wir bleiben bei der Wahrheit;—denn ich habe mich nicht zu schämen—daß ich das Stück dem B[urg] Th[eater] vorgelegt habe—und Ihr natürlich recht, daß Ihr es nicht spielen wollt.—' Er machte mich da[rauf aufmerksam] (auch das hatt ich vorausgesagt), daß man die Komödie gegen mich ausnützen werde . . . etc. Ich: 'Ich stehe nun bald dreißig Jahre in der Öffentlichkeit—man nützt alles gegen mich aus—' Er versuchte dann noch die Figur des Cas[anova] zu verkleinern;—[Anton] Edthofer [1883–death date unknown] im V[olks]th[eater] würde sie noch kleiner machen;—ich blieb unbeirrt; und ich möchte doch nicht in seiner Haut gesteckt haben—so freundschaftlich herzlich wir schieden. Wer ihm's profezeit hätte—vor 25 Jahren—daß seine erste Amtshandlung im B[urg] Th[eater] sein würde, des 'Kampfgenossen aus Jugendjahren' Stück—zu refüsiren—weil dem Cardinal Seipel die Aufführung peinlich sein könnte!''

369 *Poldi*. Leopold Freiherr von Andrian (1875–1951), diplomat, lyric poet, narrative writer, and essayist, was one of the closest friends of Hofmannsthal, Schnitzler, and Bahr. See Hugo von Hofmannsthal and Leopold von Andrian, *Briefwechsel*, ed. Walter H. Perl (Frankfurt am Main: S. Fischer Verlag, 1968). In 1918 Andrian was named *Generalintendant* of the Vienna Burgtheater and the Opera. His appointment of Bahr was politically motivated and had the sanction of Cardinal Seipel. However, Andrian soon became disenchanted with Bahr and complained frequently to Schnitzler that his director could or would do nothing to his liking. In his diary on 24 October 1918 Schnitzler detailed some of Andrian's problems with Bahr: "Gegen Abend Andrian, verstimmt, nicht ganz unbefangen,—er habe sichs schöner vorgestellt, Intendant zu sein. Vertraut mir ('wenn Sie schweigen wie ein Grab—') seine Enttäuschung an Bahr. Nicht nur mit seiner Direct[ions]führung sei er unzufrieden;—auch der 'Charakter' lasse zu wünschen übrig. Versuche B[ahrs], für seine Frau Mildenburg zu wirken, als hätte ihm A[ndrian] Zusagen gemacht (was nicht der Fall gewesen sei)—B[ahrs] ganzes Bestreben: sich mit den Schauspielern zu verhalten—alles 'Politik.' 'Ich bin froh, daß ich ihn nicht zum Direktor gemacht habe.'—Auch die Generalprobenaffaire [see page 38] stellt sich anders dar als Bahr in seinem Brief an mich geschrieben.—Ich versuche Andrian das Wesen Bahr als das des Feuilletonisten in höchstem Sinn zu erläutern. Die Dreitheilung der Direction—(Bahr-Devrient-Michel) war a priori von Übel.—"

370 *München*. In his letter of 20 March 1930 Bahr explained the reasons why he remained in Munich.

371 *Tonfilm*. No information available.

372 *"Liebelei," "Anatol," "Fräulein Else."* *Liebelei* was made into a silent film in 1927. As was the case in all film versions of his works Schnitzler helped to prepare the film script. *Anatol* appeared as an American silent film, *The Affairs of Anatol* directed by Cecil B. De Mille in 1921. *Fräulein Else* appeared as a silent film in 1926. For a discussion of Schnitzler's

view on film along with a detailed listing of his works which were made into films see Walter Fritz, "Arthur Schnitzler und der Film," *Journal of the International Arthur Schnitzler Research Association*, 5/4 (Winter 1966), 11–52.

[373] *Befinden*. In the last letter of the correspondence, dated 7 September 1931, Bahr reported on the poor condition of his health.

Selected Bibliography

I. Arthur Schnitzler
Works, Correspondence, Bibliographical Material, Selected Criticism

A) *Works*

SCHNITZLER, ARTHUR. *Gesammelte Werke: Aphorismen und Betrachtungen*. Ed. Robert O. Weiss. Frankfurt am Main: S. Fischer Verlag, 1967.

_____. *Gesammelte Werke: Die Dramatischen Werke*. 2 vols. Frankfurt am Main: S. Fischer Verlag, 1962.

_____. *Gesammelte Werke: Die Erzählenden Schriften*. 2 vols. Frankfurt am Main: S. Fischer Verlag, 1961.

_____. *Jugend in Wien*. Ed. Heinrich Schnitzler and Therese Nickl. Wien-München-Zürich: Verlag Fritz Molden, 1968.

_____. "Notizen zu Lektüre und Theaterbesuchen (1879–1927)." Ed. Reinhard Urbach. *Modern Austrian Literature*, 6, 3/4 (1973), 7–39.

_____. "Spaziergang," *Deutsche Zeitung*, 6 December 1893, pp. 1–2.

_____. "Tagebuch" 1879–1931. Unpublished.

B) *Correspondence*

BRANDES, GEORG and ARTHUR SCHNITZLER. *Ein Briefwechsel*. Ed. Kurt Bergel. Bern: Francke Verlag, 1956.

Der Briefwechsel Arthur Schnitzlers mit Max Reinhardt und dessen Mitarbeitern. Ed. Renate Wagner. Salzburg: Otto Müller Verlag, 1971.

Der Briefwechsel Arthur Schnitzler-Otto Brahm. Ed. Oskar Seidlin. Berlin: Selbstverlag der Gesellschaft für Theatergeschichte, 1953.

The Correspondence of Arthur Schnitzler and Raoul Auernheimer. Ed. Donald G. Daviau and Jorun B. Johns. Univ. of North Carolina Studies in Germanic Languages and Literatures, no. 73. Chapel Hill: Univ. of North Carolina Press, 1972.

"Excerpts from the Correspondence between Theodor Herzl and Arthur Schnitzler (1892–1895)." Trans. Joel Carmichael. *Midstream*, 6/1 (Winter 1960), pp. 46–64.

HOFMANNSTHAL, HUGO VON and ARTHUR SCHNITZLER. *Briefwechsel*. Ed. Therese Nickl and Heinrich Schnitzler. Frankfurt am Main: S. Fischer Verlag, 1964.

"Rainer Maria Rilke und Arthur Schnitzler: Ihr Briefwechsel." Ed. Heinrich Schnitzler. *Wort und Wahrheit*, 13/4 (1958), 283–98.

SANDROCK, ADELE and ARTHUR SCHNITZLER. *Dilly: Geschichte einer Liebe in Briefen, Bildern und Dokumenten*. Ed. Renate Wagner. Wien-München: Amalthea Verlag, 1975.

SCHNITZLER, ARTHUR. "Briefe" [to Beer-Hofmann, Hofmannsthal, Bahr, among others]. *Die Neue Rundschau*, 68 (1957), 88–101.

_____. "Ihre liebenswürdige Anfrage zu beantworten: Briefe zum Reigen." Ed. Reinhard Urbach. *Ver Sacrum: Neue Hefte für Kunst und Literatur*, B (1974), 36–43.

SCHNITZLER, ARTHUR and HUGO VON HOFMANNSTHAL. *Charakteristik aus den Tagebüchern*. Ed. Bernd Urban with Werner Volke. Freiburg im Breisgau: Deutsches Seminar der Universitäten, 1975.

———. and OLGA WAISSNIX. *Liebe, die starb vor der Zeit: Ein Briefwechsel*. Ed. Therese Nickl and Heinrich Schnitzler. Wien-München-Zürich: Verlag Fritz Molden, 1970.

C) *Bibliographical Material*

ALLEN, RICHARD H. *An Annotated Arthur Schnitzler Bibliography*. Univ. of North Carolina Studies in Germanic Languages and Literatures, no. 56. Chapel Hill: Univ. of North Carolina Press, 1966.

BERLIN, JEFFREY B. "Arthur Schnitzler: A Bibliography of Criticism, 1965–1971," *Modern Austrian Literature*, 4, 3/4 (1971), 7–20.

———. "Arthur Schnitzler Bibliography for 1965–1972." *Modern Austrian Literature*, 6, 3/4 (1973), 81–122.

———. "Arthur Schnitzler Bibliography for 1973–1974." *Modern Austrian Literature*, 7, 1/2 (1974), 174–91.

———. "Arthur Schnitzler Bibliography for 1974–1975." *Modern Austrian Literature*, 8, 3/4 (1975), 248–65.

———. "Arthur Schnitzler Bibliography for 1975–1976." *Modern Austrian Literature*, 9, 2 (1976), 63–72.

Der Nachlass Arthur Schnitzlers. Ed. Gerhard Neumann and Jutta Müller. München: Wilhelm Fink Verlag, 1969.

D) *Selected Criticism*

ALLEN, RICHARD. "Schnitzler and His Early Critics." *Journal of the International Arthur Schnitzler Research Association*, 5/3 (1966), 17–21.

ANONYMOUS. " 'Leutnant Gustl'." *Reichswehr*, 28 December 1900, pp. 1–2.

ANONYMOUS. " 'Leutnant Gustl'." *Reichswehr*, 22 June 1901, pp. 1–2.

ANONYMOUS. " 'Der Schleier der Beatrice'." *Neue Freie Presse*, 14 September 1900, pp. 6–7.

ANONYMOUS. "Die Wahrheit über *Leutnant Gustl*." *Die Presse* [Wien], 25 December 1969.

BAHR, HERMANN, et al. "Arthur Schnitzler: Zu seinem sechzigsten Geburtstag." *Die Neue Rundschau*, 1 (1922), 498–513.

BAUMANN, GERHART. *Die Welt von Gestern eines Dichters von Morgen*. Frankfurt am Main: Athenäum Verlag, 1965.

BEHARRIELL, FREDERICK J. "Arthur Schnitzler's Range of Theme." *Monatshefte*, 43 (November 1951), 301–11.

DERRÉ, FRANÇOISE. *L'Oeuvre d'Arthur Schnitzler: Imagerie viennoise et problèmes humains*. Paris: Marcel Didier, 1966.

FEIGL, LEO. *Arthur Schnitzler und Wien: Eine Studie*. Wien: Paul Knepler, 1910.

FREUND, ERICH. Review of Schnitzler's *Der Schleier der Beatrice*. *Das Literarische Echo*, 3 (January 1901), 495–96.

FRITSCHE, ALFRED. *Dekadenz im Werk Arthur Schnitzlers*. Bern-Frankfurt am Main: Herbert Lang-Peter Lang, 1974.

FRITZ, WALTER. "Arthur Schnitzler und der Film." *Journal of the International Arthur Schnitzler Research Association*, 5/4 (1966), 11–52.

GLOSSY, KARL, ed. "Schnitzlers Einzug ins Burgtheater." In: *Wiener Studien und Dokumente*. Wien: Steyrmühle Verlag, 1933, pp. 166–68.

GOLDMANN, PAUL. *Aus dem dramatischen Irrgarten: Polemische Aufsätze über*

Berliner Theateraufführungen. Frankfurt am Main: Literarische Anstalt Rütten & Loening, 1905.
_____. "'Der einsame Weg' von Arthur Schnitzler." *Neue Freie Presse*, 23 February 1904, pp. 1–3.
IMBODEN, MICHAEL. *Die surrealen Komponente im erzählenden Werk Arthur Schnitzlers*. Bern-Frankfurt am Main: Herbert Lang, 1971.
HEINE, WOLFGANG. *Der Kampf um den Reigen: Vollständiger Bericht über die sechstägige Verhandlung gegen Direktion und Darsteller des kleinen Schauspielhauses Berlin*. Berlin: Ernst Rowohlt, 1922.
HERMANN, HELENE. "Probleme in Arthur Schnitzlers Dichtungen." *Westermanns Monatshefte*, 97 (February 1905), 686–94.
JOOST, NICHOLAS. *Scofield Thayer and the Dial*. Carbondale: Southern University Press, 1964.
_____. *Years of Transition: The Dial, 1912–1920*. Barre, Mass.: Barre Publishers, 1967.
JUST, GOTTFRIED. *Ironie und Sentimentalität in den erzählenden Dichtungen Arthur Schnitzlers*. Berlin: Erich Schmidt Verlag, 1968.
KAPP, JULIUS. *Arthur Schnitzler*. Leipzig: Xenien, 1912.
KILIAN, KLAUS. *Die Komödien Arthur Schnitzlers: Sozialer Rollenzwang und kritische Ethik*. Düsseldorf: Bertelsmann Universitätsverlag, 1972.
KÖRNER, JOSEPH. *Arthur Schnitzlers Gestalten und Probleme*. Zürich-Leipzig-Wien: Amalthea Bücherei, 1921.
KOHN, HANS. *Karl Kraus, Arthur Schnitzler, Otto Weininger: Aus dem jüdischen Wien der Jahrhundertwende*. Tübingen: Mohr, 1962.
LEDERER, HERBERT. "Arthur Schnitzler before 'Anatol'." *The Germanic Review*, 36/4 (1961), 269–81.
LEVI, CESARE. "Arthur Schnitzler." *Nuova Anthologia*, 1 May 1910, pp. 47–55.
LINDKEN, HANS U. *Interpretationen zu Arthur Schnitzler*. München: R. Oldenbourg Verlag, 1970.
LIPTZIN, SOLOMON. *Arthur Schnitzler*. New York: Prentice Hall, 1932.
MARCUSE, LUDWIG. "Der 'Reigen' Prozess: Sex, Politik und Kunst 1920 in Berlin." *Der Monat*, 14/168 (1961/62), 48–55 and 15/169 (1962/63), 34–46.
MELCHINGER, CHRISTA. *Illusion und Wirklichkeit im dramatischen Werk Arthur Schnitzlers*. Heidelberg: Carl Winter, 1968.
MÜLLER-FREIENFELS, REINHART. "Das Lebensgefühl in Arthur Schnitzlers Dramen." Diss. Frankfurt am Main, 1954.
OFFERMANNS, ERNST L. *Arthur Schnitzler: Das Komödienwerk als Kritik des Impressionismus*. München: Wilhelm Fink Verlag, 1973.
REICHERT, HERBERT and HERMANN SALINGER, ed. *Studies in Arthur Schnitzler*. Univ. of North Carolina Studies in Germanic Languages and Literatures, no. 42. Chapel Hill: Univ. of North Carolina Press, 1963.
REIK, THEODOR. *Arthur Schnitzler als Psycholog*. Minden (Westfalen): Verlage von J. C. C. Bruns, 1913.
REY, WILLIAM H. "Arthur Schnitzler." In: *Deutsche Dichter der Moderne: Ihr Leben und Werk*. Ed. Benno von Wiese. Berlin: Erich Schmidt, 1965, pp. 237–57.
_____. *Arthur Schnitzler: Professor Bernhardi*. München: Wilhelm Fink Verlag, 1971.
_____. *Arthur Schnitzler: Die späte Prosa als Gipfel seines Schaffens*. Berlin: Erich Schmidt Verlag, 1968.

ROBERTSON, JOHN G. "Current German Literature." *Cosmopolis* 3 (August 1896), 357–73.

SALTEN, FELIX. "Arthur Schnitzler und sein *Reigen.*" *Die Zeit* (7 November 1903), pp. 1–2.

———. "Schnitzler." *Der Merker*, 3/2 (April–June 1912), 324–30.

SCHEIBLE, HARTMUT. *Arthur Schnitzler: In Selbstzeugnissen und Bilddokumenten.* Hamburg: Rowohlt Taschenbuch Verlag, 1976.

SCHINNERER, OTTO P. "The Early Works of Arthur Schnitzler." *The Germanic Review*, 4/2 (April 1929), 153–97.

———. "The Literary Apprenticeship of Arthur Schnitzler." *The Germanic Review*, 5/1 (January 1930), 58–82.

———. "Schnitzler and the Military Censorship, Unpublished Correspondence." *The Germanic Review*, 5/3 (July 1930), 238–46.

———. "Schnitzler's *Der Schleier der Beatrice.*" *The Germanic Review*, 7/3 (July 1932), 263–79.

———. "The Suppression of Schnitzler's *Der grüne Kakadu* by the Burgtheater: Unpublished Correspondence." *The Germanic Review*, 6/2 (April 1931), 183–92.

SCHNITZLER, OLGA. *Spiegelbild der Freundschaft.* Salzburg: Residenz Verlag, 1962.

SCHORSKE, CARL E. "Politics and Psyche in fin de siècle Vienna: Schnitzler and Hofmannsthal." *American Historical Review*, 66/4 (July 1961), 930–46.

SPECHT, RICHARD. *Arthur Schnitzler: Der Dichter und sein Werk, Eine Studie.* Berlin: S. Fischer Verlag, 1922.

SWALES, MARTIN. *Arthur Schnitzler: A critical study.* Oxford: Oxford University Press, 1971.

URBACH, REINHARD. *Arthur Schnitzler.* Velber bei Hanover: Friedrich Verlag, 1968.

———. "Arthur Schnitzler Notizen zur Lektüre und Theaterbesuchen (1879–1927)." *Modern Austrian Literature*, 6, 3/4 (1973), 7–39.

———. "Karl Kraus und Arthur Schnitzler: Eine Dokumentation." *Literatur und Kritik*, 49 (October 1970), 513–30.

———. *Schnitzler—Kommentar zu den erzählenden Schriften und dramatischen Werken.* München: Winkler Verlag, 1974.

WAGNER, RENATE and BRIGITTE VACHA. *Wiener Schnitzler-Aufführungen 1891–1970.* München: Presto-Verlag, 1971.

WEBER, EUGENE. "The Correspondence of Arthur Schnitzler and Richard Beer-Hofmann." *Modern Austrian Literature*, 6, 3/4 (1973), 40–51.

II. Hermann Bahr
Works, Correspondence, Bibliographical Material, Selected Criticism

A) Works (listed chronologically)

BAHR, HERMANN. *Die Einsichtslosigkeit des Herrn Schäffle: Drei Briefe an einen Volksmann.* Zürich: Verlagsmagazin J. Schabelitz, 1886.

———. *Die neuen Menschen: Ein Schauspiel.* Zürich: Verlagsmagazin J. Schabelitz, 1887.

———. *La marquesa d'Amaëgui: Eine Plauderei.* Zürich: Verlagsmagazin J. Schabelitz, 1888.

———. *Die grosse Sünde: Ein bürgerliches Trauerspiel.* Zürich: Verlagsmagazin J. Schabelitz, 1889.

BAHR, HERMANN. *Zur Kritik der Moderne: Gesammelte Aufsätze, Erste Reihe.* Zürich: Verlagsmagazin J. Schabelitz, 1890.

_____. *Die gute Schule: Roman.* Berlin: S. Fischer Verlag, 1890.

_____. *Fin de siècle: Fünfzehn Skizzen und Satiren.* Berlin: Verlag Ad. Zoberbier, 1891.

_____. *Die Mutter: Drama.* Berlin: Salis'scher Verlag, 1891.

_____. *Die Überwindung des Naturalismus: Zweite Folge von "Zur Kritik der Moderne."* Dresden: E. Pierson, 1891.

_____. "Eleonora Duse: Eine Studie." In: *Führer durch das Gastspiel von Eleonora Duse.* Berlin-Leipzig: Alfred H. Fried & Cie., 1892.

_____. *Russische Reise: Tagebuch.* Dresden: E. Pierson, 1893.

_____. *Die häusliche Frau: Lustspiel.* Berlin: S. Fischer Verlag, 1893.

_____. *Dora: Novellen.* Berlin: S. Fischer Verlag, 1893.

_____. *Neben der Liebe: Roman.* Berlin: S. Fischer Verlag, 1893.

_____. *Aus der Vorstadt: Volksstück* (mit Carl Karlweis). Wien: Verlag Konegen, 1893.

_____. *Der Antisemitismus: Ein internationales Interview.* Berlin: S. Fischer Verlag, 1894.

_____. *Bonaparte.* In: *Moderner Musen-Almanach auf das Jahr 1894,* 2 (1894), 251–65.

_____. *Caph: Skizzen.* Berlin: S. Fischer Verlag, 1894.

_____. *Studien zur Kritik der Moderne.* Frankfurt am Main: Rütten und Loening, 1894.

_____. *Die Nixe: Drama.* München: Rubinverlag, 1896.

_____. *Renaissance: Neue Studien zur Kritik der Moderne.* Berlin: S. Fischer Verlag, 1897.

_____. *Das Tschaperl: Ein Wiener Stück.* Berlin: S. Fischer Verlag, 1897.

_____. *Theater: Roman.* Berlin: S. Fischer Verlag, 1897.

_____. *Josephine: Ein Spiel.* Berlin: S. Fischer Verlag, 1898.

_____. *Der Star: Ein Wiener Stück.* Berlin: S. Fischer Verlag, 1898.

_____. *Wiener Theater 1892–1898: Theaterrezensionen.* Berlin: S. Fischer Verlag, 1899.

_____. *Die schöne Frau: Novellen.* Berlin: S. Fischer Verlag, 1899.

_____. *Der Athlet: Schauspiel.* Bonn: Albert Ahn, 1899.

_____: *Wenn es Euch gefällt: Wiener Revue in drei Bildern und einem Vorspiel* (mit C. Karlweis). Wien: C. Konegen, 1899.

_____. *Wienerinnen: Lustspiel.* Bonn: Albert Ahn, 1900.

_____. *Secession: Essays.* Wien: Wiener Verlag, 1900.

_____. *Der Franzl: Fünf Bilder eines guten Mannes, Drama.* Wien: Wiener Verlag, 1900.

_____. *Bildung: Essays.* Berlin-Leipzig: Im Inselverlag bei Schuster und Loeffler, 1900.

_____. *Der Apostel: Schauspiel.* München: Albert Langen, 1901.

_____. *Rede über Klimt.* Wien: Wiener Verlag, 1901.

_____. *Der Krampus: Lustspiel.* München: Albert Langen, 1902.

_____. *Wirkung in die Ferne und Anderes: Acht Skizzen und eine Pantomime.* Wien: Wiener Verlag, 1902.

_____. *Premièren: Winter 1900 bis Sommer 1901, Theaterrezensionen.* München: Albert Langen, 1902.

_____. *Der liebe Augustin: Pantomime. Neue deutsche Rundschau,* 1/1 (1902), 169–80.

BAHR, HERMANN. *Rezensionen. Wiener Theater 1901–1903*. Berlin: S. Fischer Verlag, 1903.

_____. *Gegen Klimt*. Wien: Eisenstein, 1903.

_____. *Dialog vom Tragischen: Essays*. Berlin: S. Fischer Verlag, 1904.

_____. *Der Meister: Komödie*. Berlin: S. Fischer Verlag, 1904.

_____. *Unter sich: Ein Arme-Leut' Stück*. Wien: Wiener Verlag, 1904.

_____. *Sanna: Schauspiel*. Berlin: S. Fischer Verlag, 1905.

_____. *Dialog vom Marsyas: Ein Gespräch über Kunst*. Berlin: Bard, Marquardt & Co., 1905.

_____. *Der Andere: Schauspiel*. Berlin: S. Fischer Verlag, 1906.

_____. *Der arme Narr: Lustspiel*. Wien: Carl Konegen, 1906.

_____. *Joseph Kainz: Monographie*. Wien: Wiener Verlag, 1906.

_____. *Glossen zum Wiener Theater 1903–1906: Theaterrezensionen*. Berlin: S. Fischer Verlag, 1907.

_____. *Ringelspiel: Komödie*. Berlin: S. Fischer Verlag, 1907.

_____. "Grillparzer." *Die neue Weltbühne*, 3/7 (14 Februar 1907), 163–70.

_____. *Grotesken: Der Klub der Erlöser, Der Faun, Die tiefe Natur*. Wien: Carl Konegen, 1907.

_____. *Wien: Essay*. Stuttgart: Carl Krabbe, 1907.

_____. *Die gelbe Nachtigall: Lustspiel*. Berlin: S. Fischer Verlag, 1907.

_____. "Arthur Schnitzler's 'Der Weg ins Freie'." *Morgen: Wochenschrift für deutsche Kultur*, 45 (November 1908), 1492–95.

_____. *Die Rahl: Roman*. Berlin: S. Fischer Verlag, 1908.

_____. *Stimmen des Blutes: Novellen*. Berlin: S. Fischer Verlag, 1908.

_____. *Tagebuch: Vom 1 September 1905 bis 17 Juni 1906; Sommer und Herbst 1908; Dezember 1908*. Berlin: Paul Cassirer, 1909.

_____. *Buch der Jugend: Essays*. Wien: Hugo Heller, 1909.

_____. *Drut: Roman*. Berlin: S. Fischer Verlag, 1909.

_____. *Dalmatinische Reise*. Berlin: S. Fischer Verlag, 1909.

_____. *Das Konzert: Lustspiel*. Berlin: Erich Reiss, 1909.

_____. *O Mensch: Roman*. Berlin: S. Fischer Verlag, 1910.

_____. "Mahler und das deutsche Theater." In: *Gustav Mahler: Ein Bild seiner Persönlichkeit in Widmungen*. München: R. Piper & Co. Verlag, 1910, pp. 17–21.

_____. *Die Kinder. Komödie*. Berlin: S. Fischer Verlag, 1911.

_____. *Das Tänzchen: Lustspiel*. Berlin: S. Fischer Verlag, 1911.

_____. *Austriaca: Essays*. Berlin: S. Fischer Verlag, 1911.

_____. *Das Prinzip: Lustspiel*. Berlin: S. Fischer Verlag, 1912.

_____. *Inventur: Essays*. Berlin: S. Fischer Verlag, 1912.

_____. *Essays*. Leipzig: Insel Verlag, 1912.

_____. *Parsifalschutz ohne Ausnahmegesetz: Essays*. Berlin: Schuster & Loeffler, 1912.

_____. "Glückwunsch." *Der Merker*, 3/9 (May 1912), 334–37.

_____ and ANNA BAHR-MILDENBURG. *Bayreuth: Essays*. Leipzig: E. Rohwolt, 1912.

_____. *Das Phantom: Komödie*. Berlin. S. Fischer Verlag, 1913.

_____. *Das Hermann-Bahr-Buch: Essays*. Berlin: S. Fischer Verlag, 1913.

_____. *Erinnerung an Burckhard*. Berlin: S. Fischer Verlag, 1913.

_____. *Dostojewski: Essays*. München: Piper & Co., 1914.

_____. *Der Querulant: Komödie*. München: Delphin-Verlag, 1914.

_____. *Kriegssegen*. München, Delphin-Verlag, 1914.

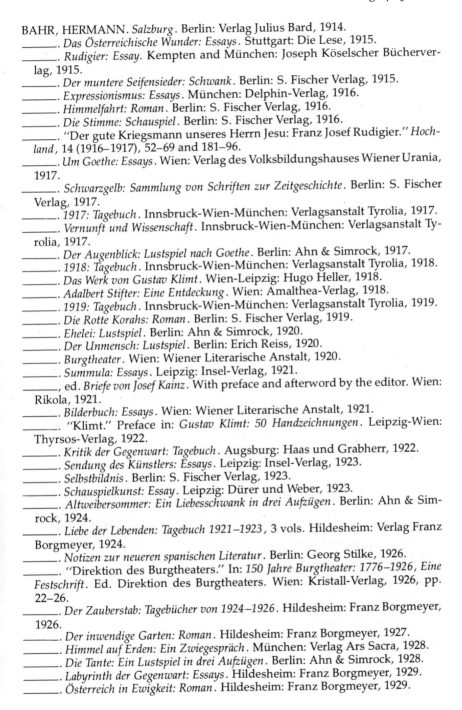

BAHR, HERMANN. *Salzburg*. Berlin: Verlag Julius Bard, 1914.

_____. *Das Österreichische Wunder: Essays*. Stuttgart: Die Lese, 1915.

_____. *Rudigier: Essay*. Kempten and München: Joseph Köselscher Bücherverlag, 1915.

_____. *Der muntere Seifensieder: Schwank*. Berlin: S. Fischer Verlag, 1915.

_____. *Expressionismus: Essays*. München: Delphin-Verlag, 1916.

_____. *Himmelfahrt: Roman*. Berlin: S. Fischer Verlag, 1916.

_____. *Die Stimme: Schauspiel*. Berlin: S. Fischer Verlag, 1916.

_____. "Der gute Kriegsmann unseres Herrn Jesu: Franz Josef Rudigier." *Hochland*, 14 (1916–1917), 52–69 and 181–96.

_____. *Um Goethe: Essays*. Wien: Verlag des Volksbildungshauses Wiener Urania, 1917.

_____. *Schwarzgelb: Sammlung von Schriften zur Zeitgeschichte*. Berlin: S. Fischer Verlag, 1917.

_____. *1917: Tagebuch*. Innsbruck-Wien-München: Verlagsanstalt Tyrolia, 1917.

_____. *Vernunft und Wissenschaft*. Innsbruck-Wien-München: Verlagsanstalt Tyrolia, 1917.

_____. *Der Augenblick: Lustspiel nach Goethe*. Berlin: Ahn & Simrock, 1917.

_____. *1918: Tagebuch*. Innsbruck-Wien-München: Verlagsanstalt Tyrolia, 1918.

_____. *Das Werk von Gustav Klimt*. Wien-Leipzig: Hugo Heller, 1918.

_____. *Adalbert Stifter: Eine Entdeckung*. Wien: Amalthea-Verlag, 1918.

_____. *1919: Tagebuch*. Innsbruck-Wien-München: Verlagsanstalt Tyrolia, 1919.

_____. *Die Rotte Korahs: Roman*. Berlin: S. Fischer Verlag, 1919.

_____. *Ehelei: Lustspiel*. Berlin: Ahn & Simrock, 1920.

_____. *Der Unmensch: Lustspiel*. Berlin: Erich Reiss, 1920.

_____. *Burgtheater*. Wien: Wiener Literarische Anstalt, 1920.

_____. *Summula: Essays*. Leipzig: Insel-Verlag, 1921.

_____, ed. *Briefe von Josef Kainz*. With preface and afterword by the editor. Wien: Rikola, 1921.

_____. *Bilderbuch: Essays*. Wien: Wiener Literarische Anstalt, 1921.

_____. "Klimt." Preface in: *Gustav Klimt: 50 Handzeichnungen*. Leipzig-Wien: Thyrsos-Verlag, 1922.

_____. *Kritik der Gegenwart: Tagebuch*. Augsburg: Haas und Grabherr, 1922.

_____. *Sendung des Künstlers: Essays*. Leipzig: Insel-Verlag, 1923.

_____. *Selbstbildnis*. Berlin: S. Fischer Verlag, 1923.

_____. *Schauspielkunst: Essay*. Leipzig: Dürer und Weber, 1923.

_____. *Altweibersommer: Ein Liebesschwank in drei Aufzügen*. Berlin: Ahn & Simrock, 1924.

_____. *Liebe der Lebenden: Tagebuch 1921–1923*, 3 vols. Hildesheim: Verlag Franz Borgmeyer, 1924.

_____. *Notizen zur neueren spanischen Literatur*. Berlin: Georg Stilke, 1926.

_____. "Direktion des Burgtheaters." In: *150 Jahre Burgtheater: 1776–1926, Eine Festschrift*. Ed. Direktion des Burgtheaters. Wien: Kristall-Verlag, 1926, pp. 22–26.

_____. *Der Zauberstab: Tagebücher von 1924–1926*. Hildesheim: Franz Borgmeyer, 1926.

_____. *Der inwendige Garten: Roman*. Hildesheim: Franz Borgmeyer, 1927.

_____. *Himmel auf Erden: Ein Zwiegespräch*. München: Verlag Ars Sacra, 1928.

_____. *Die Tante: Ein Lustspiel in drei Aufzügen*. Berlin: Ahn & Simrock, 1928.

_____. *Labyrinth der Gegenwart: Essays*. Hildesheim: Franz Borgmeyer, 1929.

_____. *Österreich in Ewigkeit: Roman*. Hildesheim: Franz Borgmeyer, 1929.

BAHR, HERMANN. "Tagebuch" (1928–1933). In: *Neues Wien Journal*, Sunday editions.

―――. *Mensch, werde wesentlich!: Gedanken aus seinen Werken in einer Auswahl von Anna Bahr-Mildenburg*. Ed. Paul Graf Thun-Hohenstein. Mit einem Vorwort von Dr. J. Nadler. Graz: Styria, 1934.

―――. *Österreichischer Genius: Grillparzer-Stifter-Feuchtersleben, Drei Essays*. Wien: Bellaria, 1947.

―――. *Kulturprofil der Jahrhundertwende: Essays von Hermann Bahr*. Ed. Heinz Kindermann. Wien: H. Bauer Verlag, 1962.

―――. *Theater der Jahrhundertwende: Kritiken von Hermann Bahr*. Ed. Heinz Kindermann. Wien: H. Bauer Verlag, 1963.

―――. *Sinn Hinter der Komödie*. Ed. Rudolf Holzer. Graz-Wien: Stiasny Verlag, 1965.

―――. *Zur Überwindung des Naturalismus: Theoretische Schriften 1887–1904*. Ed. Gotthart Wunberg. Stuttgart-Berlin-Köln-Mainz: W. Kohlhammer Verlag, 1968.

―――. *Das Junge Wien: Österreichische Literatur- und Kunstkritik 1887–1902*. Ed. Gotthart Wunberg. 2 vols. Tübingen: Max Niemeyer Verlag, 1976. [Contains 134 essays of Bahr, many of them previously uncollected; for a complete listing, see vol. II.]

B) *Correspondence*

BAHR, HERMANN. *Briefwechsel mit seinem Vater*. Ed. Adalbert Schmidt. Wien: H. Bauer Verlag, 1971.

―――. *Salzburger Landschaft: Aus Briefen an seine Frau Anna Bahr-Mildenburg und aus seinen Tagebüchern*. Innsbruck: Felizian Rauch, 1937.

Meister und Meisterbriefe um Hermann Bahr. Ed. Joseph Gregor. Wien: H. Bauer Verlag, 1947.

C) *Bibliographical Material*

BAHR-MILDENBURG, ANNA. "Bibliographie der Werke von Hermann Bahr." *Jahrbuch deutscher Bibliophilen und Literaturfreunde*, 20 (1934), 52–55.

HANDL, WILLI. *Hermann Bahr*. Berlin: S. Fischer Verlag, 1913, pp. 161–63.

THOMASBERGER, KURT. "Bibliographie der Werke von Hermann Bahr." In: Heinz Kindermann. *Hermann Bahr: Ein Leben für das europäische Theater*. Graz-Köln: Verlag Hermann Böhlaus Nachf., 1954, pp. 347–68.

D) *Selected Criticism*

BLAU, MARIA BEATE. "Hermann Bahr und die religiösen Stimmungen seiner Zeit." Diss. Wien, 1936.

BOGNER, KURT. "Hermann Bahr und das Theaterwesen seiner Zeit." Diss. Wien, 1946.

BURDACH, KONRAD. "Wissenschaft und Journalismus." *Preussische Jahrbücher*, 193 (July 1923), 17–31.

BUSCHBECK, ERHARD. *Mimus Austriacus: Aus dem nachgelassenen Werk*. Ed. Lotte von Tobisch. Salzburg-Stuttgart: Verlag Das Bergland Buch, 1962.

DAVIAU, DONALD G. "Dialog vom Marsyas: Hermann Bahr's Affirmation of Life over Art." *Modern Language Quarterly*, 20 (December 1959), 360–70.

―――. "Hermann Bahr as Director of the Burgtheater." *The German Quarterly*, 32 (January 1959), 11–21.

―――. "Hermann Bahr's Nachlaß." *Journal of the International Arthur Schnitzler Research Association*, 2 (Autumn 1963), 4–27.

―――. "Hermann Bahr to Ferdinand von Saar: Some Unpublished Letters." *Monatshefte*, 43 (November 1961), 285–90.

————. "The Misconception of Hermann Bahr as a Verwandlungskünstler." *German Life and Letters*, 11 (April 1958), 182–92.

————. "The Significance of Hermann Bahr to Austria." Diss. University of California, Berkeley, 1955.

ETTMAYER, KARL von. "Hermann Bahr und die Provinz." *Der Kyffhäuser*, 3/2 (1901), 32–34.

FALCKENBERG, OTTO. "Zum Fall Bahr." *Die Schaubühne*, 2/4 (1906), 103–5.

FREUDENBERGER, GERLIND. "Hermann Bahrs Stellung zum Nationalismus und zum österreichischen Staatsgedanken." Diss. Wien: 1949.

HANDL, WILLI. "Bahrs *Andere*." *Die Weltbühne*, 1/14 (7 December 1905), 394–96.

————. *Hermann Bahr*. Berlin: S. Fischer Verlag, 1913.

HIRSCH, HILDE. "Hermann Bahrs Tagebücher aus den Jahren 1927–1931." Diss. Wien: 1945.

HOFMANNSTHAL, HUGO von. "Zum Direktionswechsel im Burgtheater." *Neue Freie Presse*, 5 July 1918, pp. 1–3.

HOLLAENDER, FELIX. "Von Hermann Bahr und seiner Bücherei." *Freie Bühne*, 4/1 (1893), 82–89.

HUBALEK, ELISABETH. "Hermann Bahr im Kreise Hofmannsthals und Reinhardts." Diss. Wien: 1953.

KINDERMANN, HEINZ. *Hermann Bahr*. Graz-Köln: Verlag Hermann Böhlaus Nachf., 1954.

KRALIK, RICHARD. "Der alte und der neue Bahr." *Jahrbuch deutscher Bibliophilen und Literaturfreunde*, 6 (1918), pp. 152–55.

LOERKE, OSKAR. "Hermann Bahr: Zu seinem 70. Geburtstag." *Die neue Rundschau*, 44/2 (1933), 139–41.

LÖWY, IRENE. "Hermann Bahr, der Kritiker." Diss. Wien: n.d.

MEREDIES, WILHELM. *Hermann Bahr als epischer Gestalter und Kritiker der Gegenwart*. Hildesheim: F. Borgmeyer, 1927.

————. "Hermann Bahrs religiöser Entwicklungsgang." *Das heilige Feuer*, 15 (March 1928), 270–78.

NADLER, JOSEF. "Hermann Bahr und das katholische Österreich." *Die neue Rundschau*, 1 (1923), 490–502.

————. "Vom alten zum neuen Europa (Fantasien über das Thema Hermann Bahr)." *Preussische Jahrbücher*, 193 (July 1923), 32–51.

NEUWIRTH, RUDOLFINE. "Hermann Bahr und Österreich." Diss. Wien: 1946.

SCHERB, GERTRUDE. "Dialoge bei Hugo von Hofmannsthal und Hermann Bahr." Diss. Wien: 1947.

SIMMONS, ROBERT EDWARD. "Hermann Bahr as a Literary Critic: An Analysis and Exposition of his Thought." Diss. Stanford University: 1956.

SPRENGLER, JOSEPH. "Hermann Bahrs Tagebücher." *Das literarische Echo*, 22 (1919–1920), 262–65.

TIELSCH, ILSE. "Die Wochenschrift 'Die Zeit' als Spiegel des literarischen und kulturellen Lebens in Wien um die Jahrhundertwende." Diss. Wien: 1952.

WAGNER, PETER. "Der junge Hermann Bahr." Diss. Giessen: Druck der Limburger Vereinsdruckerei, 1937.

WIDDER, ERICH. *Hermann Bahr—Sein Weg zum Glauben: Ein Beitrag zur Biographie*. Linz: Oberösterreichischer Landesverlag, 1963.

III. *Additional Secondary Sources*

ANDRIAN, LEOPOLD FREIHERR von. "Meine Tätigkeit als Generalintendant der Wiener Hofoper." *Neue Freie Presse*, 28 October 1928, p. 29; 4 November 1928, p. 33; 8 November 1928, p. 12.

ANTOINE, ANDRÉ. *Mes souvenirs sur le Théâtre Antoine et sur l'Odéon*. Paris: B. Grasset, 1928.

_____. *Mes souvenirs sur le Théâtre Libre*. Paris: A. Fayard, 1921.

AUERNHEIMER, RAOUL. *Das Wirtshaus zur verlorenen Zeit: Erlebnisse und Bekenntnisse*. Wien: Ullstein Verlag, 1948.

BÄUML, GUSTAV and FRANZ H. BÄUML. "Namenverzeichnis zu Karl Kraus' *Die Fackel*." *Modern Austrian Literature*, 6, 1/2 (1973), 151–82; 6, 3/4 (1973), 139–60; 7, 1/2 (1974), 141–73; 8, 3/4 (1975), 197–221; 9, 1 (1976), 44–83; and 9, 2 (1976), 10–44.

BAUER, ANTON. *Das Theater in der Josefstadt zu Wien*. Wien-München: Wulf Stratowa Verlag, 1957.

BRAUN, FELIX. *Das Musische Land: Versuche über Österreichs Landschaft und Dichtung*. Innsbruck: Österreichische Verlagsanstalt, 1952.

BURCKHARD, MAX. *Theater*. 2 vols. Wien: 'Manz'sche Verlag, 1905.

DIERSCH, MANFRED. *Empiriokritizismus und Impressionismus: Über Beziehungen zwischen Philosophie, Ästhetik und Literatur um 1900 in Wien*. Berlin: Rütten & Loening, 1973.

DIREKTION DES BURGTHEATERS, ed. *Hundertfünfzig Jahre Burgtheater, 1776–1926*. Wien: Krystall-Verlag, 1926.

ELON, AMOS. *Herzl*. New York-Chicago-San Francisco: Holt, Rinehart and Winston, 1975.

FLEISCHMANN, BENNO. *Max Reinhardt: Die Wiedererweckung des Barocktheaters*. Wien: Paul Neff Verlag, 1948.

FONTANE, OSKAR MAURUS. *Wiener Schauspieler von Mitterwurzer bis Maria Eis*. Wien: Amandus, 1948.

GIEBISCH, HANS and GUSTAV GUGITZ. *Bio-Bibliographisches Literaturlexikon Österreichs von den Anfängen bis zur Gegenwart*. Wien: Verlag Brüder Hollinek, 1963.

GREGOR, JOSEPH. *Das österreichische Theater: Geschichte des österreichischen Theaters, Von seinen Ursprüngen bis zum Ende der ersten Republik*. Wien: Donau-Verlag, 1948.

GRONER, RICHARD. *Wien wie es war*. Ed. Dr. Felix Czeika. Wien-München: Fritz Molden Verlag, 1965.

HAAS, WILLY. *Gestalten der Zeit*. Berlin: Gustav Kiepenheuer Verlag, 1930.

HAEUSSERMAN, ERNST. *Das Wiener Burgtheater*. Wien: Fritz Molden Verlag, 1975.

HANDL, JOSEPH. *Schauspieler des Burgtheaters*. Wien-Frankfurt am Main: Humboldt Verlag, 1955.

HANSTEIN, ADALBERT von. *Das jüngste Deutschland*. Leipzig: R. Voigtländer Verlag, 1900.

HOFMANNSTHAL, HUGO von. *Briefe 1890–1909*. 2 vols. Berlin: S. Fischer Verlag, 1935.

_____. *Briefe an Marie Herzfeld*. Ed. Horst Weber. Heidelberg: Lothar Stiehm Verlag, 1967.

_____ and LEOPOLD von ANDRIAN. *Briefwechsel*. Ed. Walter H. Perl. Frankfurt am Main: S. Fischer Verlag, 1968.

_____ and EDGAR KARG von BEBENBURG. *Briefwechsel*. Ed. Mary E. Gilbert. Frankfurt am Main: S. Fischer Verlag, 1966.

HOFMANNSTHAL, HUGO von and RICHARD BEER-HOFMANN. *Briefwechsel*. Ed. Eugene Weber. Frankfurt am Main: S. Fischer Verlag, 1972.
_____ and EBERHARD von BODENHAUSEN. *Briefe der Freundschaft*. Berlin: Eugen Diederichs Verlag, 1953.
_____ and RUDOLF BORCHARDT. *Briefwechsel*. Ed. Marie Luise Borchardt and Herbert Steiner. Frankfurt am Main: S. Fischer Verlag, 1954.
_____ and CARL J. BURCKHARDT. *Briefwechsel*. Ed. Carl J. Burckhardt. Frankfurt am Main: S. Fischer Verlag, 1956.
_____ and OTTONIE GRÄFIN DEGENFELD. *Briefwechsel*. Ed. Marie Therese Miller-Degenfeld with Eugene Weber. Frankfurt am Main: S. Fischer Verlag, 1974.
_____ and HARRY GRAF KESSLER. *Briefwechsel 1898–1929*. Ed. Hilde Burger. Frankfurt am Main: Insel Verlag, 1968.
_____ and HELENE von NOSTITZ. *Briefwechsel*. Ed. Oswalt von Nostitz. Frankfurt am Main: S. Fischer Verlag, 1965.
_____ and JOSEF REDLICH. *Briefwechsel*. Ed. Helga Fußgänger. Frankfurt am Main: S. Fischer Verlag, 1971.
_____ and RICHARD STRAUSS. *Briefwechsel*. Ed. Willi Schuh. Zürich: Atlantis Verlag, 1964.
IGGERS, WILMA A. *Karl Kraus: A Viennese Critic of the Twentieth Century*. The Hague: Martinus Nijhoff, 1967.
KAHL, KURT. *Die Wiener und ihr Burgtheater*. Wien-München: Jugend und Volk Verlagsgesellschaft, 1974.
KINDERMANN, HEINZ. *Theatergeschichte Europas: Naturalismus und Impressionismus*, VIII. Salzburg: Otto Müller Verlag, 1968.
KLEMPERER, KLEMENS von. *Ignaz Seipel: Christian Statesman in a Time of Crisis*. Princeton: Princeton University Press, 1972.
KOHN, CAROLINE. *Karl Kraus*. Stuttgart: J. B. Metzlersche Verlagsbuchhandlung, 1966.
KOSCH, WILHELM. *Deutsches Theater-Lexikon: Biographisches und bibliographisches Handbuch*. 2 vols. Klagenfurt-Wien: Verlag Ferd. Kleinmeyer, 1953.
KRAUS, KARL. *Die demolirte Literatur*. Wien: Verlag von A. Bauer, 1897.
_____. *Die Fackel*. Wien: M. Frisch, 1899–1936.
LOEWY, SIEGFRIED. *Das Burgtheater im Wandel der Zeiten: Kleine Bausteine zur Geschichte dieser Kunststätte*. With a foreword by Hermann Bahr. Wien: Verlag Paul Knepler, 1926.
LOTHAR, ERNST. *Das Wunder des Überlebens: Erinnerungen und Ergebnisse*. Hamburg: Paul Zsolnay Verlag, 1961.
LOTHAR, RUDOLPH. *Das deutsche Drama der Gegenwart*. München-Leipzig: G. Müller, 1905.
_____. *Das Wiener Burgtheater*. Wien: Augart Verlag, S. Szabo, 1934.
McGRATH, WILLIAM J. *Dionysian Art and Populist Politics in Austria*. New Haven-London: Yale University Press, 1974.
MENDELSSOHN, PETER de. *S. Fischer und sein Verlag*. Frankfurt am Main: S. Fischer, 1970.
MERTENS, HEINZ. *Unheldenhafte und heldenhafte Menschen bei der Wiener Dichtung um 1900*. Bonn: L. Röhrscher Verlag, 1900.
NADLER, JOSEF. *Literaturgeschichte Österreichs*. Salzburg: Otto Müller Verlag, 1951.
NAGL, JOHANN, JAKOB ZEIDLER and EDUARD CASTLE, eds. *Deutsch-Österreichische Literaturgeschichte*. IV. Wien: Carl Fromme, 1937.

REDLICH, JOSEF. *Schicksalsjahre Österreichs 1908–1919: Das politische Tagebuch Josef Redlichs*. 2 vols. Ed. Fritz Fellner. Graz-Köln: Verlag Hermann Böhlaus Nachf., 1954.

RUB, OTTO. *Das Burgtheater: Statistischer Rückblick*. Wien: P. Knepler, 1913.

SALTEN, FELIX. "Aus den Anfängen: Erinnerungsskizzen," *Jahrbuch deutscher Bibliophilen und Literaturfreunde*, 18/19 (1932–1933), 31–46.

——. *Gestalten und Erscheinungen*. Berlin: S. Fischer Verlag, 1913.

——. *Josefine Mutzenbacher; oder, Die Geschichte einer wienerischen Dirne, von ihr selbst erzählt*. Paris: Casanova-Verlag, 1903.

SAYLER, OLIVER M., ed. *Max Reinhardt and his Theatre*. New York: Brentano's Publishers, 1924.

SCHLAWE, FRITZ. *Literarische Zeitschriften 1885–1933*. 2 vols. Stuttgart: Metzlersche Verlagsbuchhandlung, 1962.

SCHMIDT, ADALBERT. *Deutsche Dichtung in Österreich*. Wien-Leipzig: A. Luser Verlag, 1935.

SITTENBERGER, HANS. *Das dramatische Schaffen in Österreich*. München: Beck'sche Verlagsbuchhandlung, 1898.

STUMMVOLL, JOSEF, ed. *Ausstellung 200 Jahre Burgtheater*. Part 1: *Das alte Burgtheater 1776–1888*; Part 2: *Das Burgtheater am Ring 1888–1976*. Wien: Österreichische Nationalbibliothek, 1976.

——, ed. *Burgtheater und Historismus: Zum Jubiläum des Wiener Burgtheaters 1776–1976*. Ausstellung des Österreichischen Theatermuseums. Wien: Österreichische Nationalbibliothek, 1976.

THIMIG, HUGO. *Hugo Thimig erzählt von seinem Leben und dem Theater seiner Zeit*. Ed. Franz Hadamowsky. Graz-Köln: Hermann Böhlaus Nachf., 1962.

TREBITSCH, SIEGFRIED. *Chronik eines Lebens*. Zürich: Artemis Verlag, 1951.

WAISSENBERGER, ROBERT. *Die Wiener Secession*. Wien-München: Jugend und Volks-Verlagsgesellschaft, 1971.

WAXMAN, SAMUEL M. *Antoine and the Théâtre Libre*. New York: Benjamin Blom Inc., 1925.

WEILEN, ALEXANDER von. *Der Spielplan des neuen Burgtheaters 1888–1914*. Wien: Verlag des Literarischen Vereins, 1916.

WILLIAMS, C. E. *The Broken Eagle: The Politics of Austrian Literature from Empire to Anschluss*. New York: Barnes and Noble, 1974.

WUNBERG, GOTTHARD, ed. *Die literarische Moderne: Dokumente zum Selbstverständnis der Literatur um die Jahrhundertwende*. Frankfurt am Main: Athenäum Verlag, 1971.

——. *Das Junge Wien: Österreichische Literatur- und Kunstkritik 1887–1902*. 2 vols. Tübingen: Max Niemeyer Verlag, 1976.

YOUNG, HARRY F. *Maximilian Harden: Censor Germaniae*. The Hague: Martinus Nijhoff, 1959.

ZELLER, BERNHARD, ed. *Jugend im Wien: Literatur um 1900*. München: Kösel Verlag, 1974.

ZOHN, HARRY. *Karl Kraus*. New York: Twayne Publishers, Inc., 1971.

ZOHNER, ALFRED. "Bibliophiles um das 'Junge Wien': Moderne und Symbolismus in Österreich." *Jahrbuch deutscher Bibliophilen und Literaturfreunde*, 20 (1934), 26–42.

ZUCKERKANDL, BERTHA. *Österreich Intim: Erinnerungen 1892–1942*. Ed. Reinhard Federmann. Frankfurt am Main: Propyläen, 1970.

ZWEIG, STEFAN. *Die Welt von Gestern*. Stockholm: Bermann-Fischer, 1946.

Name and Title Index
(excluding secondary works)

UNIVERSITY OF NORTH CAROLINA
STUDIES IN THE GERMANIC LANGUAGES
AND LITERATURES

For other volumes in the "Studies" see page ii and following page

Send orders to: (U.S. and Canada)
The University of North Carolina Press, P.O. Box 2288
Chapel Hill, N.C. 27514
(All other countries) Feffer and Simons, Inc., 31 Union Square, New York, N.Y. 10003

UNIVERSITY OF NORTH CAROLINA
STUDIES IN THE GERMANIC LANGUAGES
AND LITERATURES

72. Christine Oertel Sjögren. THE MARBEL STATUE AS IDEA: COLLECTED ESSAYS ON ADALBERT STIFTER'S *DER NACHSOMMER*. 1972. Pp. xiv, 121. Cloth $7.00.
73. Donald G. Daviau and Jorun B. Johns. eds. THE CORRESPONDENCE OF ARTHUR SCHNITZLER AND RAOUL AUERNHEIMER WITH RAOUL AUERNHEIMER'S APHORISMS. 1972. Pp. xii, 161. Cloth $7.50.
74. A. Margaret Arent Madelung. THE LAXDOELA SAGA: ITS STRUCTURAL PATTERNS. 1972. Pp. xiv, 261. Cloth $9.25.
75. Jeffrey L. Sammons. SIX ESSAYS ON THE YOUNG GERMAN NOVEL. 1972. Pp. xiv, 187. Cloth $7.75.
76. Donald H. Crosby and George C. Schoolfield, eds. STUDIES IN THE GERMAN DRAMA. A *FESTSCHRIFT* IN HONOR OF WALTER SILZ. 1974. Pp. xxvi, 255. Cloth $10.75.
77. J. W. Thomas. TANNHÄUSER: POET AND LEGEND. With Texts and Translations of his Works. 1974. Pp. x, 202. Cloth $10.75.

For other volumes in the "Studies" see preceding page and p. ii.

Send orders to: (U.S. and Canada)
The University of North Carolina Press, P.O. Box 2288
Chapel Hill, N.C. 27514
(All other countries) Feffer and Simons, Inc., 31 Union Square, New York, N.Y. 10003

Volumes 1–44 and 46–49 of the "Studies" have been reprinted.
They may be ordered from:
AMS Press, Inc., 56 E. 13th Street, New York, N.Y. 10003
For a complete list of reprinted titles write to:
Editor, UNCSGL&L, 442 Dey Hall, 014A, UNC, Chapel Hill, N.C. 27514